Evangelisch Profil zeigen im
religiösen Wandel unserer Zeit

AF209178

Waxmann Verlag GmbH
Steinfurter Straße 555, 48159 Münster
info@waxmann.com

SCHULE IN EVANGELISCHER TRÄGERSCHAFT

herausgegeben von

Volker Elsenbast, Münster
Uta Hallwirth, Hannover
Christel Ruth Kaiser, Steinatal
Frank Olie, Berlin
Cornelia Schäfer, Erfurt
Christoph Th. Scheilke, Preetz
Friedrich Schweitzer, Tübingen
Birgit Sendler-Koschel, Hannover

BAND 17

Andrea Schulte (Hrsg.)

Evangelisch Profil zeigen im religiösen Wandel unserer Zeit

Die Erfurter Barbara-Schadeberg-Vorlesungen

Waxmann 2014
Münster • New York

Bibliografische Informationen der Deutschen Nationalbibliothek

Die Deutsche Nationalbibliothek verzeichnet diese Publikation in der Deutschen Nationalbibliografie; detaillierte bibliografische Daten sind im Internet über http://dnb.d-nb.de abrufbar.

Schule in evangelischer Trägerschaft, Bd. 17

ISBN Print 978-3-8309-3121-8
ISBN E-Book 978-3-8309-8121-3

© Waxmann Verlag GmbH, 2014

www.waxmann.com
info@waxmann.com

Umschlaggestaltung: Pleßmann Design, Ascheberg
Gedruckt auf alterungsbeständigem Papier, säurefrei gemäß ISO 9706

BARBARA-SCHADEBERG-STIFTUNG
ZUR FÖRDERUNG EVANGELISCHER SCHULEN
NACH DEM STIFTUNGSGES. DER EV. KIRCHE VON WESTFALEN

1994–2014: 20 Jahre Förderung des evangelischen Schulwesens durch die Barbara-Schadeberg-Stiftung

„Im Evangelium begründete Bildung und Erziehung" zu fördern war Ziel der Stifterin Barbara Lambrecht-Schadeberg, aus deren privatem Vermögen die Stiftung 1994 errichtet wurde. Dieses Ziel gilt bis heute. Die erwirtschafteten Erträge dienen evangelischen Schulen und Internaten sowie der wissenschaftlichen Fundierung protestantisch geprägter Bildung.

1989 hatte die Wiedervereinigung in den östlichen Bundesländern eine unerwartete Welle von Gründungen evangelischer Schulen ausgelöst. Um dieses beeindruckende Engagement spürbar zu unterstützen und abzusichern, bedurfte es einer verlässlichen Struktur: Am 26. Oktober 1993 wurden die Gründung und die Satzung der Barbara-Schadeberg-Stiftung notariell beurkundet, 1994 von der Evangelischen Kirche von Westfalen und vom Innenministerium Nordrhein-Westfalens genehmigt.

Schwerpunkt des Stiftungshandelns ist die Unterstützung evangelischer Schulen und Internate bei der Entwicklung ihres *evangelischen* Profils.

Die Wissenschaftliche Arbeitsstelle Evangelische Schule (WAES) in Hannover, getragen von der Barbara-Schadeberg-Stiftung gemeinsam mit der Evangelischen Kirche in Deutschland in enger Zusammenarbeit mit dem Comenius-Institut Münster, unterstützt die evangelischen Schulen durch Verknüpfung von Schulpraxis und Theorie in Forschung und Lehre, Ausbildung und Fortbildung.

Der Barbara-Schadeberg-Preis, ein mit 10.000 Euro dotierter Schulwettbewerb, zeichnet alle drei Jahre Beispiele gelungener Profilentwicklung an evangelische Schulen und Internaten aus.

Die Barbara-Schadeberg-Vorlesungen – ebenfalls im 3-Jahres-Rhythmus in Kooperation mit einer Universität veranstaltet – entfalten theologisch-pädagogische Kontexte, in denen das evangelische Schulwesen verankert ist.

2013 fanden die 6. Barbara-Schadeberg-Vorlesungen zum Thema „*Evangelisch* Profil zeigen im religiösen Wandel unserer Zeit" in Erfurt statt. 2014 veröffentlicht, wollen diese Vorlesungen – im 20. Jahr seit Gründung der Stiftung – Impulsgeber zur Reflexion des protestantischen Bildungsbegriffs und für den Auftrag evangelischer Schulen in Gegenwart und Zukunft sein.

Christel Ruth Kaiser, 2. Vorsitzende
Willingshausen-Steinatal, im Mai 2014

Inhalt

Evangelisch Profil zeigen im religiösen Wandel unserer Zeit
Eine Hinführung

Andrea Schulte

Auf Einladung der Barbara-Schadeberg-Stiftung[1] und des Martin-Luther-Instituts der Universität Erfurt fanden am 29. und 30. Oktober 2013 im Erfurter Augustinerkloster die 6. Barbara-Schadeberg-Vorlesungen statt, die der wissenschaftlichen Grundlegung evangelischer Bildung dienen. Der Tagungsort hätte trefflicher nicht gewählt werden können. Das Erfurter Augustinerkloster als eindrückliches Gebäude-Ensemble und geschichtlicher Ort der Reformation in einem heute mehrheitlich konfessions- und religionslosen Umfeld verweist vorzüglich und ausdrucksstark auf das Thema der Barbara-Schadeberg-Vorlesungen des Jahres 2013 „*Evangelisch* Profil zeigen im religiösen Wandel unserer Zeit", das unbestritten am Puls der Zeit ist. Die Auseinandersetzung mit dem Phänomen der religiösen Indifferenz steht gegenwärtig hoch im Kurs. Religions- und Konfessionslosigkeit sowie Entkirchlichung sind aktuelle und brennende Themen der Zeit, die große Herausforderungen im Blick auf die Zukunft christlicher Existenz und Kirche darstellen. Die Erfurter Barbara-Schadeberg-Vorlesungen haben sich aus religionssoziologischer, praktisch-theologischer, religionspädagogischer und schulprogrammatischer Sicht einerseits dem Phänomen weltanschaulicher Indifferenz, andererseits der Beobachtung einer inzwischen weit verbreiteten religiösen Pluralität genähert. Was

---

1   Die Barbara-Schadeberg-Stiftung wurde 1994 aus privatem Vermögen der Unternehmerin Barbara Lambrecht-Schadeberg aus Kreuztal-Krombach nach dem Stiftungsrecht der Evangelischen Kirche von Westfalen errichtet. Die Stiftung verfolgt das Ziel, im Evangelium begründete Bildung und Erziehung zu fördern. Die Fördermittel dienen evangelischen Schulen, Schulgründungen und Internaten, der Lehrerfortbildung und der Wissenschaft. Seit 2003 unterhält die Stiftung zusammen mit der Bildungsabteilung der EKD in enger Zusammenarbeit mit dem Comenius-Institut in Münster die Wissenschaftliche Arbeitsstelle Evangelische Schule in Hannover. Während der Tagung in Erfurt wurde auch der Barbara-Schadeberg-Preis verliehen, der alle drei Jahre für beispielhafte Arbeit an evangelischen Schulen vergeben wird. Die Stiftung richtet ebenso die Barbara-Schadeberg-Vorlesungen aus, die vorgängig in Tübingen (2001), Wien (2002), Halle-Wittenberg (2004), Berlin (2007) und Hildesheim (2010) gehalten wurden.

heißt es somit vor diesem Hintergrund „*Evangelisch* Profil (zu) zeigen im religiösen Wandel unserer Zeit"? Welche Rolle kommt unter diesen aktuellen Voraussetzungen und Bedingungen gegenwärtiger Bildung und Erziehung den evangelischen Schulen in ihrem Versuch zu, den christlichen Glauben als lebensrelevante Praxis zu erschließen und seine Bedeutung im öffentlichen Raum zur Sprache zu bringen? – Fragen, die in den Vorlesungen höchst unterschiedlich Niederschlag gefunden haben.

In seinem Grußwort erinnerte KR Dr. Klaus Ziller, Referent im Bildungsdezernat der Evangelischen Kirche in Mitteldeutschland, an die wechselvolle Geschichte der Neugründung evangelischer Schulen in Mitteldeutschland nach 1989 und betonte deren Beitrag für die Vitalität der mitteldeutschen Schullandschaft. Er fragte aber auch danach, inwieweit evangelische Schulen und religiöser Wandel vereinbar seien. Die Stifterin Barbara Lambrecht-Schadeberg, Vorsitzende der Barbara-Schadeberg-Stiftung, erinnerte an den 26. Oktober 1993, den Tag der Unterzeichnung der Stiftungsurkunde. Sie wies erwartungsvoll auf die Verleihung des Barbara-Schadeberg-Preises für beispielhafte Arbeit an evangelischen Schulen hin, die im Rahmen der Tagung erfolgen werde, denn nach wie vor gelte es, auch durch Schulen das Evangelium unter die Menschen zu bringen und auch so die im Evangelium begründete Erziehung und Bildung zu fördern.

Die gegenwärtigen gesellschaftlichen Entwicklungen signalisieren gravierende Veränderungen im religiösen Spektrum Deutschlands, so Christel Ruth Kaiser, 2. Vorsitzende und geschäftsführender Vorstand der Barbara-Schadeberg-Stiftung, in ihren anmoderierenden Worten zur Eröffnung der Vorlesungsreihe. Welche Folgerungen daraus für die in vielfältiger Weise Verantwortung in der evangelischen Kirche, ihrem Bildungswesen und den ihr nahe stehenden Bildungseinrichtungen tragenden Männer und Frauen zu ziehen sind, sind drängende Fragen. Kaiser verwies ebenso auf die Verbindung des Mottos des aktuellen bundesweiten Wettbewerbs der Barbara-Schadeberg-Stiftung mit der Thematik der Vorlesungen: „Evangelisch Profil zeigen. Protestantisch geprägtes Schulleben in religiös indifferenten Kontexten".

Die Eröffnungsvorlesung hielt Prof. Dr. Gert Pickel, Religions- und Kirchensoziologe an der Universität Leipzig. Mit seiner religionssoziologischen Bestandsaufnahme der „Religion und Religiosität im vereinigten Deutschland" schuf er die theoretischen Grundlagen zum besseren Verständnis des Tagungsthemas und zur Entfaltung daraus abzuleitender Impulse für das protestantische Bildungsverständnis.

Der gesellschaftliche Wandel des Religiösen wird gegenwärtig durch drei besonders aussagekräftige Ansätze zu erklären versucht: die Säkularisierungstheorie, die Individualisierungsthese des Religiösen und das Marktmodell des Religiösen, die je für sich unterschiedliche Entwicklungsprognosen abgeben und letztendlich durch empirische Analysen zu ergänzen sind, die allein Auskunft über die Gültigkeit bzw. die Deutungskraft für die realen Entwicklungen geben können. In gebotener Kürze lassen sich die empirischen Befunde wie folgt zusammenfassen: Der Prozess der Säkularisierung in der deutschen Gesellschaft äußert sich am stärksten in einem Traditionsabbruch des Christentums und einer steigenden Distanz zu der Institution Kirche und wirkt ebenso auf den persönlichen Glauben. Dabei finden die Prozesse der Säkularisierung, Individualisierung und religiösen Pluralisierung nebeneinander und miteinander verzahnt statt, wobei die Dynamik der Säkularisierung die anderen Prozesse überstrahlt.

Die Gründe für die Transformation des Religiösen sind vielfältig. Sie bilden allerdings die Grundlage für den Säkularisierungsprozess, der mit der Zeit bei immer mehr Deutschen in Gleichgültigkeit und Desinteresse gegenüber der Religion mündet. Dieser Prozess zunehmender Glaubensdistanz und Ausbreitung religiöser Indifferenz trifft mittlerweile nicht nur für Deutschland, sondern auch für viele andere europäische Staaten zu. Trotz voranschreitender Säkularisierung sieht Pickel durchaus Hoffnungsschimmer für die christliche Religion in Deutschland, beispielsweise durch „neue Sozialformen" des Christentums oder durch die Vorteile, die eine generelle Akzeptanz der Säkularisierungstheorie für die Kirchen und ihre Mitarbeitenden mit sich bringt.

Pickels Fazit: Angesichts der geschilderten Entwicklungen ist Nüchternheit angesagt. Jede evangelische Schule wie auch jeder überzeugte Christ in Deutschland wird sich mit der neuen, immer areligiöser werdenden Umgebung arrangieren müssen. Dabei eröffnen sich gerade auch für evangelische Schulen Chancen zum Gespräch zwischen Religiösen und Areligiösen und somit zur Befähigung der eigenen Schüler und Schülerinnen zur Kommunikation mit Religionslosen. Diese Kommunikation „auf Augenhöhe" verlangt einen offenen Diskurs, der durch Gelegenheitsstrukturen, wie es evangelische Schulen sein können, initiiert werden kann. „Die Möglichkeiten einer Einübung solcher Kommunikation zwischen hochreligiösen, religiösen, religiös unmusikalischen, anders religiösen und unreligiösen Jugendlichen und Schülern bereitzustellen, sollte eines der zentralen Ziele evangelischer Schulen in der Gegenwart sein – und vielleicht auch zukünftig eines ihrer Profile."

Prof. Dr. Michael Domsgen, Religionspädagoge an der Martin-Luther-Universität Halle-Wittenberg, ging in seinem Beitrag „Den Herausforderungen der Konfessionslosigkeit und der kontinuierlichen Abnahme der Kirchenzugehörigkeit begegnen" der Frage nach, warum sich die Religionspädagogik mit ihrem vorrangigen Interesse an dem Lernen von Religion mit der Konfessionslosigkeit beschäftigen sollte. Zur Klärung dieser Frage waren zwei Thesen leitend, die das Phänomen der Konfessionslosigkeit als eine religionspädagogische Herausforderung ausweisen und zu einer differenzierten Wahrnehmung aufrufen: 1. Die Kontextgebundenheit jeder Religion schließt die Konfessionslosigkeit ein. 2. Religiöse Bildung als Ziel religionspädagogischer Reflexionen und Bemühungen adressiert auch diejenigen, die die Grundfragen des Lebens nicht religiös beantworten, d.h. diese Art der Selbst- und Lebensdeutung für sich selbst nicht annehmen wollen.

Die differenzierte Wahrnehmung von Konfessionslosigkeit, insbesondere im ostdeutschen Kontext, führt zu unterschiedlichen Deutungen und Interpretationen, die religionspädagogisch herausfordern und die Frage nach dem Umgang mit mehrheitlicher Konfessionslosigkeit provozieren. Vor diesem Hintergrund entfaltete Domsgen fünf Aspekte zur Profilierung einer Religionsdidaktik, die sich den Herausforderungen der Konfessionslosigkeit zu stellen vermag. Mit den didaktischen Prinzipien der Sensibilisierung und Plausibilisierung von Religion, des fruchtbaren Aufweises von „religiösen" Unterschieden, der ergebnisoffenen Kommunikation über Religion, die Verstehen zu fördern vermag, der Darstellung und Gestaltung von Religion sowie der Anregung von Bildungsprozessen über die gemeinsame Teilhabe sind die Anliegen und Konturen einer solchen Religionsdidaktik aufgezeigt.

Vor diesem Hintergrund sah Domsgen die evangelischen Schulen, insbesondere in Ostdeutschland, als „Spielräume der Freiheit" (Martin Schreiner). Einerseits können sie sich als Erfahrungs- und Erprobungsräume evangelischer Erziehungs- und Bildungsverantwortung erweisen, andererseits stehen sie in der Gefahr, ihre Chancen zu verspielen, wenn beispielsweise das subjektive Freiheitsempfinden der Schüler- und Elternschaft gestört wird. Die entfalteten religionsdidaktischen Eckpunkte helfen auf der Suche nach der jeweiligen Balance, wobei allerdings der schon vor über 100 Jahren von Friedrich Niebergall formulierte Vorbehalt wach zu halten ist: „Die Menschen erlauben sich immer wieder anders zu sein als wir uns in unseren Theorien über sie träumen lassen."[2]

---

2   Friedrich Niebergall, Die Kasualrede, Leipzig 1905, 37.

In ihrem Beitrag „Chancen evangelischer Schulen in religiös indifferenten Kontexten" lenkte Prof. Dr. Andrea Schulte, Religionspädagogin an der Universität Erfurt, die Aufmerksamkeit auf den religionssoziologischen Horizont, der zukünftig die Diskussion um evangelische Schulen bereichern wird und in die wichtige Frage nach dem Profil evangelischer Schulen zu integrieren ist. Was heißt es demnach für evangelische Schulen, vornehmlich in den jungen Bundesländern, den Kontext religiöser Indifferenz als Chance zu begreifen? Ihre Überlegungen dazu fasste sie in einem Sieben-Punkte-Programm zusammen.

In gebotener Kürze: Mit den evangelischen Schulen nimmt die Kirche ihre öffentliche Aufgabe der Mitverantwortung in der Bildung und Erziehung junger Menschen wahr und trägt so zur Qualität und Entwicklung von Unterricht und Schule bei. Über diese Bildungskompetenz gewinnt sie allererst Anerkennung und Vertrauen gerade auch in dem religiös indifferenten Kontext Ostdeutschlands. An evangelischen Schulen sind lebendige religiöse Vielfalt und Heterogenität gewollt und erwünscht und von Anfang an Realität gewesen. Evangelische Schulen reden Klartext in Sachen Religion und artikulieren damit eindrücklich religiöse Bildung als selbstverständlichen Teil allgemeiner Bildung.

Im Kontext religiöser Indifferenz ist allerdings ein achtsamer und behutsamer Umgang mit Religion geboten, der ebenso die Offenheit gegenüber den Konfessions- und Religionslosen einschließt. Vor diesem Hintergrund kommt dem Religionsunterricht an evangelischen Schulen eine besondere Bedeutung zu, wird er doch zum Forum einer Didaktik religiöser Kommunikation, die die vielen und unterschiedlichen „Sprachspiele" seiner Schüler und Schülerinnen ernst nimmt und dementsprechend dialogoffen und erfahrungsorientiert sein wird.

Evangelische Schulen sehen sich zwischen Erbe und Auftrag. Neben klaren theologischen und pädagogischen Grundlagen, engagierten Verantwortungsträgern und zeitgerechten Hilfen benötigen evangelischen Schulen ein waches und selbstkritisches geschichtliches Bewusstsein zur zeitgemäßen Erneuerung ihrer Traditionen(en). *Last but not least* wird die religiöse Sprach- und Dialogfähigkeit der Lehrkräfte an evangelischen Schulen zu stärken sein, sind sie doch in besonderer Weise immer wieder öffentlich angefragt und zur Auskunft über ihre Haltungen, Einstellungen und Überzeugungen herausgefordert.

Schultes Fazit: Das vorgestellte Sieben-Punkte-Programm verweist auf ausgewählte Aufmerksamkeits-Richtungen, mit denen evangelische Schulen profilbildend ihre Chancen in religiös indifferenten Kontexten wahrnehmen können.

OKR' Dr. Uta Hallwirth, Leiterin der Wissenschaftlichen Arbeitsstelle Evangelische Schule in Hannover, beendete die Vorlesungsreihe mit ihrem Beitrag „Evangelisch Profil zeigen – Anregungen aus der Praxis evangelischer Schulen". Evangelische Schulen stellen sich der Herausforderung, in religiös indifferenten Kontexten mit ihrem Profil nach innen und außen kenntlich zu sein und so in die Gesellschaft hinein zu wirken. Dementsprechend sind sie offen für alle Schüler und Schülerinnen. Dabei sind die Ausgangslagen der Schulen in den westlichen Bundesländern andere als die in den östlichen Bundesländern: Hier nach wie vor eine „Kultur der Konfessionszugehörigkeit" (Gert Pickel), dort eine „Kultur der Konfessionslosigkeit" (Gert Pickel).

So hat die Barbara-Schadeberg-Stiftung in ihrem bundesweiten Wettbewerb des Jahres 2013 alle allgemein bildenden Schulen in evangelischer Trägerschaft eingeladen, ihre Konzepte einzureichen, mit denen sie unter der Prämisse „religiöser Indifferenz" ihr evangelisches Profil im Schulleben verankern. Hallwirth sichtete die eingegangenen Wettbewerbsbeiträge und systematisierte die unterschiedlichen Ansätze. Sie fragte zunächst danach, wie die Schulen ihren Kontext religiöser Indifferenz wahrnehmen und reflektieren und beschrieb anschließend in vier unterschiedlichen Perspektiven die konkreten Versuche evangelischer Schulen, ihrem Auftrag und Selbstverständnis unter sich ändernden gesellschaftlichen Bedingungen gerecht zu werden.

Die Wahrnehmung der Herausforderung religiöser Indifferenz fällt bei den einzelnen evangelischen Schulen höchst unterschiedlich aus, wobei bislang keine verlässlichen Zahlen über die Heterogenität der Schülerschaft an evangelischen Schulen vorliegen. In Auseinandersetzung mit gesellschaftlichen Gegebenheiten wird den evangelischen Schulen die Öffnung für Schüler und Schülerinnen aus nichtchristlichen Familien immer wichtiger. Bei abnehmender religiöser Sozialisation in den Familien sind evangelische Schulen herausgefordert, Schüler und Schülerinnen für Fragen des Glaubens und christlicher Weltdeutung allererst „aufzuschließen".

Das Setzen von Zeichen, d.h. christliche Religion in protestantischer Prägung innerhalb und außerhalb der Schule erkennbar werden zu lassen, die Tradierung christlicher Inhalte und Werte, d.h. Vermittlung und Aneignung christlicher Inhalte und Einübung christlicher Rituale, die Gestaltung religiösen Schullebens, d.h. das evangelische Profil im gesamten Schulleben durch überzeugende Konzepte der Schulentwicklung zu verankern, sowie der Fokus auf konkrete, dem Umfeld der Schule entsprechende Projekte sind vier Facetten, die in den Wettbewerbsbeiträgen und bei den Preisträgern als Aspekte der

Schulentwicklung unter den Vorzeichen religiöser Indifferenz auszumachen waren.

Hallwirths Fazit: Die Besonderheiten, Möglichkeiten und Bedingungen, die das jeweilige Umfeld den evangelischen Schulen mitgibt, generiert eine Vielfalt von Konzepten, die Mut machen und Impuls gebend sein können. „Die Auseinandersetzung mit religiöser Indifferenz heißt für evangelische Schulen vor allem, deutlich und erfahrbar zu machen, worin die Bedeutung von Religion für das eigene Leben besteht, aber auch, inwiefern Religion im Curriculum einer Schule ein wichtiger Bestandteil der Erfassung von Welt ist bzw. sein kann. Genau darin liegt aber auch die besondere Chance evangelischer Schulen."

Über diese vier gehaltenen Vorlesungen hinaus enthält diese Publikation weitere Beiträge. Sie greifen Themen auf, die in den Vorlesungen ausdrücklich als wichtig herausgestellt und zur weiteren Bearbeitung empfohlen wurden, aber darin selbst nicht weiter ausgeführt werden konnten: die Vergegenwärtigung der Bildungstradition evangelischer Schulen, die Förderung der Sprach- und Ausdrucksfähigkeit der Lehrer und Lehrerinnen an evangelischen Schulen und *last but not least* die Bedeutung des Religionsunterrichts an evangelischen Schulen.

In seinem Beitrag „Fast überall da, wo ein Kirchturm steht, steht auch eine Schule" nimmt PD Dr. Andreas Lindner, Kirchenhistoriker an der Universität Erfurt, die Reformation bildungstheoretisch in den Blick und legt dar, inwiefern die Reformatoren die Grundlagen für eine Entwicklung hin zu einer Bildung für alle gelegt haben und wie ihre Erben peu à peu für die Ausgestaltung und Realisierung dieses innovativen Bildungsgedankens auf allen Ebenen des Schulwesens und in den Regionen eingetreten sind. Vor diesem Hintergrund kann gezeigt werden, dass sich auffallend viele innovative Aufbrüche in Richtung einer Bildung für alle in großer Dichte in Mitteldeutschland auffinden lassen: Erfurt, Wittenberg, Gotha, Halle, Weimar, Bad Blankenburg und Jena lassen sich in diesem Zusammenhang nennen. Dabei wird deutlich, dass das Ziel aller Bildungsbemühungen in der Doppelformel der Verbindung von Gottes Ehre und der Förderung bzw. dem Nutzen des Nächsten liegt. Damit kann gleichsam der Kern des protestantischen Bildungsverständnisses bis zur Aufklärung hin ausgemacht werden. So konstatiert Lindner am Ende seines Beitrags: „Mitteldeutschland ist (…) eine beispielhafte Region für die innovative Symbiose von Frömmigkeitsgeschichte und Bildungsgeschichte. Hier wurden im Austausch mit großen pädagogischen Vordenkern wie Comenius und Pestalozzi und in der

Modifizierung ihrer Ideen besonders früh Impulse auf dem Weg zur Teilhabe an einer Bildung für alle gesetzt."

Dr. Hanne Leewe, Dozentin am Pädagogisch-Theologischen Institut der Evangelischen Kirche in Mitteldeutschland und der Evangelischen Landeskirche Anhalts, nimmt den Leser und die Leserin mit auf den Weg ihrer Überlegungen zu einer evangelisch profilierten Schule, zu erkennbaren und benennbaren Kennzeichen evangelischer Schulen und zur religiösen Sprachfähigkeit der Lehrkräfte, die zu einem erkennbaren evangelischen Profil evangelischer Schulen unbedingt dazugehören. „Lehrerinnen und Lehrer an evangelischen Schulen. Auf dem Weg zur religiösen Sprachfähigkeit" ist der Titel ihres Beitrags.

Leewe hat insbesondere evangelische Schulen in Mitteldeutschland im Blick, an denen es bislang nicht „flächendeckend" zu erkennbaren evangelischen Schulprofilen gekommen ist. Die Frage des Schulprofils stellt sich ihr über die Lehrkräfte, die als Konfessionslose oder wenig religiös Sprachfähige an eine evangelische Schule kommen. Dementsprechend hält sie Fortbildungen, in denen neue und konfessionslose Lehrkräfte in ihrer religiösen Sprachfähigkeit gestärkt werden sollen, in denen aber auch an einer Willkommenskultur gearbeitet wird, die eine mögliche Fremdheit und Andersartigkeit der Denk- und Sprechweise der neuen Kolleginnen und Kollegen als Ressource erkennt und nutzt, die eigene religiöse Sprachfähigkeit zu stärken.

In einem fiktiven Interview mit einer Lehrerin und zwei Lehrern stellt Leewe die „Typen" „religiös sprachunkundiger" Lehrkräfte vor, die ihr in ihrer Arbeit bisher begegnet sind. Sie kommt zu dem Schluss: Ein geschärftes evangelisches Profil verlangt geradezu die religiöse Sprachfähigkeit der Lehrkräfte. Vor diesem Hintergrund benennt sie abschließend sieben Marken auf dem Weg einer Mathetik religiöser Sprache. „Der Weg der Mathetik religiöser Sprache an evangelischen Schulen ist ein Weg sensiblen Wahrnehmens von Gelegenheiten des gemeinsamen Tuns und der dialogischen Deutung gemeinsamen Erlebens. Es ist ein Weg geduldigen Abwartens, der (…) auch Umwege nicht für verwerflich hält."

Mit seinem Beitrag „Konfessionslose verstehen. Eine vernachlässigte Bildungsaufgabe nicht nur an evangelischen Schulen" bearbeitet Prof. Dr. David Käbisch, Religionspädagoge an der Goethe Universität Frankfurt am Main, ein Desiderat, indem er im Kontext des Religionsunterrichts für eine Didaktik des Perspektivenwechsels eintritt, die nicht allein für den Religionsunterricht an staatlichen Schulen, sondern eben auch an evangelischen Schulen von prominenter Bedeutung ist. Obwohl es für evangelische Schulen nahezu selbstverständlich ist, dass ein religiöses Schulleben konstitutiver Bestandteil ihrer

Schulprogramme ist und auch von konfessionslosen Eltern, Kollegen und Kolleginnen sowie Schülern und Schülerinnen unterstützt wird, wird der Stellenwert des Religionsunterrichts an evangelischen Schulen eigens und verstärkt in den Blick zu nehmen sein. Mithin ist die fachdidaktische Frage nach den Aufgaben, Inhalten und Zielen des Religionsunterrichts an evangelischen Schulen angesichts wachsender Konfessionslosigkeit aufzuwerfen. Will der Religionsunterricht seinem Anspruch genügen, ein Gesprächsforum für alle Schüler und Schülerinnen zu sein, so wird er das gemeinsame Lernen mit Konfessionslosen im Religionsunterricht zu befördern suchen. Eine Didaktik des Perspektivenwechsels wird, so Käbisch, dabei hilfreich sein.

„Evangelische Schulen und kompetenzorientierter Religionsunterricht" ist ein Beitrag von PD Dr. Matthias Hahn, Direktor des Pädagogisch-Theologischen Instituts der Evangelischen Kirche in Mitteldeutschland und der Evangelischen Landeskirche Anhalts. Über den Religionsunterricht an evangelischen Schulen, den „Wesenskern" einer evangelischen Schule (Rainer Lachmann), liegen bislang so gut wie keine gesicherten empirischen Forschungsdaten vor. So greift Hahn das religionspädagogisch gegenwärtig hoch im Kurs stehende Thema eines kompetenzorientierten Religionsunterrichts auf und fragt grundlegender nach der Passungsfähigkeit dieses Ansatzes für konfessionelle Schulen.

Er skizziert eine didaktische Landkarte, in die er vier Markierungspunkte des kompetenzorientierten Religionsunterrichts, der mittlerweile durch entsprechende Kompetenzmodelle umfänglich beschrieben ist, einzeichnet. Gleichwohl fehlen weiterführende Forschungen aus der empirischen Bildungsforschung, die die Beschreibung und Bestimmung domänenspezifischer Kompetenzen voranbringen. Dafür sind auf der didaktischen Landkarte allerdings Konsenspunkte über die Didaktik und Methodik eines guten kompetenzorientierten Religionsunterrichts auffindbar, die allerdings in naher Zukunft durch konkrete Modelle der Unterrichtsplanung zu ergänzen sein werden.

Auf dem Weg zu einer fachdidaktischen Konzeption kompetenzorientierten Religionsunterrichts wird die Religionspädagogik das Gespräch mit den theologischen Bezugswissenschaften über den Referenzrahmen des Kerncurriculums bzw. Kernideen des Unterrichtsfaches zu führen haben. Dessen Ziel sollte darin liegen, Grundbestände der christlich-evangelischen Tradition und des interreligiösen Dialogs zur Weitergabe an die künftigen Generationen herauszustellen.

Hahns Fazit: Evangelische Schulen können mit Fug und Recht zum Erprobungs- und Gelingensraum für einen kompetenzorientierten Religionsunterricht werden, da sie hervorragende Möglichkeiten haben, ihre Bildungsziele mit domänenspezifischen Fachkompetenzen des Religionsunterrichts zu verknüpfen. *Vice versa* kann der kompetenzorientierte Religionsunterricht das Profil evangelischer Schulen schärfen und zum Aufbau eines guten und bildenden Religionsunterrichts beitragen.

Prof. Dr. Martin Schreiner, Religionspädagoge an der Universität Hildesheim, hat in seinem Tagungsrückblick die Erfurter Barbara-Schadeberg-Vorlesungen Revue passieren lassen. Er schickte autobiographische Annäherungen und seine eigenen wissenschaftlichen Suchbewegungen voraus, um darüber eindrücklich die gegenwärtige Standortbeschreibung der Verschiebung hermeneutischer Grundmuster für religiöse Lernprozesse zu untermauern. „Zwischen religiöser Indifferenz und militantem Atheismus ist das Dasein Gottes in der Moderne eine prekäre Angelegenheit geworden."

Seine abschließende Frage, welche Impulse für und Perspektiven auf das aktuelle protestantische Bildungsverständnis die Erfurter Barbara-Schadeberg-Vorlesungen geben und aufzeigen, beantwortete er mit Verweis auf die momentane gigantische Metamorphose des Religiösen, die auch gläubige Menschen nicht ignorieren können. Er unterstrich die Aufgabe evangelischer Schulen, die „Option für den Glauben" offenzuhalten und die „subjektivierte und individualisierte Religion als neuzeitliche Ausdrucksgestalt der „Freiheit eines Christenmenschen" anzuerkennen, ohne zugleich die Glaubensinhalte der reinen Beliebigkeit anheimzugeben und den Anspruch auf gemeinschaftsbildenden Konsens aufzugeben."

Ich wünsche den Lesern und Leserinnen der nachfolgenden Beiträge, die den Diskurs über die Theorie und Praxis evangelischer Schulen zweifellos bereichern werden, eine in vielerlei Hinsicht inspirierende Lektüre. Ein herzlicher Dank geht an die Autoren und Autorinnen für die Bereitstellung ihrer Beiträge, die Barbara-Schadeberg-Stiftung für den großzügigen Druckkostenzuschuss, den Waxmann Verlag in Person von Melanie Völker für die unkomplizierte Zusammenarbeit sowie an die Herausgeber der Reihe „Schule in evangelischer Trägerschaft" für die Aufnahme dieses Bandes in die Reihe.

Erfurt, im Mai 2014
Andrea Schulte

Religion und Religiosität im vereinigten Deutschland. Eine religionssoziologische Bestandsaufnahme

Gert Pickel

1. Einleitung

Will man sich dem Thema „*Evangelisch* Profil zeigen im religiösen Wandel unserer Zeit" widmen, wie es dieser Band will und die Barbara-Schadeberg-Vorlesungen im Herbst 2013 taten, und daraus „Impulse für das protestantische Bildungsverständnis" ableiten, so steht eine Betrachtung der religiösen Lage und der religiösen Veränderungen in Deutschland mit großer Selbstverständlichkeit am Anfang. Dies ist kein Selbstzweck. So existieren viele ungesicherte Vermutungen und miteinander oft unverbundene Wahrnehmungen über diese Entwicklungen. Diese sind in gleicher Weise von Hinweisen auf *Säkularisierung, Entkirchlichung* und *Traditionsverlust* geprägt, wie sich Verlautbarungen zu einer *Rückkehr der Religionen, Rückkehr des Religiösen* oder gar *Wiederkehr der Götter* finden lassen.[1] Für die Bestimmung von Impulsen, also aktiven Anregungen, ist aber bedeutsam, welche dieser Interpretationen die Realität am besten widerspiegelt, will man nicht unpassende Handlungsentscheidungen treffen und eine falsche Richtung einschlagen. Vor dem Hintergrund solch teilweise widersprüchlicher Gegenwartsdeutungen der Position von Religion in der Gesellschaft ist ein konzentrierter und *nüchterner Blick* auf die Zahlen zwingend notwendig. Dieser Anspruch soll im vorliegenden Text erfüllt werden.

Zwangsläufig öffnet sich dann die Frage, welche Impulse diese soziologischen Betrachtungen für evangelische Schulen und deren Bildungsverständnis sowie Alltagsorganisation erbringen können. Nun könnte man argumentieren, die oben genannten Entwicklungen seien allgemein, weit von den einzelnen Menschen entfernt und träfen die spezifische Situation im Lebensalltag evangelischer Schulen nur begrenzt. Entsprechend könnte man diese großflächigen und diffusen gesellschaftlichen Entwicklungen weitgehend ignorieren. Doch hier sollte man vorsichtig sein. Schulen wie auch *Schüler und Lehrer leben in*

---

1   Friedrich Wilhelm Graf, Die Wiederkehr der Götter. Religion in der modernen Kultur, Bonn 2004; Martin Riesebrodt, Die Rückkehr der Religionen. Fundamentalismus und der „Kampf der Kulturen", München 2001.

einer gesellschaftlichen Umwelt, die für die Kommunikation des Glaubens von maßgeblicher Bedeutung ist. Haben Schüler den Eindruck, über ihre Religiosität könnten sie außerhalb des Elternhauses und vielleicht noch des geschützten Raumes der evangelischen Schule nicht reden, so wird der Eindruck einer säkularen Umwelt fortgezeichnet, aber auch ihr Besuch einer evangelischen Schule eine eher „unnormale" Beschäftigung. Zugleich erlangen evangelische Schulen einen Inselcharakter im „Meer der Säkularität". Diese insulare Position signalisiert möglicherweise nicht die Offenheit, die man eigentlich vertreten oder nach außen vermitteln will. Gleichzeitig können Befunde, die zeigen, dass ein Nebeneinander von Hochreligiösen, religiös begrenzt „musikalischen" Konfessionslosen und religiös eher gleichgültigen Menschen existiert, Ausgangspunkt eines entspannten – und vielleicht auch selbstbewussteren – Umgangs zwischen religiösen und nichtreligiösen Jugendlichen im Alltag sein.

Allgemein gesagt: Die erst einmal auf einer hohen Abstraktionsebene angesiedelten Befunde der Religionssoziologie stellen einen Ausgangspunkt dar, von dem aus man zumindest die Rahmenbedingungen für das eigene Handeln identifizieren und seine Reaktionen auf diese Umwelt bestimmen sollte. Sie sind aber auch die Grundlage dafür, den Einfluss der Umwelt auf Religion als etwas Gegebenes zu akzeptieren. *Religion ist ein soziales Phänomen,* wie auch Religiosität eine menschliche Haltung ist, die viele in unterschiedlicher Färbung teilen. Die Herstellung eines solchen Ausgangspunktes geht nur auf dem Weg über empirische Ergebnisse und deren Deutungen. Tut man dies nicht, dann unterliegt man der Gefahr von Fehlwahrnehmungen, Fehlinterpretationen und Selbstbetrug. Noch ein Punkt ist wichtig: Da *Religion* ein soziales Phänomen darstellt, ist es besonders wichtig die Haltungen der Betroffenen zu berücksichtigen – nicht so, wie sie sich der Theologe oder Soziologe vorstellt, sondern wie sie der Betroffene äußert. Dies geschieht in der Regel durch die Verwendung von *Bevölkerungsumfragen.* Dabei geht es nicht um das einzelne Individuum, sondern um die gesellschaftlichen Prägungen. Sie werden in ihren Bevölkerungsanteilen erfasst und geben dann Auskunft über Haltungen sowie Weltanschauungen von Mehr- oder Minderheiten in den Gesellschaften. Genau diese „Melange" ist es aber dann auch, welche wiederum das kulturelle Umfeld der Individuen ausmacht.

2. Der gesellschaftliche Wandel des Religiösen – Individualisierung, Pluralisierung, Säkularisierung?

Beginnen wir mit den religionssoziologischen Theorien. Warum aber eigentlich? Soziologische Theorien besitzen einen Vorteil: kann man ihre Gültigkeit bestätigen, so erlauben sie es, den *Blick in die Zukunft zu verlängern*. Sie verweisen auf systematische Beziehungen, die nicht nur Zufälligkeiten abbilden. Dies bedeutet nicht, dass alles immer so weiterläuft wie zuvor oder zum Beobachtungszeitpunkt. Eine solche vereinfachende Annahme ist naiv. Überraschende politische, ökonomische oder soziale Ereignisse, eine Veränderung der Sozialstruktur (oder Demografie) wie auch gesellschaftliche Konflikte können die Ausgangslage immer verändern. Für den Soziologen ist es gerade der Bezug zwischen dieser gesellschaftlichen Ausgangslage und anderen sozialen Prozessen, der von entscheidender Bedeutung ist. So ist die Stellung von Religion in einer Gesellschaft keine unabhängige Singularität, sondern eng mit einer Vielzahl anderer Prozesse verbunden. Gleichzeitig ist die Entwicklung auch nicht beliebig. Wenn sich die Rahmenbedingungen nur wenig ändern und wir es mit stabilen Prozessen zu tun haben, dann ist es höchst plausibel, dass damit (systematisch) zusammenhängende Prozesse sich in eine ähnliche Richtung bewegen. Hier helfen religionssoziologische Theorien weiter.

Welche religionssoziologischen Theorien gibt es? In der Masse sehr viele. Mit Bezug auf die Erklärung der religiösen Situation und Entwicklung haben sich in den letzten Jahrzehnten drei besonders aussagekräftige Ansätze bzw. Stränge herauskristallisiert, in die sich das Gros der einzelnen Überlegungen auf diesem Sektor gut einordnen lässt. Sie definieren sich in einem gewissen Widerspruch zueinander, ohne an allen Stellen zueinander in Abgrenzung und Kontrast zu stehen. Es handelt sich um die Säkularisierungstheorie, die Individualisierungsthese des Religiösen und das Marktmodell des Religiösen.[2] Sie bieten kontrastierende Deutungen der (zukünftigen) Entwicklung auf dem religiösen Sektor an, gehen dabei aber von unterschiedlichen Prämissen des Verhältnisses von moderner Gesellschaft und Religion aus.

Die *Säkularisierungstheorie* sieht eine Spannung zwischen den vielfältigen Prozessen der Modernisierung und Religion. Als Kernprozesse werden Rationalisierung, funktionale Differenzierung, Urbanisierung oder aber auch die Wohlfahrtsentwicklung genannt. Diese wirken sich – so die Theorie – für die

---

2 Vgl. Gert Pickel, Religionssoziologie. Eine Einführung in zentrale Themenbereiche, Wiesbaden 2011.

soziale Stellung von Religion ungünstig aus und münden in einen *sozialen Bedeutungsverlust von Religion*. Doch Vorsicht – sozialer Bedeutungsverlust bedeutet keinesfalls ein Verschwinden des Religiösen an sich. Subjektive Religiosität und eine historisch kulturelle Sichtbarkeit des Religiösen können relativ unbenommen von diesem Bedeutungsverlust sein. Was Säkularisierungstheoretiker sehen, ist vornehmlich eine mit dem sozialen Wandel in der Modernisierung verzahnte *Erosion der Bedeutung von Religion für den Lebensalltag der Menschen*. Nun ist es nicht völlig unplausibel aus diesem sozialen Bedeutungsverlust auch ein Diffundieren subjektiver Religiosität abzuleiten, zwingender Bestandteil der Säkularisierungstheorie ist diese zweite Annahme aber explizit nicht.[3] Zumeist unterscheidet man die Bindung der Menschen an religiöse Institutionen und eine freiere Form von subjektiver Religiosität. Mindestens erstere wird unter dem Aspekt „Bedeutungsverlust" mitgedacht und der Abbruch religiöser Zugehörigkeiten als ein Merkmal neben den sinkenden Einfluss von religiösen Normen auf das Leben der Individuen und die Organisation der Gesellschaft (funktionale Differenzierung) gestellt. Als Konsequenz dieses Ansatzes ist sowohl für Westdeutschland als auch für Ostdeutschland ein kontinuierlicher Abbruchsprozess aller Sozialformen des Religiösen sowie dessen Relevanzverlust für Entscheidungen der Bürger in anderen Bereichen der Gesellschaft zu erwarten. Wenn man will, kann man die heutige Situation *Ostdeutschlands* als eine *Vorwegnahme des westeuropäischen Säkularisierungstrends* interpretieren. Prognostisch würde dies auf der Mitgliedschaftsebene ein Mehr an areligiösen Menschen, eine geringere Relevanz von Religion(en) für das Alltagsleben und mehr Konfessionslose bedeuten.

Eine abweichende Deutung nehmen die *Privatisierungs- oder Individualisierungsthese* bzw. ihre Anhänger ein. So wird die Entwicklungsprognose einer kontinuierlichen – und vor allem umfassenden – Säkularisierung in Zweifel gezogen.[4] Ausgehend von einem quasi anthropologischen Grundbedürfnis der Menschen nach Religion ist – speziell in der deutschen Religionssoziologie[5] – nicht mehr Säkularisierung, sondern ein Formenwandel des Religiösen die

---

3   Vgl. Steve Bruce, God is Dead. Secularization in the West, Oxford 2002.
4   Vgl. Thomas Luckmann, Die unsichtbare Religion, Frankfurt/Main 1991.
5   Die Privatisierungs- oder Individualisierungsthese des Religiösen hat gerade in Deutschland einen regen Zuspruch erfahren. Dies ist auf die dort seitens Luckmann geführte Debatte zurückzuführen. Erst später, dafür aber öffentlichkeitswirksam, zog im angelsächsischen Raum Grace Davie mit ihrer Terminologie eines *believing without belonging* Aufmerksamkeit auf sich; vgl. Grace Davie, Europe the Exceptional Case. Parameters of Faith in the Modern World, London 2002.

gängige Deutung der Entwicklungen auf dem religiösen Feld. Zwar gehe die Bindung an die (christlichen) Kirchen ganz offensichtlich zurück (Mitgliedschaftsschwund, sinkende Zahlen der Gottesdienstbesucher), doch die subjektive Religiosität verbleibe und es komme zu einer *Privatisierung* (bzw. *Individualisierung*) der Religion. Diese Privatisierung ist nicht mit ihrem Verschwinden gleichzusetzen, sondern stellt eine Transformation des Religiösen in eine andere, individualistischere Form dar. In modernen Gesellschaften verbreiten sich vor diesem Hintergrund und unter Bedingungen vielfältigerer religiöser Angebotsbruchstücke als noch vor Jahrzehnten mehr und mehr *Bastelreligiositäten*. Teilweise werden diese in synkretistischen Formen erkennbar, teilweise verbleiben die neuen Formen des Religiösen aber für externe Betrachter auch unsichtbar. Gerade letzteres erweckt gelegentlich den *falschen* Eindruck, dass so etwas wie eine breitflächige Säkularisierung existiere. Voraussetzung ist allerdings, dass das Verständnis dessen, was Religion ist, viel weiter geöffnet werden muss, als bisher im Alltagsverständnis üblich. Spiritualität, Fußball, Reiki, Körperkulte und eine Vielzahl anderer Formen der Kontingenzbewältigung werden von Vertretern der Individualisierungstheorie ebenfalls als religiös klassifiziert.[6] Folgt man den Annahmen der Individualisierungsthese, dann müssten sich in West- wie in Ostdeutschland verstärkt alternative Formen der Religiosität oder Synkretismus ausbreiten. Gerade die ostdeutsche Situation religiöser Ungebundenheit müsste Möglichkeiten für einen Zuwachs öffentlich sichtbarer Bastelreligionen wie auch ausdifferenzierter, individualisierter Religiosität bieten, wobei vor dem Hintergrund der Privatisierungsentwicklungen in der DDR-Gesellschaft letzteres wahrscheinlicher ist.[7]

---

6   Vgl. Hubert Knoblauch, Populäre Religion. Auf dem Weg in eine spirituelle Gesellschaft, Frankfurt/Main 2009.

7   Vgl. Gert Pickel, Die Situation der Religion in Deutschland – Rückkehr des Religiösen oder voranschreitende Säkularisierung, in: G. Pickel/O. Hidalgo (Hg.), Religion und Politik im vereinigten Deutschland. Was bleibt von der Rückkehr des Religiösen? Wiesbaden 2013, 65-102.

Abb. 1: Theoretische Erklärungsansätze der Religionssoziologie

	Säkularisierungstheorie	Individualisierungsthese des Religiösen	Religiöses Marktmodell
Vertreter	Bryan Wilson Steve Bruce Detlef Pollack	Thomas Luckmann Grace Davie Danièle Hervieu-Léger	Rodney Starke Roger Finke Laurence Iannaccone
Grundannahme	Spannungsverhältnis zwischen Moderne und Religion	Individuelle religiöse Grundorientierung als anthropologische Konstante	Konstantes Bedürfnis des Individuums nach Religion
Bezugstheorie	Modernisierungstheorie	Individualisierungstheorie	Angebotsorientierte Markttheorie
Haupt-Hypothese	Kontinuierlicher Bedeutungsverlust von Religion als sinnstiftender und sozialer Instanz	Bedeutungsverlust institutionalisierter Religion; Weiterbestehen privater Formen von Religion	Religiöser Markt bestimmt Ausmaß an Religiosität und Kirchlichkeit
Prognose für Westdeutschland und Westeuropa	Weiterer kontinuierlicher Abwärtstrend aller religiösen Formen und Kirchlichkeit	Weiterbestehen privater Religiosität bei Rückgang der Kirchlichkeit	Entwicklung der Religiosität in Abhängigkeit von religiösem Angebot in der Gesellschaft
Prognose für Ostdeutschland	Abwärtstrend aller Formen des Religiösen (ggfs. nach temporalen Revitalisierungen)	Ausdehnung privater Religiosität bei weiterem Rückgang der Zuwendung zu Kirchen	Revitalisierung von Religion nach Wegfall der Repression durch (Wieder-) Herstellung des religiösen Marktes

Quelle: Eigene Zusammenstellung.

Als dritte Erklärungsvariante hat sich der aus den USA kommende Ansatz des *Marktmodells des Religiösen* etabliert.[8] Das *Marktmodell* legt den Schwerpunkt

---

8   Vgl. Roger Finke/Rodney Stark, The Churching of America 1776-2005. Winners or Losers of our Religious Economy, New Brunswick 2006; Rodney Stark/Laurence

seiner Erklärung auf die Abhängigkeit religiöser Vitalität vom Angebot auf einem offenen religiösen Markt. Grundbedingung für diesen Ansatz ist die Annahme einer konstanten Nachfrage nach religiösen Angeboten. Anders gesagt: Jeder Mensch ist religiös. Variationen religiöser Vitalität können aus Sicht des an der Rational-Choice-Theorie orientierten Marktmodells allein aus der Variation der religiösen Angebote resultieren. Ist das Angebot besonders vielfältig und an die Interessen der pluralen Nachfrage der Menschen gut angepasst, dann werden die latent Gläubigen zu religiösem Handeln motiviert. Je freier die Situation religiöser Konkurrenz, desto höher die religiöse Vitalität. Die angesprochene Variation der Nachfrage (nicht hinsichtlich Nachfrage oder nicht, sondern nur in ihrer Gestaltungsnachfrage) wiederum fordert eine hohe Pluralität an religiösen Anbietern, welche die sichtbare Folge dieser Konkurrenzsituation ist. Als problematisch erweist es sich, wenn dieser freie *religiöse Markt* seitens des Staates eingeschränkt wird. Dies geschieht in seiner rigidesten Form durch eine Staatsreligion. Doch auch die traditionell gewachsene Bevorzugung einzelner Religionen in bestimmten Ländern und eine enge Verquickung von Staat und Kirche sind dem freien Markt und damit der religiösen Vitalität einer Gesellschaft abträglich. Dies ist in Westdeutschland noch der Fall, in *Ostdeutschland öffnet sich die Situation*. Dort war der religiöse Markt im Sozialismus massiv eingeschränkt und die evangelische Kirche konnte sich aus strukturellen wie historischen Gründen nicht als oppositionelle Alternative gegenüber dem Staat etablieren. Die Situation heute gleicht einer „tabula rasa": Mit dem Wegfall der sozialistischen Repression entfalten sich nun Chancen für neue religiöse Anbieter, die eine Steigerung der religiösen Vitalität verbunden mit einer Ausweitung religiöser Formen ermöglichen. In Westdeutschland sollten die religiösen Pluralisierungsprozesse ebenfalls eine belebende Wirkung für die Religiosität besitzen.

Damit geben alle drei dargestellten Ansätze *unterschiedliche Entwicklungsprognosen* ab. Sie schließen sich, wie bereits an anderer Stelle angedeutet, nicht zwangsläufig aus. So sind Individualisierungsprozesse ein Bestandteil der Modernisierung. Damit sind sie aber auch Säkularisierungsprozessen immanent. Nur werden Individualisierungsprozesse je nach Position unterschiedlich

---

Iannaccone, A Supply-Side Reinterpretation of the Secularization of Europe, in: Journal for the Scientific Study of Religion 33 (1994), 230-252; Rodney Stark, Secularization, in: R.I.P. Sociology of Religion 60 (1999), 249-273; Rodney Stark/Roger Bainbridge, A Theory of Religion, New Brunswick 1987; Rodney Stark/Roger Finke, Acts of Faith. Explaining the Human Side of Religion, Berkeley 2000.

gedeutet. Sehen Anhänger der Individualisierungsthese des Religiösen diese
Prozesse in vielfältige alternative Sinndeutungen als Ersatzformen zur traditionellen Religion münden, sind diese Formen für Säkularisierungstheoretiker
eher flüchtige Übergangsformen auf dem langen Weg des sozialen Bedeu-
tungsverlustes von Religion in der Moderne. Auskunft über die Gültigkeit bzw.
die Deutungskraft für die realen Entwicklungen können nur empirische Analysen – und damit die Realität – geben. Diesen will ich mich nun zuwenden.

3. Pluralisierung, Säkularisierung und Individualisierung – was sagen die Zahlen?

3.1 Kernprozesse religiöser Entwicklung in Deutschland

Wirft man seinen Blick auf die gegenwärtige Entwicklung des Religiösen in
Deutschland, dann sind es vor allem drei Prozesse, die Beachtung finden müssen. Sie stehen, jeweils mehr oder auch weniger, in Verbindung zu den im
vorangegangenen Kapitel behandelten aktuellen Theorien der Religionssoziologie. Dies ist zum ersten der bereits mehrfach angesprochene Prozess der *Säkularisierung*. Mit ihm wird eigentlich der soziale Bedeutungsverlust von Religion in sich modernisierenden Gesellschaften angesprochen. In der öffentlichen
Wahrnehmung werden aber auch Annahmen über eine zunehmend säkularer
werdende Gesellschaft gerne mit Aussagen über einen individuellen Glaubensverlust angereichert. Dem zur Seite steht die Wahrnehmung eines Prozesses
zunehmender *Individualisierung* und Selbstentfaltung. Der Einzelne kann nicht
nur zwischen einer steigenden Zahl an Optionen auswählen, er tut dies auch.
Damit verbunden sind allerdings auch Zwänge, das Individuum muss sich auch
zwischen mehreren Optionen entscheiden. Individualisierung ist entsprechend
ein gesellschaftliches Phänomen, welches nicht egoistische und völlig freie
Individuen zur Folge hat, sondern wiederum Druck auf die Individuen ausübt.[9]
Und diese Verschiebung in den kulturellen Notwendigkeiten besitzt auch Bedeutung für den religiösen Sektor, tritt doch dort die individuelle Entscheidung
immer stärker an eine gewohnheitsmäßige Zugehörigkeit zu einer Konfession.
Der dritte Prozess ist der einer *religiösen Pluralisierung*. Auch er reflektiert
eine Steigerung der Optionsvielfalt und der gestiegenen Heterogenität der Gesellschaft. In allen diesen Prozessen liegen nun Herausforderungen für die bei-

---

9   Vgl. Ulrich Beck, Der eigene Gott. Von der Friedensfähigkeit und dem Gewaltpo-
    tential der Religionen, München 2008.

den großen christlichen Kirchen in Deutschland begründet, die sogar in ihren Konsequenzen über die Institutionen hinaus bis hin zur Verankerung des Christentums selbst gehen könnten. Betrachten wir uns diese bislang nur skizzierten Herausforderungen in der Folge mit Blick auf ihre Realität etwas näher.

3.2   Religiöse Pluralisierung als Herausforderung?

Was ist überhaupt religiöse Pluralisierung? Hier ist eine kurze Anmerkung angebracht. Begrifflich ist zwischen religiösem Pluralismus bzw. religiöser Pluralität als Aussage über einen Bestand zu einem bestimmten Zeitpunkt und religiöser Pluralisierung als einem Prozess (der dann ggf. zu diesem Bestand führt) zu unterscheiden. Doch damit nicht genug. Zum einen gibt es ein eher individualisierungstheoretisches Verständnis des Begriffes: Diese Fassung bezeichnet die aufgrund einer Transformation des Religiösen in der Moderne sich entwickelnde Ausdifferenzierung unterschiedlichster religiöser Sozialmilieus, Lebensstile und Bastelreligionen. Daneben existiert noch eine zweite, im öffentlichen Diskurs zumeist sogar geläufigere Fassung: Hier wird unter religiöser Pluralisierung die prozesshafte *Ausdifferenzierung religiöser Organisationen* in einer Region verstanden.[10] Das Augenmerk richtet sich hierbei einerseits auf die Zunahme religiöser Gemeinschaften, andererseits aber auch auf den prozentualen Anstieg von nichtreligiösen Menschen und den Zuwachs an Mitgliedern von religiösen Gemeinschaften jenseits der traditionell beheimateten Mehrheitsreligion(en). Beide Prozesse finden in den modernen Gesellschaften Westeuropas und damit auch in Deutschland statt.

Für einen Blick auf die weiterführende Entwicklung des Religiösen in Deutschland ist vor allem die *Pluralisierung mit Blick auf Religionen* interessant, die bislang in Deutschland nicht oder nur mit geringen Anhängerschaften beheimatet waren. So hat sich in den letzten Jahrzehnten der Anteil von Angehörigen anderer Religionen in Deutschland stetig erhöht. Zwei Gruppen stechen hier besonders heraus – orthodoxe Christen und Muslime. Letztere sollen nach neuesten Schätzungen einen Anteil von fünf Prozent der deutschen Bevölkerung überstiegen haben, erstere werden mittlerweile auf 1,8 Millionen im Bun-

---

10 Vgl. Volkhard Krech/Markus Hero, Die Pluralisierung des religiösen Feldes in Deutschland. Empirische Befunde und systematische Überlegungen, in: G. Pickel/K. Sammet (Hg.), Religion und Religiosität im vereinigten Deutschland. Zwanzig Jahre nach dem Umbruch, Wiesbaden 2011, 28; Christof Wolf, Religiöse Pluralisierung in der Bundesrepublik Deutschland, in: J. Friedrichs/W. Jagodzinski (Hg.), Soziale Integration, Wiesbaden 1999, 321-322.

desgebiet geschätzt. Dabei ist es noch zu berücksichtigen, dass die Mitglieder dieser Religionen regional auf größere Städte und Westdeutschland konzentriert sind. Religiöse Pluralisierung findet also in dieser Hinsicht nicht gleichverteilt statt. Zudem bestehen innerhalb der Religionen Differenzierungen. So teilen sich die Mitglieder muslimischer Glaubensgruppen in eine Vielzahl solcher auf, abgesehen von der Unterscheidung nach Alewiten, Schiiten und Sunniten.

Abb. 2: Religiöse Pluralisierung in Deutschland in ihrer Wahrnehmung

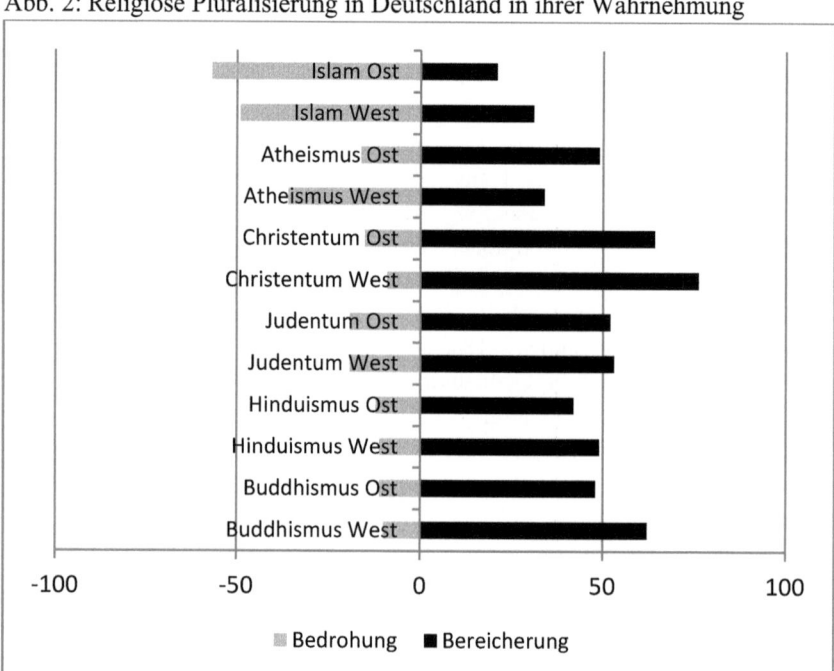

Quelle: Eigene Berechnungen, Bertelsmann Religionsmonitor 2013; Wenn Sie an die Religionen denken, die es auf der Welt gibt: Als wie bedrohlich bzw. wie bereichernd nehmen Sie die folgenden Religionen wahr? Anteile: Bedrohung: sehr bedrohlich/eher bedrohlich; Bereicherung: sehr bereichernd/bereichernd in Prozent.

Interessanter als der Prozess der religiösen Pluralisierung selbst ist dessen Wirkung auf der gesellschaftlichen Ebene. Und diese ist brisant. Die Haltung der deutschen Bevölkerung zu Mitgliedern islamischer Glaubensgemeinschaften ist in Deutschland in großem Maße durch *Skepsis und Misstrauen* geprägt. So überschreitet nur beim Islam der Anteil derjenigen, die diesen Aspekt religiöser Pluralisierung als Bedrohung erachten, den Anteil derjenigen, die diesen Aspekt religiöser Pluralisierung als Bereicherung einschätzen (siehe Abb. 2). Alle anderen Religionen werden häufiger als Bereicherung denn als Bedrohung wahrgenommen. In Westdeutschland ist – angesichts der religiös-kulturellen Situation nicht ganz überraschend – die Skepsis gegenüber dem *Atheismus* immer noch etwas stärker ausgeprägt als in Ostdeutschland und in Ostdeutschland wird das Christentum etwas häufiger als bedrohlich identifiziert. Bemerkenswerter als dieser Unterschied in den wechselseitigen Urteilen ist die mittlerweile maximal moderate Größe der Bedrohungswahrnehmung auf beiden Seiten, speziell was die Haltung der Ostdeutschen zu den Christen angeht: Die Situation zwischen den westdeutschen Christen und ostdeutschen Konfessionslosen scheint sich doch etwas entspannt zu haben. Für das Gros der Areligiösen spielt die Zugehörigkeit anderer Mitbürger zum Christentum mittlerweile eine genauso nachgeordnete Rolle für das gemeinsame Alltagsleben, wie dies die Anwesenheit von Atheisten aus Sicht der Mehrheit der westdeutschen Christen ist.[11] Gleichwohl hat eine nicht geringe Größe von immerhin mehr als einem Drittel der Westdeutschen mit „dem Atheismus" noch Probleme, klingt er für sie doch scheinbar noch nach einem Kampfbegriff.

---

11 Bedrohungswahrnehmungen durch den Atheismus, wie in den USA, wo von einer Mehrheit der Bevölkerung der Atheismus als Bedrohung ausgemacht wird, findet man in Deutschland nicht. Vgl. Gert Pickel, Bertelsmann Religionsmonitor 2013. Religiosität im internationalen Vergleich, Gütersloh 2013, 29.

Abb. 3: Konsequenzen aus der Haltung zu Muslimen

	Westdeutschland		Ostdeutschland	
	Ja	Nein	Ja	Nein
Befürwortung Moscheebau (2010)	28	65	19	74
Befürwortung Minarettbau (2010)	18	75	12	80
Befürwortung muslimischer Feiertag (2010)	17	77	13	81
	Zustimmung	Ablehnung	Zustimmung	Ablehnung
Zunehmende Anzahl der Muslime als Konfliktursache (WArV 2010)	72	25	77	22
Wünschen ein Limit der Zuwanderung für Muslime (WArV 2010)	65	30	76	18
Einschränkung islamischer Glaubenspraktiken (WArV 2010)	42	52	55	40
Islam passt in die deutsche Gesellschaft (Allbus 2012)	8	46	6	59
Muslimische Bürgermeister sind in Ordnung (Allbus 2012)	27	40	21	50
Man sollte Islamausübung beschränken (Allbus 2012)	19	43	31	29

Quelle: Wahrnehmung und Akzeptanz religiöser Vielfalt in der europäischen Bevölkerung (WArV) 2010, Allbus 2012; Zunehmende Anzahl der Muslime als Konfliktursache = Zustimmung = „stimme stark zu" + „stimme eher zu"; Ablehnung = „stimme eher nicht zu" + „stimme überhaupt nicht zu"; Residuale Werte sind „weiß nicht" oder „keine Angabe" (bei Allbus 2012 zusätzlich Mittelkategorie „stimme weder zu noch lehne ab"); Angaben in Prozent.

Besonders auffällig ist die Situation hinsichtlich der Wahrnehmung des Islam. Hier besteht zwischen Westdeutschen und Ostdeutschen eine, vor dem unterschiedlichen kulturreligiösen Hintergrund, bemerkenswerte *Einigkeit in der skeptischen bis ablehnenden Haltung.* Über die Hälfte der Bürger in beiden Gebieten fühlt sich durch den Islam bedroht und steht auch Muslimen generell skeptisch bis ablehnend gegenüber.[12] Die gleiche Größe sieht für die Zukunft gerade im Umgang mit den Muslimen ein zentrales Konfliktfeld in Deutschland. Der Islam wird als Religion angesehen, die mehrheitlich nicht in die deutsche, ja sogar westliche, Gesellschaft überhaupt passt. Diese Haltung besitzt Konsequenzen: So werden Bestrebungen des Baus von Moscheen als auch von Minaretten von drei Vierteln der Deutschen abgelehnt. Ganz zu schweigen von der Einführung eines muslimischen Feiertags, der nicht einmal bei einem Fünftel der Deutschen auf Zustimmung trifft (Abb. 3).[13]

In diesen Äußerungen mischen sich Bedrohungswahrnehmungen, kulturelle Fremdheit und die Angst vor dem Fremden.[14] Nicht zuletzt die Entscheidungen in den Volksabstimmungen in der Schweiz zeigen, dass es sich dabei um ein mehrheitsfähiges und nicht rein deutsches Phänomen handelt. Gerade die Verbindung zwischen Bedrohungswahrnehmungen und einer daraus resultierenden Furcht vor Konflikten sind eng miteinander verbunden.[15] Dass man dabei in den Medien den Islam relativ konsistent als gewalttätig und feindlich präsentiert bekommt, tut sein Übriges, um die entsprechenden Stereotype auszubilden.[16] Sie lassen den Islam in den Augen der deutschen Bürger mehrheit-

---

12 Vgl. Alexander Yendell, Muslime unerwünscht? Zur Akzeptanz des Islam und dessen Angehörigen. Ein Vergleich zwischen West- und Ostdeutschland, in: G. Pickel/O. Hidalgo (Hg.), Religion und Politik im vereinigten Deutschland. Was bleibt von der Rückkehr des Religiösen? Wiesbaden 2013, 221-248; auch Detlef Pollack u.a., Grenzen der Toleranz, Wiesbaden 2013; Oliver Wäckerling/Rafael Walthert, Von der Islamophobie zum Minarettverbot. Der Erfolg einer sozialen Bewegung, in: F. Hafez (Hg.), Jahrbuch für Islamophobieforschung 2013, Wien 2013, 66-87.

13 Vgl. Michael Blohm/Martina Wasmer, „Einstellungen und Kontakte zu Ausländern" in: Statistisches Bundesamt (Hg.), Datenreport 2013. Ein Sozialbericht für die Bundesrepublik Deutschland, Bonn 2013, 205-211.

14 S. auch Andreas Zick/Andreas Hövermann/Daniela Krause, Die Abwertung von Ungleichwertigen. Erklärung und Prüfung eines erweiterten Syndroms der gruppenbezogenen Menschenfeindlichkeit, in: W. Heitmayer (Hg.), Deutsche Zustände. Folge 10, Berlin 2012, 64-86.

15 So kommen Pollack und Kollegen in ihrer Fünfländerstudie sogar zu dem Befund, dass die Einschätzung religiöser Pluralisierung als konfliktär in Deutschland als einzigem Vergleichsland stärker ist als die Wahrnehmung als Bereicherung; vgl. Detlef Pollack u.a., Grenzen der Toleranz, Wiesbaden 2013, 18; Gert Pickel, Bertelsmann Religionsmonitor 2013. Religiosität im internationalen Vergleich, Gütersloh 2013, 33-34.

16 Dies bezieht sich auf die eher diffuse, deswegen aber umso wirkungsmächtigere Berichterstattung über Krisengebiete, in denen der Islam und Islamisten in der Regel eine negative Darstellung erfahren. Liberale oder offenere Tendenzen im Islam sind den meisten deutschen (wie auch europäischen) Bürgern weitgehend unbe-

lich als gewalttätig, fanatisch und vor allem frauenfeindlich erscheinen.[17] Hinter solchen Äußerungen stecken Ängste vor Gefahren der Überfremdung, aber auch die subjektive Wahrnehmung einer kulturellen Bedrohung, die von konkreten Gefährdungslagen unabhängig ist.[18] Einfach gesagt, das was in den letzten Jahren unter dem Label der Integrationsdebatte diskutiert wurde, ist eigentlich eine dezidierte *Islamdebatte*.[19] Diese sichtbare Islamophobie birgt Herausforderungen an die christlichen Kirchen und die evangelischen Schulen. So ist eine Auseinandersetzung mit anderen Religionen vor diesem Hintergrund genauso Pflicht, wie die Überlegung, inwieweit man Kontakte mit Mitgliedern anderer Religionen auch ins Schulprogramm aufnimmt.

3.3   Konfessionslosigkeit und Areligiosität als Herausforderung?

Momentan – und besonders in Ostdeutschland – wird aber zumeist ein anderes Phänomen als dringender identifiziert: der Umgang mit Konfessionslosigkeit und den kontinuierlich voranschreitenden Prozessen der Säkularisierung. Gerade der Verlust ihrer Mitglieder beschäftigt die großen christlichen Kirchen in Deutschland nunmehr seit über 40 Jahren – und ein Ende scheint nicht in Sicht. Mittlerweile übersteigt die Zahl der Konfessionslosen in Deutschland erstmals die jeweiligen Anteile der Mitglieder der beiden christlichen Großkirchen. Und mindestens genauso bedeutsam ist: Die Gruppe der Konfessionslosen wächst

---

kannt bzw. nehmen kaum Raum in der Medienberichterstattung ein. Vgl. Katajun Amirpur, Den Islam neu denken. Dschihad für Demokratie, Freiheit und Frauenrechte, München 2013.

17 Vgl. Detlef Pollack u.a., Grenzen der Toleranz, Wiesbaden 2013, 21-23; s. auch die Erkenntnisse der Stereotypenforschung bei Gordon W. Allport, The Nature of Prejudice, Cambridge 1954; Henri Tajfel, Gruppenkonflikt und Vorurteil. Entstehung und Funktion sozialer Stereotypen, Bern 1982.

18 Zwar würde eine größere Minderheitengruppe, die eine fundamentalistische Haltung einnimmt, die Konfliktlage verschärfen, für die Ablehnung seitens der Mehrheitsgesellschaft und deren politischen Folgen ist sie nicht notwendig.

19 Vgl. Gert Pickel, Bedrohungsgefühle versus vertrauensbildende Kontakte – Religiöser Pluralismus, religiöses Sozialkapital und soziokulturelle Integration, in: D. Pollack/I.Tucci/H.-G. Ziebertz (Hg.), Religiöser Pluralismus im Fokus quantitativer Religionsforschung, Wiesbaden 2012, 221-264.

sowohl in West- wie in Ostdeutschland weiter an,[20] wobei sich die Verteilung immer noch deutlich unterscheidet. Besteht in Westdeutschland, allen Abbruchsprozessen zum Trotz, immer noch eine *Kultur der Konfessionszugehörigkeit*, so hat man es in Ostdeutschland mit einer *Kultur der Konfessionslosigkeit* zu tun.[21] Besitzt Ostdeutschland einen fast schon säkularen Charakter auf dem Feld der individuellen Zugehörigkeit, kann man in Westdeutschland mit dem gleichen Bezug kaum von einer säkularen Gesellschaft sprechen. Es bestehen immer noch vielfältige Verbindungen zu kirchlichen Institutionen, Glaubensnormen und religiösen Traditionen, auch wenn diese häufig relativ lose geworden sind und sich kaum mehr in religiösen Praktiken ausdrücken.

Abb. 4: Konfessionslosigkeit im europäischen Vergleich

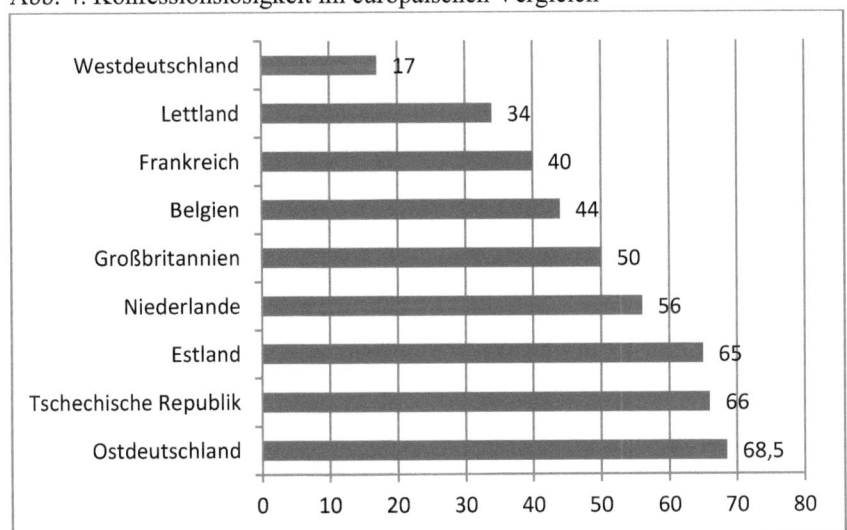

Quelle: Eigene Berechnungen auf der Basis verschiedener Quellen; Zeitraum 2006-2010; Angaben in Prozent.

---

20 Vgl. Gert Pickel, Atheistischer Osten und gläubiger Westen? Pfade der Konfessionslosigkeit im innerdeutschen Vergleich, in: G. Pickel/K. Sammet (Hg.), Religion und Religiosität im vereinigten Deutschland, Wiesbaden 2011, 41-44.
21 Für die Bereitstellung der in diesem Aufsatz verwendeten Daten danke ich der GESIS in Köln sowie der Bertelsmann Stiftung. Beide Institutionen tragen keine Verantwortung für die vorliegenden Berechnungen, die Interpretation und die Präsentation des Materials.

Die Zunahme der Konfessionslosigkeit ist dabei *keineswegs eine deutsche Be-sonderheit*, sondern findet sich in fast allen Ländern Westeuropas und auch nicht wenigen Ländern Osteuropas. Besonders starke Abbrüche mussten hier in den letzten Jahren die (christlichen) Kirchen in Spanien, Belgien aber auch den Niederlanden oder Großbritannien verkraften. In vielen Ländern hat dies zu mittlerweile doch bedeutsamen Raten an Konfessionslosen und Nichtmitglied-schaft geführt (Abb. 4). So übersteigt in den Niederlanden, Estland und der Tschechischen Republik die Zahl der Konfessionslosen die Zahl der zusam-mensummierten Kirchenmitglieder. Und auch in Frankreich oder Belgien, überwiegend katholische Länder, nähern sich die Werte dem Umkehrpunkt der Mehrheitsverhältnisse. Ostdeutschland nimmt in dieser Aufstellung die Spit-zenposition ein, eine Besonderheit ist das Gebiet aber bei weitem nicht mehr. Auf dem Gebiet der alten Bundesländer ist dagegen immer noch eher eine *Mit-gliedergesellschaft* in Bezug auf die Kirchen zu finden, deren Zahlen zu kirch-lichen Mitgliedschaften ziemlich genau im westeuropäischen Mittel liegen.

Der *Erosionsprozess der Mitgliedschaft des Christentums in Deutschland* wird von einer abnehmenden religiösen Praxis begleitet. Die Teilnahme an kirchlichen Riten verschiedenster Art geht spätestens seit den 1970er Jahren kontinuierlich zurück. Darüber dürfen hohe Gottesdienstbesuchszahlen zu Weihnachten nicht hinwegtäuschen, es sinkt nicht nur die Zahl der Besucher der Sonntagsgottesdienste, sondern auch andere kirchliche Riten verlieren stetig an Zuwendung. Abbildung 5 zeigt eine Kombination aus dem Mitgliederverlust und dem Rückgang der religiösen Praxis. Die Daten können als Beleg für die Konsistenz der zeitlichen Entwicklung gelten, die durch eine Zunahme der Konfessionslosigkeit als integralem Bestandteil eines Gesamtprozesses der Entkirchlichung und des Traditionsverlustes, wenn nicht gar der Säkularisie-rung, angesehen werden kann.

Abb. 5: Verschiedene Formen der Kirchendistanz

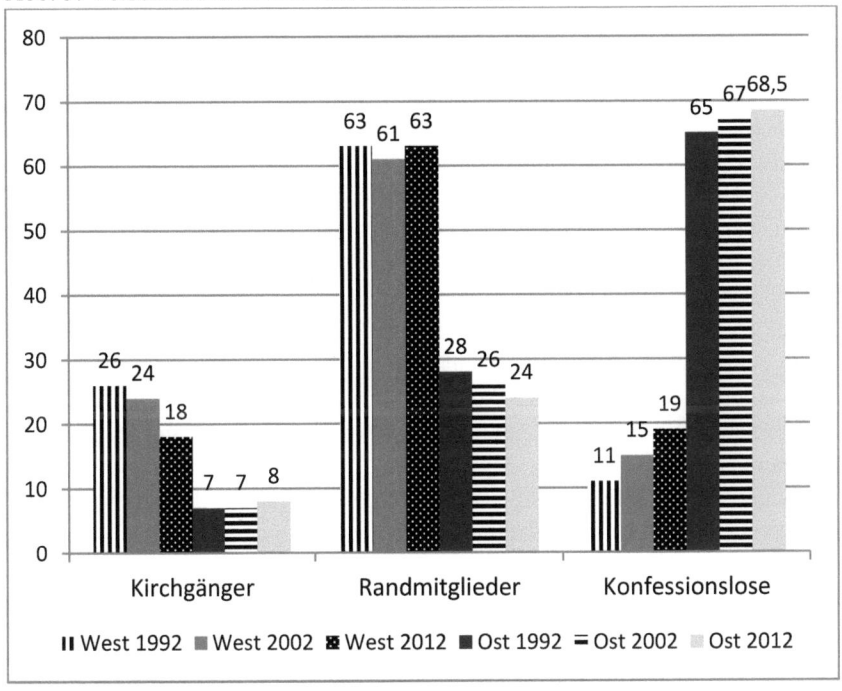

Quelle: Eigene Berechnungen nach Allbus 1992, 2002, 2012; Angaben in Prozent;
Kirchgänger = Personen, die mindestens jeden zweiten Monat regelmäßig den
Gottesdienst besuchen; Randmitglieder = Personen, die weniger als zwei Mal
im Monat den Gottesdienst besuchen.

Diese Prozesse sind eingebettet in allgemeine *demographische Entwicklungen*,
welche zu einem weiteren Abschmelzen der relationalen Basiszahlen der Mitgliedschaft der christlichen Kirchen an der deutschen Bevölkerung führen. Die
unterdurchschnittliche Geburtenrate in Deutschland bedingt ein zunehmendes
Missverhältnis zwischen Zuwachs über Geburten und Verlusten über Todesfäl-
le.[22] Dieses reduziert auch die Mitgliedsbestände der Kirchen. Aufgrund der
überdurchschnittlich altersschiefen Struktur der Mitgliedschaft der beiden
christlichen Großkirchen geschieht dies sogar in stärkerem Ausmaß als hinsichtlich der Gesamtbevölkerung. Hier tritt noch ein struktureller Effekt der

---

22 Vgl. Statistisches Bundesamt (Hg.), Datenreport 2013. Ein Sozialbericht für die
Bundesrepublik Deutschland, Bonn 2013.

Immigration und der damit verbundenen religiösen Pluralisierung hinzu: Im
Rahmen der demographischen Verlusten entgegenwirkenden Immigrationspro-
zesse kommen verstärkt Personen nach Deutschland, die einem anderen Glauben als dem der beiden christlichen Großkirchen angehören. Der somit durch
Immigration teilweise stattfindende Ausgleich der Gesamtbevölkerung findet
somit für die christlichen Kirchen nicht statt.

Wie Abbildung 4 und 5 aber ebenfalls ganz deutlich zeigen, bestehen die
Differenzen zwischen West- und Ostdeutschland auch nach 1989 fort. Das
Ende der *„forcierten Säkularisierung"* in den neuen Bundesländern hat keine
Gegenbewegung entfacht, stattdessen zeigt sich ihr Einschwenken auf den in
Westdeutschland ebenfalls zu beobachtenden Pfad der Mitgliedererosion. Trotz
dieser Nähe in der Entwicklung sind allerdings beide Gebiete immer noch
durch unterschiedliche Religionskulturen geprägt, die sich über lange Zeit ent-
wickelt haben. So kann zum Abbruch der religiösen Verankerung im Sozialismus bereits die davor schon ungünstigere Situation für Religion im Gebiet
Ostdeutschlands summiert werden. So hatte der in diesem Gebiet dominierende
Protestantismus bereits im Nationalsozialismus eine geringere Resistenzkraft
im Halten seiner Mitglieder besessen als der süddeutsche Katholizismus. Die
Differenzen in der Religiosität zwischen West- und Ostdeutschland werden in
den letzten Jahren höchstens dahingehend korrigiert, dass sich der *Westen beginnt dem Osten Deutschlands langsam anzunähern.* Dabei ist es nicht so, dass
in Westdeutschland die „Insel der Seligen" ist und in Ostdeutschland der „Hort
der Religionslosen". Eine große Zahl der westdeutschen Kirchenmitglieder
zeichnet sich durch eine eher lose Bindung an die Kirche aus. Nur gelegentlich
finden sie den Weg in den Gottesdienst und sind auch sonst begrenzt in kirchliche Aktivitäten involviert. Da ist es fast schon wieder erklärungsbedürftig,
warum diese große Zahl an *Randmitgliedern* immer noch ihre Mitgliedschaft
aufrechterhält. Neben sozialen Bindungen können auch subjektive Entscheidungen für diesen doch bemerkenswerten Bestandserhalt verantwortlich sein.
Dieser darf jedoch nicht überdecken, dass man es mit einem kontinuierlichen
Schrumpfungsprozess zu tun hat.

Nun bedeutet eine Distanzierung zur Institution Kirche noch nicht, dass
man ein Atheist oder Areligiöser ist. Die Gruppe der Konfessionslosen setzt
sich aus einer großen Zahl an Menschen mit unterschiedlichen Motiven und
Lebensstilen zusammen. Und gerade die Individualisierungstheorie des Religiösen setzt in Teilen sogar auf das „frei werden" des Individuums von den „Fes-
seln der Kirche". Doch ist dies wirklich so?

Abb. 6: Gottesglaube und Agnostizismus im Zeitvergleich

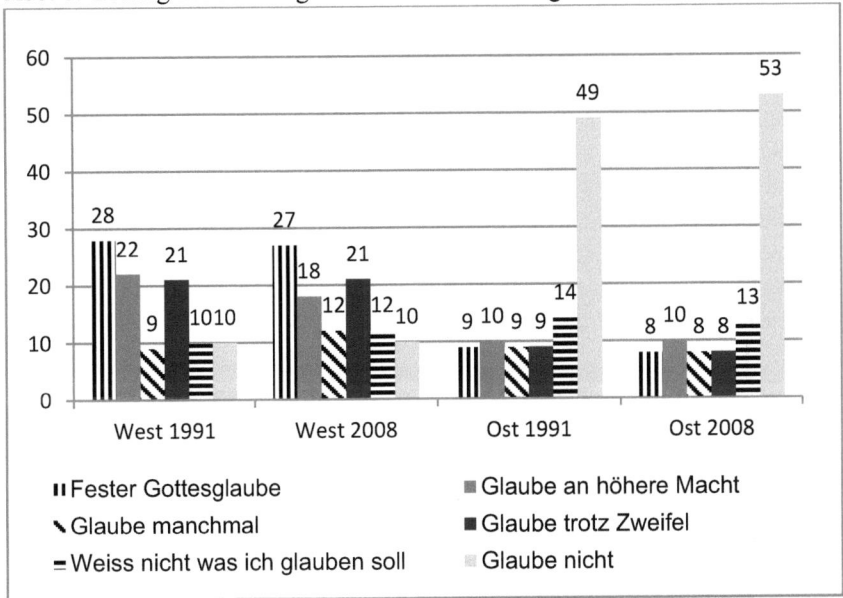

Quelle: Eigene Berechnungen; Allbus 1991 und 2008; Angaben in Prozent.

Der Blick auf den Glauben an Gott ernüchtert hier. Im Jahr 2008 glaubt keine Mehrheit in der deutschen Bevölkerung zweifelsfrei an Gott oder eine höhere Macht (siehe Abb. 6). Dies lässt sich mit anderen Datenquellen (Allbus 2012, Bertelsmann Religionsmonitor 2013) bis 2012 als stabiles Ergebnis bestätigen. Selbst in Westdeutschland, wo drei von vier Bürgern Mitglieder in einer der großen christlichen Kirchen sind, herrscht nur eine beschränkte Glaubenssicherheit vor. Der Anteil derer, die sich als *nichtgläubig* klassifizieren sowie *nicht wissen, was sie glauben sollen* (also Agnostiker) verbleibt bei jeweils um die 10 Prozent. Somit kann man eine noch große Verbreitung von Glauben konstatieren, auch wenn dieser Glaube nur gelegentlich aufbricht oder eher zweifelnd besteht. Gerade beim letzten Phänomen könnte man ja sogar argumentieren, dass die Aussage „Glauben trotz Zweifel" am besten geeignet ist, das christliche Verständnis des Glaubens abzubilden. Kann man denn überhaupt ohne Zweifel glauben? Gleichzeitig scheint es sich trotzdem in den zuletzt genannten Fällen um Glaubensverständnisse zu handeln, die angreifbarer für weitere Anfechtungen sind und in der Sozialisation oft nur begrenzt eine Weitergabe des Glaubens sichern. In den neuen Bundesländern sind schon heute die Agnostiker und die Nichtgläubigen deutlich in der Mehrheit. Und damit nicht genug, diese Bestandsaufnahme scheint nur ein Zwischenstadium auf dem Weg zu einer größeren Glaubensunsicherheit oder gar Unglauben. Zwar sind die Abbruchprozesse nicht so stark ausgeprägt wie im Bereich der Kirchenpraxis, jedoch ist auch hier ein Trend hin zu diffuseren Glaubensvorstellungen erkennbar. Oder anders gesagt – vielleicht nicht so sehr der Atheismus, aber zumindest die religiöse Indifferenz nimmt zu.[23] Über einen längeren Zeitraum bedingt dies aber auch eine Zunahme an unreligiösen Menschen oder Personen, die sich selbst als ungläubig ansehen, besteht doch eine Bewegung von Glaubenszweifeln zu Glaubensdistanz. Hier spielt die generationale Komponente eine zentrale Rolle.

Abb. 7: Glaubensobjekte nach Konfessionszugehörigkeit

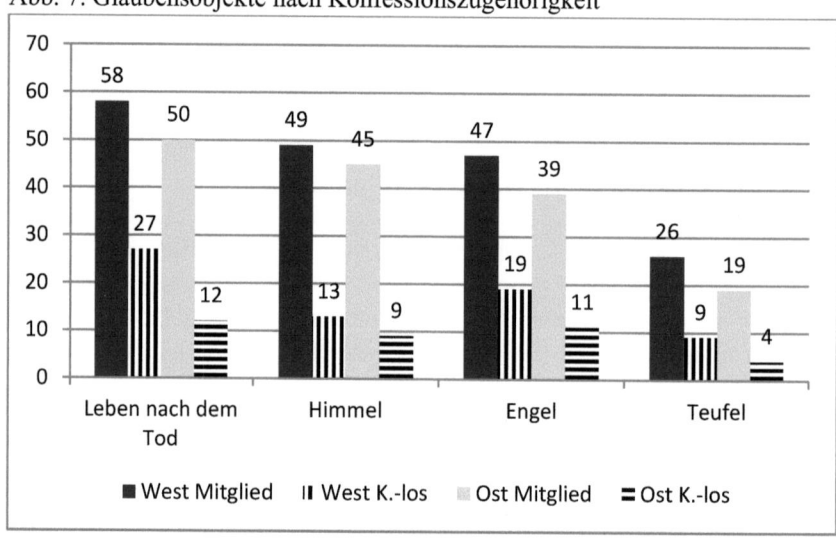

Quelle: Eigene Berechnungen; Allbus 2012; Glauben an „…" in Prozent.

Und auch andere Glaubenselemente treffen nicht mehr auf besonders hohe Zustimmung. Glauben immerhin noch mehr als die Hälfte der Christen an ein Leben nach dem Tod, so hat der Teufel erheblich an seiner furchteinflößenden

---

23 Vgl. Christel Gärtner/Detlef Pollack/Monika Wohlrab-Sahr (Hg.), Atheismus und religiöse Indifferenz, Opladen 2003; Gert Pickel, Atheistischer Osten und gläubiger Westen? Pfade der Konfessionslosigkeit im innerdeutschen Vergleich, in: G. Pickel/K. Sammet (Hg.), Religion und Religiosität im vereinigten Deutschland. Zwanzig Jahre nach dem Umbruch, Wiesbaden 2011, 43-78.

Kraft verloren. Doch noch etwas wird deutlich: Zwischen den Konfessionslosen und den Konfessionsmitgliedern bestehen bei allen diesen Glaubensüber-
zeugungen erhebliche Unterschiede. Es ist also nicht so, dass sich weitgehend
Gläubige nur von der Kirche entfernen, die meisten von ihnen entfernen sich
auch von verschiedenen Glaubensobjekten. Gleichzeitig wird auch sichtbar,
dass teilweise sogar Mehrheiten der Kirchenmitglieder einzelnen Glaubensas-
pekten ablehnend – oder man könnte auch sagen ungläubig – gegenüberstehen.
Zudem spiegeln sich die bereits beobachteten Differenzen zwischen West- und
Ostdeutschland kontinuierlich über alle abgefragten Glaubensobjekte. Die Zugehörigkeit und der Glaube scheinen zwei doch stärker als manchmal ange-
nommen miteinander verkoppelte Elemente zu sein.

Dieses Ergebnis deutet, wie auch andere Ergebnisse der empirischen Religionsforschung, nicht auf eine religiöse Individualisierung im Sinne einer voll-
ständigen Trennung von subjektiver Religiosität und Kirchenmitgliedschaft
hin.[24] Mit der Kirchenbindung geht auch die Glaubenssicherheit verloren. Oder
anders: Bereits in der Mitgliedschaft kommt es scheinbar bei vielen Christen
über die Generationen zu einer langsamen Lösung vom Glauben. Nicht der
Einzelne verliert seinen Glauben und wird weniger religiös, sondern seine Kinder und Enkel. Dieser Prozess einer *Tendenz zu religiöser Indifferenz und religiöser Gleichgültigkeit stellt auch die Grundlage für einen Austritt aus der
Kirche* dar. Dessen Konkretisierung erfolgt dann meist in Zusammenhang eines
aus der Sicht des Austretenden kritischen Ereignisses. Dies kann ganz unterschiedlicher Natur sein. So wird gerne auf die Kirchensteuer und auf als unpas-
send empfundene Äußerungen kirchlicher Würdenträger verwiesen. Dabei
werden häufig relativ undifferenziert beide christlichen Großkirchen bei Skan-
dalen auf der einen oder anderen Seite „gemeinsam verhaftet". Gleichzeitig
sind diese Äußerungen selten die Erklärung für den Austritt, untersucht man sie
über Zusammenhangsanalysen. Dann rücken Areligiosität und Distanz zu Kirche und Glauben deutlich ins Zentrum.[25] Ohne die Grundlage einer bereits

---

24 Vgl. Detlef Pollack/Gert Pickel, Deinstitutionalisierung des Religiösen – Religiöse
    Individualisierung oder Säkularisierung in West- und Ostdeutschland, in: Kölner
    Zeitschrift für Soziologie und Sozialpsychologie 55 (2003), 455-482; Detlef Pol-
    lack, Säkularisierung – Ein moderner Mythos? Studien zum religiösen Wandel in
    Deutschland und Europa I, Tübingen 2003; Detlef Pollack, Rückkehr des Religiö-
    sen. Studien zum religiösen Wandel in Deutschland und Europa II, Tübingen 2009.

25 Vgl. Gert Pickel, Konfessionslose in Ost- und Westdeutschland – ähnlich oder
    anders? in: D. Pollack/G. Pickel (Hg.), Religiöser und kirchlicher Wandel in Ost-
    deutschland, Opladen 1999, 206-236; Gert Pickel, Individuelle Entkirchlichung o-
    der kollektiver Atheismus? Religiosität zwischen privater Transzendenz und tradi-

vorhandenen Distanz zum Glauben und zu Religion würden diese Wahrnehmungen nicht ausreichen, um den Schritt des Austretens aus der Kirche zu
vollziehen.[26] Doch treten nun vielleicht doch andere, alternative Formen von
Religiosität – oder Spiritualität – an die Stelle der christlichen Religiosität?

Abb. 8: Erfahrungen mit alternativen Formen von Religiosität

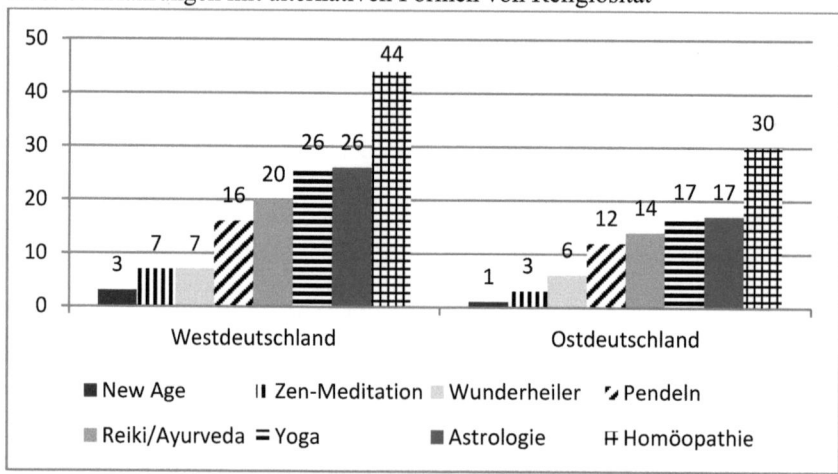

Quelle: Eigene Berechnungen; Allbus 2012; Angaben in Prozent.

Wohl eher nicht. Zwar haben 44 % der Befragten in Westdeutschland wie auch
30 % in Ostdeutschland Erfahrungen mit Homöopathie und auch zwischen
17 % und 26 % sagen dies über Astrologie. Allerdings bedeuten *Erfahrungen*
noch lange nicht, dass man daran glaubt und dass dies eine religiöse Erfahrung
aus Sicht der Befragten ist. Die Funktion als Lebenshilfe und Unterstützung der
eigenen Gesundheit kann wohl nicht direkt als religiös gedeutet werden. Zudem
fallen die Erfahrungen mit dem Gros der aufgeführten Angebote doch recht
gering aus. Sicher, manchmal ersetzen solche Erfahrungshorizonte Aspekte der

tioneller Kirchlichkeit, in: J. Horstmann (Hg.), Katholisch, evangelisch oder nichts?
Konfessionslose in Deutschland, Schwerte 2000, 47-80.

26 Dabei besitzen die erwähnten Gründe eine große Anhängerschaft. Ihr Vorteil ist die
rationale Begründung einer Handlung, was in einer stark auf individuell-rationale
Begründungen ausgerichteten Welt zur Erklärung der eigenen Position legitimer
(und angenehmer) erscheint, als der Verweis auf einen fehlenden Glauben. Man
möchte ja auch vermeiden gefragt zu werden, warum man vorher ohne Grund noch
als Mitglied in der Kirche verblieben war.

Religion hinsichtlich der Bewältigung der Kontingenz des Lebens, allerdings weder generell noch bei vielen Menschen.[27]

Doch wie ist es nun mit der vielbeschworenen Suche nach *Spiritualität?* Auch Selbsteinschätzungen „als spirituell" liefern ähnliche Ergebnisse wie bei den konkreten Nachfragen hinsichtlich „alternativer Glaubensformen". Von allzu großen Suchbewegungen kann, zumindest nach Auskunft der Befragten, nicht gesprochen werden. So halten sich in Westdeutschland 13 % der Befragten für ziemlich oder sehr spirituell, aber 59 % für wenig oder gar nicht. In Ostdeutschland ist das Verhältnis sogar 6 % zu 77 %. Selbst wenn in der Befragung Probleme bestehen könnten, das Wort „spirituell" inhaltlich adäquat zu deuten, spricht dieser Befund doch gegen eine „spirituelle Revolution", wie sie gelegentlich propagiert wird. Deutlich wird, es scheinen sich kaum Alternativen zur traditionellen christlichen Religiosität aufzutun, zumindest nicht im Sinn eines Ersatzes oder einer Kompensation. Die *Konsequenz* ist: *In Deutschland findet ein sozialer Bedeutungsverlust von Religion statt, der sich in einer nachgeordneten Bedeutung von Religion für die Gestaltung des Lebensalltages niederschlägt.*

Abb. 9: Religion spielt eine wichtige Rolle in meinem Leben

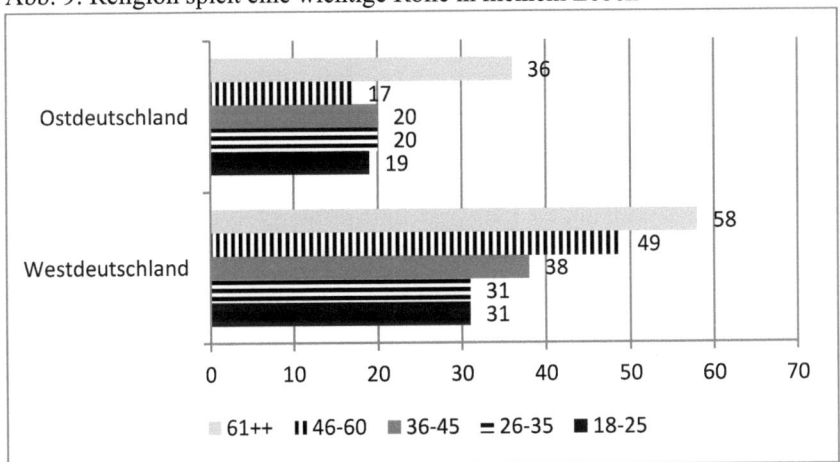

Quelle: Eigene Berechnungen; Church and Religion in an Enlarged Europe 2006; Angaben in Prozent.

27 Kontingenzbewältigung wird in den meisten neueren Verständnissen von Religion als ihre zentrale Funktion ausgemacht. Daraus wird teilweise der religiöse Gehalt von Erfahrungen und Handlungen abgeleitet, die zur Bewältigung von Kontingenz und Unsicherheit beitragen. Kontingenz ist die Situation der Unsicherheit, die entsteht, weil etwas ist wie es ist, aber eigentlich auch anders sein könnte.

Und genau dies wird in Abbildung 9, bei einer direkten Frage nach der *Bedeutung von Religion für das eigene Leben*, bestätigt. Nur eine Minderheit der
Bundesbürger weist der Religion eine wichtige Rolle in ihrem Leben zu. Dass
die Größenverhältnisse zwischen West- und Ostdeutschland variieren, ist dabei
angesichts der bisherigen Betrachtungen und Ergebnisse wenig überraschend.
Überraschender, speziell in ihrer Größenordnung, sind die Differenzen zwischen den verschiedenen Altersgruppen. So ist die Bedeutung der Religion für
das eigene Leben bei den über 60-jährigen erheblich größer als beim Durchschnitt der Bevölkerung in dem jeweiligen Untersuchungsgebiet. Je jünger,
desto geringer ist die Bedeutung von Religion, folgt man den Äußerungen der
Befragten. Was sich hier nachdrücklich zeigt, ist der oben bereits erwähnte
generationale soziale Bedeutungsverlust von Religion für die Gestaltung des
eigenen Alltagslebens – der Theorie nach also Säkularisierung. Die Unterschiede zwischen den Altersgruppen deuten dabei auf, für die eigentlich eher in
langen Zeitspannen denkende Beschäftigung mit Religion, bemerkenswert
zügige Abbruchsprozesse hin. So dauerte es wenige Generationen, um Religion
bei zwei Dritteln der jüngsten Altersgruppe in eine nachgeordnete Stellung
gegenüber anderen Aspekten der Lebensgestaltung zu bringen.
    Dabei ist es *unplausibel, dass Lebenszykluseffekte* – in dem Sinne je älter
desto religiöser – die Unterschiede in ihrer Gänze begründen. Zwar mag die
Nähe zum Ende des Lebens für die Auseinandersetzung mit Religion, gerade in
Bezug auf letzte Fragen, eine gewisse Motivation sein, eine hinreichende Erklärung ist es aber nicht. Eher plausibel, und mit den meisten Ergebnissen der
internationalen Forschung zu religiöser Entwicklung konform, ist die bereits
vorgestellte Deutung als eines generationalen (über die Kohorten) verlaufenden
Abbruchs.[28] Von Generation zu Generation lässt die soziale Bedeutung von
Religion nach. Die nicht nochmals niedrigeren Werte für die jüngsten Alterskohorten sind dabei keinesfalls als Trendwende zu deuten. Andere Indikato-
ren zur Religiosität, speziell zum Gottesdienstbesuch, zeigen bereits seit Jahrzehnten ein nahezu identisches Verteilungsmuster über die Alterskohorten.
Warum finden sich nun zwischen den jüngsten Alterskohorten nicht die später
gut sichtbaren Unterschiede? Eigentlich ist es ganz einfach: Auf die jüngsten
Altersgruppen wirken noch die soziale Erwünschtheit seitens der Herkunftsfa-
milie und soziale Kontrollfaktoren durch die Umgebung ein. Solange man zum
Beispiel noch im Elternhaus wohnt, passt man sich hinsichtlich des religiösen

---

28 Vgl. Daniel Lois, Wenn das Leben religiös macht. Altersabhängige Veränderungen
    der kirchlichen Religiosität im Lebensverlauf, Wiesbaden 2013.

Verhaltens noch gelegentlich den Eltern an. Ist dies aber nicht mehr der Fall, dann zwingt und regt einen nur mehr wenig zu aktiver Religiosität an, wenn man sich ihr nicht aus eigenem Interesse widmet.

In diesem Zusammenhang interessant ist vielleicht noch die Betrachtung der Zahlen für Ostdeutschland: Dort scheint sich langsam so etwas wie ein *Plateau der sozialen Bedeutung von Religion* herauszubilden, welches ungefähr bei einem Fünftel der Bevölkerung liegt. Es bleibt offen, ob es sich hier um die gelegentlich diskutierte *Basislinie* des Religiösen handelt, welche am Ende der Säkularisierung verbleibt.[29] Auch ist nicht sicher, dass es nunmehr zu keinen rapiden weiteren Abbruchsprozessen kommt. Gleichwohl finden sich Hinweise auf eine gewisse Dämpfung der Verluste, allerdings auf einem eher niedrigen Niveau.

Fassen wir an dieser Stelle die empirischen Befunde kurz zusammen: In der deutschen Gesellschaft hat in den letzten Jahrzehnten in erheblichem Umfang ein Prozess der *Säkularisierung* Raum gegriffen. Er äußert sich am stärksten in einem Traditionsabbruch des Christentums und in einer steigenden Distanz zu der Institution Kirche. Dies drückt sich auch im Teilnahmeverhalten an kirchlichen Riten aus. Gleichzeitig strahlt diese „Entkirchlichung" auch auf den persönlichen Glauben aus: Er wird diffuser und unsicherer. Das Vorhandensein von Säkularisierung bedeutet nicht, dass damit die anderen, in Kapitel 2 angesprochenen, Deutungen einer religiösen Transformation vollständig falsch sind. Vielmehr finden Prozesse der Säkularisierung, der Individualisierung und der religiösen Pluralisierung nebeneinander und miteinander verzahnt statt. Sie stehen nebeneinander, aber eben nicht mit gleicher Bedeutung. So ist es wichtig ihre Wertigkeit zueinander zu bestimmen. Tut man dies, dann wird deutlich, dass die *Dynamik der Säkularisierung die anderen Prozesse überstrahlt.* Religiöse Pluralisierung findet statt, aber sie verhindert nicht ein Anwachsen der Zahl der Konfessionslosen, religiös Indifferenten oder gar Areligiösen. Das Mischungsverhältnis der anderen Gruppen wird nur bunter. Und Individualisierung liegt diesen Pluralisierungsprozessen zugrunde. Es überlässt dem Einzelnen immer mehr die Entscheidung – und diese fällt immer häufiger gegen Kirche und Religion aus. Was sind nun aber die Gründe dafür?

---

29   Vgl. Steve Bruce, God is Dead. Secularization in the Western World, Oxford 2002.

4. Gründe für die Transformation des Religiösen

Sucht man nach den Gründen für Säkularisierung, dann landet man im öffentlichen Diskurs zuallererst bei der negativen Sicht auf die Institution und Organisation Kirche. Diese Kritik trifft speziell die immer noch dominant die deutsche Religionskultur prägenden christlichen Kirchen. So zeigen die seit 1972 alle zehn Jahre wiederholten Kirchenmitgliedschaftsuntersuchungen der Evangelischen Kirche in Deutschland (EKD), dass Gründe für den Austritt aus der Kirche sowohl mit einem generellen Glaubensverlust, aber auch mit der Wahrnehmung der Kirche als traditionell und eher spießig zusammenhängen. In den Augen der meisten Betrachter werden die beiden christlichen Großkirchen weitgehend als Herrschaftsinstitutionen wahrgenommen und in einer engen Nähe zum politischen Herrschaftssystem gesehen.[30] Und wenn dies nicht der Fall ist, dann sieht man sie häufig als Institutionen, die in gewisser Hinsicht von der „Zeit überholt" wurden. Die Konsequenz ist relativ klar: Die meisten Jugendlichen und jungen Erwachsenen würden die Kirche zwar nicht abschaffen, gehen aber davon aus, dass sie keine Antworten auf die drängenden Fragen der Zeit – also ihre Fragen – liefern kann. Damit ist es weniger eine generelle Kirchenabneigung, welche für die Abwendung von der Kirche sorgt, sondern eher ihre Wahrnehmung als nicht mehr zeitgemäß und damit auch wenig hilfreich für das eigene Leben.

Damit wird bereits deutlich, dass die Mitgliedsverluste nur begrenzt an schwache Leistungen der kirchlichen Bediensteten oder aber konkrete Skandale geknüpft sind, auch wenn diese schon gelegentlich als Anlass für die Austrittsentscheidung genommen werden.[31] Vielmehr sind es übergreifende gesell-

---

30 EKD-Studien: Helmut Hild, Wie stabil ist die Kirche? Bestand und Erneuerung, Gelnhausen-Berlin 1974; Johannes Hanselmann/Helmut Hild/Eduard Lohse (Hg.), Was wird aus der Kirche? Ergebnisse der zweiten EKD-Umfrage über Kirchenmitgliedschaft, Gütersloh 1984; Klaus Engelhardt/Hermann von Loewenich/Peter Steinacker (Hg.), Fremde Heimat Kirche. Die dritte EKD-Erhebung über Kirchenmitgliedschaft, Gütersloh 1997; Peter Steinacker/Wolfgang Huber/Johannes Friedrich (Hg.), Kirche in der Vielfalt der Lebensbezüge. Die vierte EKD-Erhebung über Kirchenmitgliedschaft, Gütersloh 2006.

31 Eine hier recht breite Debatte findet sich mit Verweisen auf die Kirchensteuer. So wird dieser Grund von immerhin der Hälfte der aus der evangelischen Kirche Ausgetretenen genannt. Gleichzeitig zeigen andere Analysen, dass dieser Grund kaum eine Bedeutung besitzt, vor allem, wenn die Haltung zur eigenen Religiosität als Erklärungsfaktor mit in die kausalen Analysen einbezogen wird. Es ist vor allem Desinteresse am Glauben und Distanz zur Religion, welche Mitglieder der Kirchen dazu bringen diese zu verlassen. S. Gert Pickel, Konfessionslose in Ost- und West-

schaftliche Entwicklungen, welche den Kirchen zu schaffen machen. Eine davon sind vielfältige *gesellschaftliche Veränderungen*. Letztere werden gemeinhin etwas pauschal unter dem Sammelbegriff der Modernisierung zusammengefasst. Dazu zählen Prozesse der Urbanisierung, Demokratisierung und Bürokratisierung genauso wie Prozesse der funktionalen Differenzierung und Rationalisierung. Alle diese Entwicklungen sind nicht neu, und haben ihren Anfang teilweise bereits mit der Aufklärung, spätestens aber in der Phase der Industrialisierung genommen. Im 20. und 21. Jahrhundert scheinen sie aber ein neues Tempo aufgenommen zu haben.

Zwei Prozesse werden dabei als zentral für das skizzierte Spannungsverhältnis von Religion und Modernisierung angesehen: die *funktionale Differenzierung* und die *Rationalisierung*. Die funktionale Differenzierung verweist auf eine gesellschaftliche Entwicklung, die dadurch geprägt ist, dass sich die Auseinandersetzung mit verschiedenen Bereichen des Lebens immer mehr spezialisiert. Dies führt dazu, dass immer neue Institutionen und Organisationen entstehen, welche diese Themenbereiche bearbeiten. Umgekehrt werden die hierfür früher mitverantwortlichen Institutionen aus diesen Bearbeitungsprozessen verdrängt. Ein Beispiel hierfür ist das kontinuierliche Ausscheiden der Kirchen und von Religion aus dem Erziehungssystem. War dies vor längeren Zeiten fast ausschließlich in der Verantwortung von Religionen, finden sich davon heute nur mehr Rudimente in einem jetzt als säkular angesehenen Bereich des Lebens. Die zweite Entwicklung ist die Rationalisierung, welche im Sinne der Durchsetzung von rationalen Überlegungen zur Erklärung der Welt anzusehen ist. Religion gerät hier in eine schwache Position, weil ihre Kritiker sie als irrational klassifizieren. Zudem finden sich immer mehr Bereiche des Lebens, die rational erklärt werden und wo eine religiöse Erklärung nicht mehr benötigt wird. Die Ausbreitung eines rationalistischen Deutungsprofils der Welt wird aus Abbildung 10 ersichtlich.

deutschland – ähnlich oder anders?, in: D. Pollack/G. Pickel (Hg.), Religiöser und kirchlicher Wandel in Ostdeutschland 1989-1999, Opladen 2000, Gert Pickel, Atheistischer Osten und gläubiger Westen? Pfade der Konfessionslosigkeit im innerdeutschen Vergleich, in: G. Pickel/K. Sammet (Hg.), Religion und Religiosität im vereinigten Deutschland. Zwanzig Jahre nach dem Umbruch, Wiesbaden 2011.

Abb. 10: Innerweltliche Rationalisierung

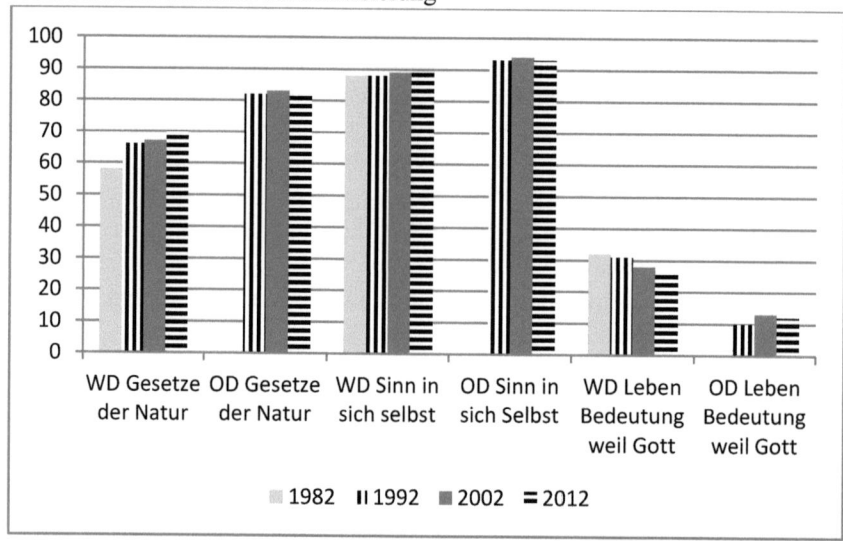

Quelle: Eigene Berechnungen; Allbus 1982, 1992, 2002, 2012: Leben folgt den Geset-
         zen der Natur; Leben kann man nur selbst einen Sinn geben; Leben Gott = Le-
         ben hat nur Bedeutung weil Gott ist; OD = Ostdeutschland, WD = West-
         deutschland; Angaben in Prozent.

Fast alle Deutschen sehen den Sinn des Lebens in ihm selbst, also innerweltlich
begründet. Entsprechend kann man dem Leben nur selbst einen Sinn geben und
ist auch selbst dafür verantwortlich. Wenn man schon nicht selbst sein Leben
steuern kann, dann ist es Glück oder es sind die Gesetze der Natur – also die
Umwelt – welche es bestimmen. Eine Bedeutung alleine aus der Existenz Gottes sehen nicht nur in den neuen Bundesländern, sondern auch in den alten
Bundesländern deutliche Minderheiten, die zudem kontinuierlich schrumpfen.
Dies bedeutet nun nicht gleich, dass die subjektive Religiosität und der Glaube
aus der Welt verschwinden, allerdings werden sie für die Relevanz des eigenen
Lebens nachrangige Komponenten.
    Wie läuft dieser Prozess der Säkularisierung aber nun konkret ab? Es wur-
de ja bereits gesagt, dass es sich weniger um einen Glaubensverlust des Individuums handelt, als um einen Traditionsverlust, der sich beim Übergang der
Generationen konstituiert. Ausgangspunkt ist die Annahme, dass Werte – und
auch die Bindung an Religion und religiöse Werte – in der Jugend sozialisiert
und internalisiert werden. Man erfährt, vornehmlich von den Eltern, etwas über

Religion, lernt bestimmte religiöse Riten und verinnerlicht sein religiöses Überzeugungssystem. Dieses behält man in seinen Grundaspekten das ganze Leben bei. Gerade diese *Überzeugungssysteme scheinen sich aber in der Moderne von denen der Eltern- oder Großelterngeneration zu unterscheiden.* Hierfür ist zweierlei entscheidend: Zum einen verliert religiöse Sozialisation gegenüber anderen Sozialisationsleistungen an Relevanz. Den Eltern werden andere Erziehungsziele wichtiger und ihnen gelingt es immer weniger die Bedeutung von Religion an ihre Kinder zu vermitteln. Zum anderen ändert sich die Umwelt. Religion wird im Lebensumfeld immer unwichtiger. Hierfür sind die angesprochenen gesellschaftlichen Rahmenbedingungen verantwortlich. Entsprechend wird aus Sicht der Kinder die Relevanz einer religiösen Sozialisation als immer weniger bedeutend eingeschätzt. Im Zusammenspiel führen diese beiden Entwicklungen zu einem Sozialisationsabbruch.

Abb. 11: Religiöse Sozialisation und Glaubensweitergabe

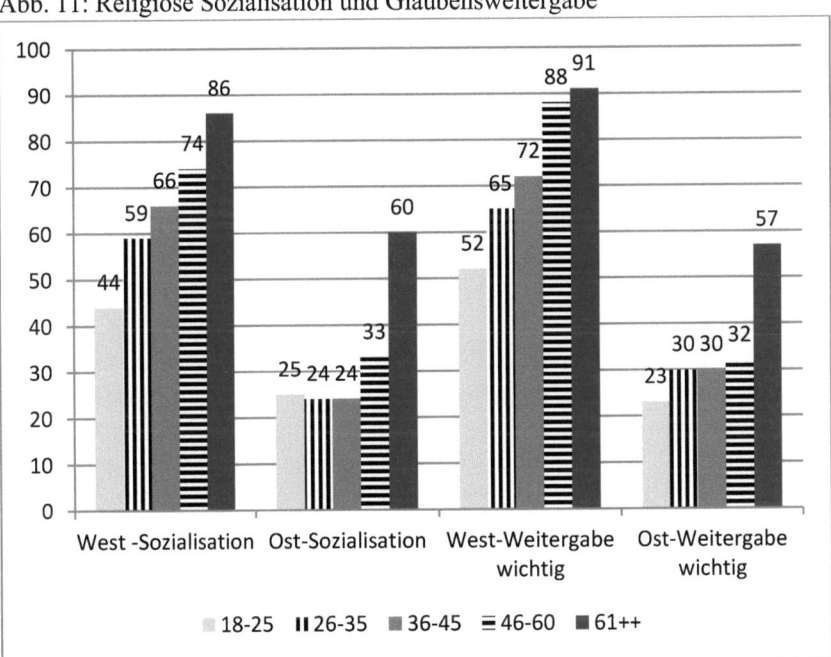

Quelle: Eigene Berechnungen; Church and Religion in an Enlarged Europe 2006; zustimmende Werte; Sozialisation = Wurde im Glauben erzogen; Weitergabe wichtig = Eine religiöse Erziehung ist mir wichtig; Angaben in Prozent in den jeweiligen Alterskohorten.

Diese *abbrechende religiöse Sozialisation* ist in Abbildung 11 ersichtlich. Fragt
man die Bürger selbst danach, ob sie sich religiös erzogen fühlen, dann klafft
das Antwortverhalten zwischen den unterschiedlichen Alterskohorten erheblich
auseinander. Sehen sich 86 % der über 60-Jährigen in Westdeutschland (immerhin auch 60 % in Ostdeutschland) als religiös erzogen an, so sind dies in der
jüngsten Alterskohorte gerade einmal noch 44%. Dies ist quasi eine Halbie-
rung. Selbst wenn man ins Kalkül zieht, dass das Antwortverhalten subjektiv ist
und eine eigene Interpretation dessen, was religiöse Erziehung ist, beinhaltet,
ist die Aussagekraft doch beachtlich. Man muss davon ausgehen, dass die
Selbsteinschätzung der Befragten ihr Verhältnis zu Religion deutlicher zeigt,
als die scheinbar objektive Erfassung von Gottesdienst- und Konfirmandenun-
terrichtsbesuchen. Die Auswirkung der selbst als hoch beurteilten Religiosität
oder religiösen Sozialisation wird auch sofort sichtbar: Nahezu parallel zur
Differenz in der Einschätzung der eigenen religiösen Erziehung bekunden die
Befragten auch die Weitergabe von Religion an ihre Kinder. Einfach gesagt:
Jemand, der sich selbst als nicht religiös sozialisiert ansieht, wird auch mit
erheblich höherer Wahrscheinlichkeit sein Kind nicht religiös erziehen. Die
etwas höheren Werte bei der Antwort „Weitergabe" sind auf eine gewisse Offenheit zurückzuführen, die auf der Bereitstellung der Möglichkeit für die Kinder etwas über Religion zu erfahren beruht. Aus diesem Anstieg sollte man
allerdings nicht zu viel ableiten, reduzieren doch meist die Unabwägbarkeiten
des Lebens die Realisierung solcher Vorstellungen. Darauf deuten zumindest
die in Kapitel 3 dargestellten Abbruchprozesse verschiedener religiöser Indi-
katoren hin.

Was ist nun die Folge dieses Sozialisationsabbruchs? Mehr und mehr brei-
tet sich eine *fehlende Anschlussfähigkeit* vieler Menschen hinsichtlich religiöser
Themen aus. Das Wissen über religiöse Inhalte erodiert genauso, wie es immer
unwichtiger wird, religiöse Riten zu vollziehen oder aber über Religion in der
Öffentlichkeit zu reden. Mehr noch, Religion wird etwas privates, das man in
der Öffentlichkeit kaum mehr praktiziert und kommuniziert. Jose Casanova hat
dies einmal mit der Furcht der Europäer vor der Religion begründet.[32] Dies
scheint aber fast zu weitreichend für diesen relativ pragmatischen Prozess der
Privatisierung des Religiösen.[33] Faktisch handelt es sich um die schon öfter im

---

32 Vgl. Jose Casanova, Europas Furcht vor der Religion, Berlin 2009.
33 Von diesem berichteten übrigens bereits in den 1960er Jahren Berger wie auch
    Luckmann, nur mit einer unterschiedlichen Deutung im Verhältnis zur Entwicklung
    der Religiosität. Vgl. Peter Berger, The Sacred Canopy. Elements of a Sociological

Beitrag angesprochene Verlagerung religiöser Lebensgestaltung hinter andere Entscheidungsfaktoren.

Abb. 12: Kein Reden über Religion

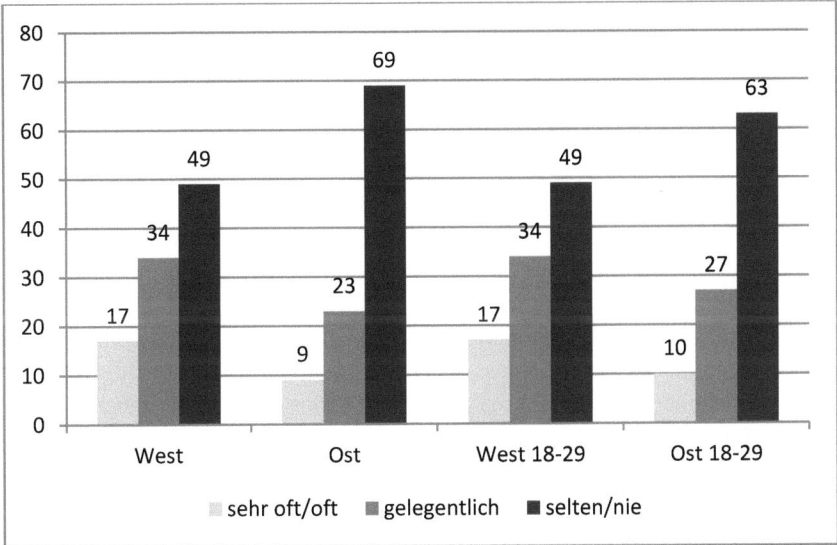

Quelle: Eigene Berechnungen; Allbus 2012; „Wie häufig reden Sie über Religion"; Angaben in Prozent; Gesamtbevölkerung Westdeutschland (West) und Ostdeutschland (Ost) sowie Gruppe der 18- bis 29-Jährigen.

So reden in Ostdeutschland zwei Drittel der Befragten kaum oder nie über Religion. Hat man dieses Antwortverhalten vielleicht noch erwartet, so ist es doch bei einer Kirchenmitgliederzahl von noch über 80 % in Westdeutschland bemerkenswert, dass auch dort immerhin fast die Hälfte der Befragten ein solches Verhalten angibt. Ein Drittel der Westdeutschen redet zumindest gelegentlich über Religion. Damit bleiben 17 %, die oft über Religion reden. Berücksichtigt man dazu, dass „über Religion reden" extrem diffus ist und auch abfällige Äußerungen über andere Religionen oder aus dem Fernsehen aufgegriffene Wahrnehmungen von Religion beinhaltet, dann kann aus diesen Äußerungen *keine große Bereitschaft zu religiöser Kommunikation* abgeleitet werden.

In dieser Kommunikationsschwäche liegt ein erhebliches Zusatzproblem für die Weitergabe von Religion und den christlichen Glauben begründet.

Theory of Religion, New York 1967; Thomas Luckmann, The invisible religion, New York 1967.

Wenn man nicht über Religion redet, so kann auch kaum etwas davon weiter-gegeben werden. Zudem kann der Eindruck entstehen, dass man in der Öffent-lichkeit nicht über Religion reden sollte. Man könnte dies, in Anlehnung an eine Argumentation der 1980er Jahre aus der politikwissenschaftlichen Kom-munikationswissenschaft, als *säkulare Schweigespirale* bezeichnen. Es kommt zu einem Prozess des Schritt für Schritt erfolgenden „Hochschraubens" einer Wahrnehmung der Umwelt als säkular.

Diese säkulare Schweigespirale zeigen recht eindrucksvoll zwei Interviews, die im Rahmen der Shell Jugendstudien bei zwei gläubigen jungen Christen durchgeführt wurden: „Ich glaube schon, viele sagen es nicht, dass sie daran interessiert sind, weil sie sich vielleicht vor ihren coolen Freunden, die es abso-lut nicht interessiert, *schämen.* Sie haben vielleicht *Angst,* dass sie von ihnen *nicht mehr so akzeptiert* werden, wie sie sind, wenn sie zugeben, dass sie an Religion und Glaubensfragen interessiert sind." Den Aspekt der *Nichtakzeptanz* in den jugendlichen Peer-Groups sieht auch der zweite befragte Jugendliche: „Viele Jugendliche, denke ich mal, glauben an Gott, wollen dies aber *nicht in aller Öffentlichkeit zugeben,* weil sie Angst haben, von den anderen *ausgelacht* zu werden. Deshalb trauen sie sich nicht, sich zu ihrer Religion zu bekennen. Die *Angst,* ausgelacht zu werden, liegt größtenteils daran, dass die *Kirche ein schlechtes Image hat als Langweileranstalt".* Gleichzeitig verbindet er das ungünstige Image der Kirchen mit der Vorstellung von Religion als etwas Pri-vatem, dass nichts in der Öffentlichkeit zu suchen hat.

Dieser Mix an Gründen stellt die Grundlage für den Säkularisierungspro-zess dar, der über die Zeit hinweg bei immer mehr Deutschen in *Gleichgültig-keit und Desinteresse* gegenüber Religion mündet. Es sind vor allem soziale und gesellschaftliche Entwicklungen, die zu einem sozialen Bedeutungsverlust von Religion in Deutschland (und vielen anderen europäischen Staaten) beitra-gen. Dabei handelt es sich nicht allein um eine Entwicklung des Bindungs- und Traditionsverlustes gegenüber den Kirchen, sondern um einen fast weiterrei-chenden Prozess zunehmender Glaubensdistanz und Ausbreitung religiöser Indifferenz. Diese Weiterführung der Annahmen der Säkularisierungstheorie besitzt eine Konsequenz: Weder die Hoffnung auf Individualisierung noch die seitens der Anhänger einer Wiederkehr des Religiösen betonten Hinweise auf eine (angeblich) gestiegene öffentliche Kommunikation über Religion scheinen eine Wirkung zu entfalten, die Prozessen der Säkularisierung entscheidend entgegenwirkt.

5. Hoffnungsschimmer für die christliche Religion in Deutschland?

Was ist nun nach diesen Ergebnissen zu sagen? Ist die Zukunft der Religion so hoffnungslos wie es angesichts der Aussagen und Prognosen der Säkularisierungstheorie scheint? Man kann die Situation auch positiver deuten. Zum einen ist Säkularisierung immer *von den sozialen Rahmenbedingungen abhängig*. Einbrüche in der Modernisierung können, sind sie grundsätzlicher Art, ohne Weiteres zu einer Rückkehr von Religion führen. Geht man zum Beispiel davon aus, dass die Wohlfahrtsgewinne (nach der Säkularisierungstheorie) dem Bezug der Individuen auf Religion entgegenwirken, dann können wirtschaftliche Krisen die sozialen Bedingungen genauso zu Gunsten von Religion verändern, wie eine Steigerung von sozialer Ungleichheit oder eine mögliche *Stadtflucht*. Diese Entwicklungen scheinen in Europa derzeit allerdings nur begrenzt, wenn überhaupt, stattfinden.

Ein anderer möglicher Ansatz liegt in der sozialen Prägung von Religion. Religion besteht nicht nur aus individuellem Glauben, wie die Individualisierungstheorie des Religiösen teilweise vermitteln will. Vielmehr ist seit Anbeginn des Christentums und auch anderer großer Religionen die soziale Komponente des Füreinanders und der Solidarität von hoher Relevanz. Eine Möglichkeit liegt an der identitätsbildenden Wirkung des sozialen Engagements. Die Beteiligung an sozialen Gruppen dient dabei als Chance, die Identität einer Gruppe zu stärken (oder gar erst auszubilden) und kann ebenso zwischenmenschliches Vertrauen begründen. Nun finden sich gerade im Umfeld der Kirchen besonders viele soziale Gruppen und ein überdurchschnittlich hohes soziales Engagement. Dies führt zu einem Ausbau wechselseitigen Vertrauens, welches nicht nur als „Kitt der Gesellschaft" wirksam wird, sondern auch die Mitglieder der Kirche – in einem Definitionsverständnis ja als Gemeinschaft verstanden – zusammenschweißt. In der Soziologie nennt man diese Verbindung aus sozialem Engagement und zwischenmenschlichem Vertrauen recht trocken *Sozialkapital*.[34]

Wo und wie entsteht religiöses Sozialkapital? Im Prinzip relativ einfach. Das Vertrauen in die anderen Mitglieder einer sozialen Gruppe entwickelt sich durch positive face-to-face Kontakte. Man lernt die anderen Mitglieder seiner Gruppe kennen und entwickelt ihnen gegenüber eine größere Offenheit sowie

---

34 Vgl. Robert Putnam, Bowling Alone. The Collapse and Revival of American Community, New York 2000.

über die Zeit der Beteiligung hinweg Vertrauen. Dies ist eine reziproke (wechselseitige) Beziehung, in der sich gegenseitige Verpflichtungen entwickeln. Interessant ist nun, dass diese positiven Erfahrungen auch zu einer größeren Offenheit gegenüber anderen, einem erst einmal persönlich nicht bekannten Personen ausgeweitet werden. Religiöses Sozialkapital entsteht speziell auf zweierlei Wegen: Zum einen durch religiös motivierte Sozialgruppen (z.b. Bibelkreise), zum anderen durch Sozialgruppen im Umfeld der Kirchen, die nicht immer einem religiösen Zweck folgen müssen (z.b. Soziale Tafeln, Chöre).[35] Sie sind im Umfeld der christlichen Kirchen stark vertreten und seitens der Mitglieder sehr erwünscht (Abb. 13).

Abb. 13: Wünsche der „faith-based-Sozialgruppen" – soziale Religiosität?

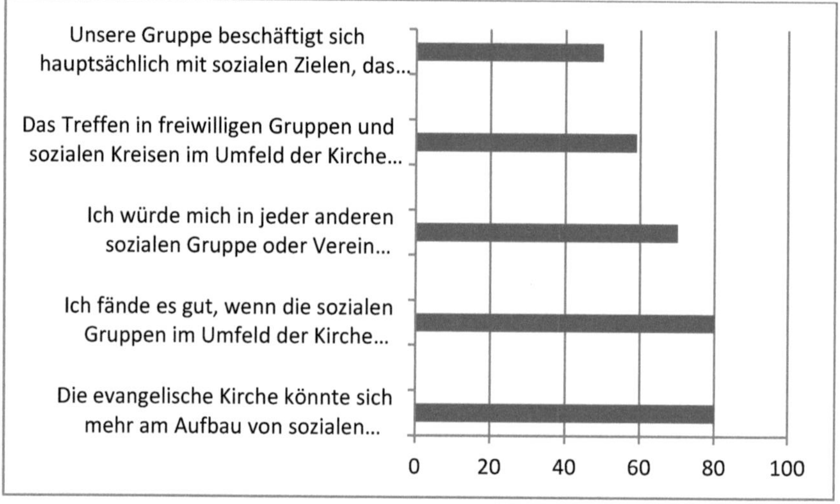

Quelle: Eigene Berechnungen; Studie zum Dresdner Kirchentag 2011; n=2622; Angaben in Prozent.

Mithin scheint sich hier sogar so etwas wie eine „neue Sozialform" des Christentums auszubilden. So findet sich eine nicht unwesentliche Anzahl an aktiven Christen, welche die Beteiligung an ihrer Gruppe wichtiger einschätzt als den

---

35 Vgl. Claudia Götze/Yvonne Jaeckel/Gert Pickel, Religiöse Pluralisierung als Konfliktfaktor? Wirkungen religiösen Sozialkapitals auf die Integrationsbereitschaft in Deutschland, in: G. Pickel/O. Hidalgo (Hg.), Religion und Politik im vereinigten Deutschland. Was bleibt von der Rückkehr des Religiösen? Wiesbaden 2013, 271-306.

Besuch des Sonntagsgottesdienstes. Es scheint fast so, als würden die aktiven Beteiligungsmöglichkeiten in den kirchlichen Engagementgruppen einen eigenständigen Wert besitzen, der noch nicht durchweg in den Leitungsebenen der Kirchen angekommen ist. Vielleicht ist dies auch nicht verwunderlich, ist doch die Beteiligung an Sozialgruppen und soziales Engagement ein zentraler Bestandteil der sogenannten *Zivilgesellschaft*, welche für moderne Gesellschaften als konstitutiv angesehen wird. Zeitliche Vergleichsanalysen in anderen Ländern deuten darauf hin, dass gerade diese Beteiligung in religiösen Sozialgruppen sogar ansteigend ist und damit den in allen anderen Bereichen religiöser Praktiken ablaufenden Abbruchsprozessen entgegenläuft.[36]

Zudem weisen diese Sozialgruppen häufig eine große *strukturelle Offenheit* gegenüber Nichtreligiösen auf. So ist die Teilnahme in Chören oder an sozialen Tafeln nicht auf Kirchenmitglieder limitiert. Damit eröffnet man eine Gesprächsplattform für die Kommunikation zwischen Religionsfernen, Konfessionslosen und Gläubigen. Dies ist sowohl die Voraussetzung für ein offenes Nebeneinander der Mitglieder dieser weltanschaulich unterschiedlichen Gruppen, wie auch Voraussetzung für die Schaffung einer generellen Anschlussfähigkeit für die steigende Zahl an nicht religiös sozialisierten Menschen. Dafür wird man wohl die Gefahr von potentiellen Prozessen der „Selbstsäkularisierung" dieser Gruppen hinnehmen müssen, da alle bislang initiierten Versuche von aktiver „Mission" vermutlich auch in der Zukunft eher zum Scheitern verurteilt sein werden. Nur eine offene und „herrschaftsfreie" Kommunikation zwischen religiösen und nichtreligiösen Menschen kann hier eine Basis für eine Einstellungsöffnung in die eine oder in die andere Richtung erbringen.

Doch auch eine generelle *Akzeptanz der Säkularisierungstheorie besitzt durchaus Vorteile* für die Kirchen und ihre Bediensteten. Zum einen wird den im Kirchendienst beschäftigten Personen der Druck genommen, der aus einer zu starken Fokussierung auf das religiöse Marktmodell zu entstehen scheint. Erkennt man an, dass viele der in Kirchen und auch Schulen zu beobachtenden Effekte keineswegs die direkte Schuld der Pfarrerinnen und Pfarrer sind, dann entlastet man diese von einem zu hohen Erwartungsdruck. Sicher muss man sich anstrengen und sein Bestes tun, um Gottesdienste wie auch andere kirchliche Angebote attraktiv zu gestalten, helfen muss dies in der Breite noch nicht unbedingt etwas. Zudem kann man auch der *Gleichgültigkeit* gegenüber Religi-

---

36 Vgl. Gert Pickel/Anja Gladkich, Religious Social Capital in Europe. Connections between Religiosity and Civil Society, in: G. Pickel/K. Sammet (Hg.), Transformations of Religiosity. Religion and Religiosity in Eastern Europe 1989-2010, Wiesbaden 2012, 69-94.

on, wie sie speziell in Ostdeutschland immer mehr zu sehen ist, etwas Positives abgewinnen: So repräsentiert diese keine Feindschaft mehr zu Religion, Kirche oder gegenüber religiösen Menschen. Sicher, es ist nicht einfach Gleichgültigkeit zu überwinden, aber zumindest besteht anders als bei Feindschaft die Möglichkeit, über religiöse Themen überhaupt einmal zu reden.

6.   Fazit – Nüchternheit und Chancen der Kommunikation

Betrachtet man die präsentierten Ergebnisse, dann erlebt man aus der Perspektive eines jungen Religionslehrers erst einmal eine deutliche Ernüchterung. Die *Säkularisierung* scheint in Deutschland (und im weiteren Europa) voranzuschreiten, wenn nicht gar unaufhaltsam zu sein. Prozesse der Individualisierung wie auch der Pluralisierung des Religiösen finden zwar statt, sie führen aber weder zu einem (religiösen) Ersatz für den Verlust christlicher Religiosität, noch scheinen sie weder in Ost- noch in Westdeutschland die manchmal bestehende Annahme einer anthropologischen Disposition des Menschen zu Religiosität zu bestätigen. Es gibt Menschen, die für Religion nicht empfänglich sind und für die Religion auch kein Thema im Lebensalltag ist. Viele Deutsche stehen mittlerweile Religion *gleichgültig* gegenüber. Einige Religionsforscher bezeichnen dieses Phänomen mit dem Begriff der religiösen Indifferenz, ich würde hier aufgrund der Ferne dieser Menschen zur Religion eher den Begriff der *Areligiosität* (nicht Atheismus oder Antireligiosität) verwenden wollen. Zugespitzt gesagt, jede evangelische Schule wie auch jeder überzeugte Christ in Deutschland wird sich mit dieser neuen, immer areligiöser werdenden Umgebung arrangieren müssen.

Eine solche Einsicht kann einerseits frustrierend, andererseits aber auch *entlastend* sein. Nicht nur sind weder Pastoren noch Religionslehrer explizit schuld, wenn manche ihrer Schüler der christlichen Religion in ihrem Leben keine zu große Bedeutung mehr zugestehen wollen, auch stellt die Beobachtung eine klare und belastbare Grundlage bereit, auf der man reflektiert arbeiten kann. Denn in gleicher Weise wie den meisten jungen Menschen Religion erst mal relativ gleichgültig ist, haben sie auch nichts gegen religiöse Mitjugendliche und Christen. Dies eröffnet Chancen auf das Gespräch zwischen beiden Gruppen. Dieser Aufgabe müssen sich auch evangelische Schulen stellen, wollen sie nicht zu abgeschiedenen Inseln in einer „fremden Welt" des säkularen Pragmatismus und der religiösen Gleichgültigkeit werden. Dies impliziert auch den Anspruch die eigenen Schüler zur *Kommunikation mit Religionslosen zu befähigen*. So ist vor dem Hintergrund dieser Entwicklungen zu erwarten, dass sie vermehrt mit religionsfernen oder im Christentum wenig bewanderten Jugendlichen und Erwachsenen zusammentreffen – und dies sogar möglicherweise auch im Unterricht an evangelischen Schulen. So können, aus ganz unterschiedlichen Gründen, auch Konfessionslose oder Mitglieder anderer Religionen ein Interesse besitzen, an evangelischen Schulen zu lernen.

Doch Vorsicht! Hiermit ist keine Mission oder aufdringliche Überzeugungsarbeit gemeint. Diese wirkt auf die meisten Jugendlichen und jungen Erwachsenen eher abstoßend. Sobald der Eindruck entsteht man will jemanden missionieren, dann wird dieser „Jemand" sperrig und unzugänglich. Es muss sich um Kommunikation auf gleicher Ebene handeln, welche die Interessen der Schüler aufnimmt und über einen offenen Gesprächsvorgang zum Thema macht. Hier kann ein religiöser Mensch sehr wohl seine Position vertreten – er sollte nur sprachfähig sein ohne missionieren zu wollen. Hierfür sind sogenannte *Gelegenheitsstrukturen* wichtig, in denen dieser offene Diskurs geführt werden kann. Soziale Netzwerke um die Kirche sind eine solche Gelegenheitsstruktur. Evangelische Schulen sind, soweit sie für Konfessionslose und Religionsdistanzierte auch offen sind, eine andere Gelegenheitsstruktur. Diese Möglichkeit spricht dafür, sie ganz bewusst weit für Konfessionsferne und andere religiöse Gruppen der Gesellschaft zu öffnen. Ein solches Vorgehen verhindert einerseits eine Verkrustung nach innen, die zu guter Letzt in eine „evangelische Wohlfühlatmosphäre" mündet, welche dann die Kirche und die evangelischen Jugendlichen aus der Gesellschaft herausführt, andererseits eine Dogmatisierung innerhalb einer abgegrenzten Sozialgruppe.

Gerade vor dem Hintergrund des kontinuierlichen Traditionsverlustes der christlichen Religiosität, der angesichts der gezeigten Zahlen nicht mehr geleugnet werden kann, sind evangelische Schulen Plattformen, auf denen eine Kommunikation des christlichen Glaubens über die hinausreichen sollte, die sowieso einer Meinung sind. Provokativ gesagt: Der Gottesdienst kann noch so schön gestaltet sein – außer zu Heiligabend werden diese Schönheit Konfessionslose und religiös Indifferente vermutlich nie zu Gesicht bekommen. Bei den auf andere Themen ausgerichteten Gruppen (zumeist soziale Zwecke) oder die evangelischen Schulen (hohe Bildungsqualität) sieht dies anders aus. Sicher, man kann sich fragen, ob dies nicht auch an staatlichen Schulen zu erreichen ist, kommt es dort doch zu einer stärkeren Pluralisierung der Weltanschauungen. Gleichwohl ist hier Religion auf einen funktional engen Bereich – und eine enge Gruppe konzentriert. Evangelische Schulen in denen eben auch *Nichtevangelische* sind, eröffnen andere Kommunikationsmöglichkeiten und auch Möglichkeiten *religiöser Kommunikation*.

Und die Kommunikation zwischen Menschen ist zentral, sie übertrifft in ihrer Bedeutung vermutlich die Wirkung individueller religiöser Erfahrung in erheblichem Ausmaß. Nicht eine anthropologische Veranlagung für Religion oder eine neu erwachende christliche Spiritualität wird den Zugang derzeit zu Religion in Distanz oder Gleichgültigkeit stehender Bevölkerungsteile ermöglichen, sondern die Plattform *offener Kommunikationsstrukturen*. Umso mehr, als dass neben den Prozessen der Säkularisierung, die ja gerade in Westdeutschland massiv Raum greifen, auch Prozesse religiöser Pluralisierung die Zukunft beeinflussen. Gerade die „religiösen Experten" in evangelischen Schulen sollten besser als alle anderen in der Lage sein religiöse Heterogenität in der Gesellschaft zu erklären und die damit verbundenen Emotionen in eine gemeinschaftliche Debatte zu lenken. Da hilft es weder sich in ein „Igelhaus" protestantischer Ultrafrömmigkeit zurückzuziehen, noch so zu tun, als würde es dies auf der gesellschaftlichen Ebene alles nicht geben. Sicher, man kann immer auf Gott hoffen, nur ob dies im Diesseits dann wirklich hilft, weiß man nicht.

Evangelisches Profil zeigen bedeutet dementsprechend, im Selbstbewusstsein zu seinem Glauben zu stehen und diesen – entgegen einer religiösen Schweigespirale – öffentlich zu kommunizieren. Dies setzt religiöse Auskunftsfähigkeit voraus, die man erlernen muss. Gleichzeitig muss dies aber in aller Offenheit für den anderen Beteiligten an der Kommunikation und ohne expliziten missionarischen Anspruch geschehen. Denn so wie die meisten Konfessionslosen Christen für „normal" und wenig bedrohlich empfinden, empfinden sie sich selbst eben auch als „normal" und stehen selbstbewusst dazu. Ohne die Ausrichtung auf den „signifikanten Anderen" wird religiöse Kommunikation versiegen und wirkungslos bleiben. Die Möglichkeiten einer Einübung solcher Kommunikation zwischen hochreligiösen, religiösen, religiös unmusikalischen, anders religiösen und unreligiösen Jugendlichen und Schülern bereitzustellen, sollte eines der zentralen Ziele evangelischer Schulen in der Gegenwart sein – und vielleicht auch zukünftig eines ihrer Profile.[37]

---

37 Für die Durchsicht des Textes und hilfreiche Kommentare danke ich Frau Larissa Zücker.

Den Herausforderungen der Konfessionslosigkeit und der kontinuierlichen Abnahme der Kirchenzugehörigkeit begegnen. Religionspädagogische Perspektiven

Michael Domsgen

Dass sich Religionspädagogik mit Konfessionslosigkeit beschäftigt, ist gar nicht so selbstverständlich, wie es auf den ersten Blick scheinen mag. Schließlich handelt es sich bei diesem Phänomen vorrangig nicht um eine spezielle Form von Religion. Vor allem in Ostdeutschland zeigt sich das ganz deutlich. Die Mehrheit der Konfessionslosen sagt von sich selbst, dass sie nicht religiös sei. Warum soll sich also Religionspädagogik als eine Disziplin, deren Thema das Lernen von Religion ist, damit beschäftigen? Und wenn ja, welche Herausforderungen stellen sich ihr und vor allem, wie kann ihnen begegnet werden? Diesen Fragen soll im Folgenden nachgegangen werden. Die Ausführungen dazu sind breit angelegt. Auf evangelische Schulen werde ich nur in einem kurzen Ausblick am Ende eingehen.

1. Konfessionslosigkeit als religionspädagogische Herausforderung begreifen

Um es gleich vorwegzunehmen: Mit Blick auf die Mehrheitsverhältnisse in Ostdeutschland, vor allem aber mit Blick auf die Überlegungen zur Relevanz religiöser Bildung plädiere ich für eine religionspädagogische Auseinandersetzung mit Konfessionslosigkeit und deren konstitutive Berücksichtigung.[1] Dahinter stehen zwei Thesen. Die erste lenkt den Blick auf die Religion selbst und lautet: Dem Kontext mehrheitlicher Konfessionslosigkeit kommt eine grundlegende Bedeutung für Religion zu. Dabei steht die Erkenntnis im Hintergrund, dass das Eigene nicht gegen die Umwelt, sondern immer nur in Beziehung zu ihr gewonnen werden kann. Religion bzw. die Religionen gibt es nie nur für sich, sondern immer in einem bestimmten Kontext. Dieser wiederum hat Einfluss auf das Profil und die Gestalt von Religion. Deswegen kann sich Religi-

---

1 Vgl. Michael Domsgen, Religionsunterricht in konfessionsloser Mehrheitsgesellschaft – didaktische Herausforderungen und Ansätze, in: Theo-Web. Zeitschrift für Religionspädagogik 12 (2013), H. 1, 150-163.

onspädagogik nicht lediglich auf ihren Gegenstand beziehen, sondern muss auch die Öffentlichkeit mit bedenken, mit der dieser in Beziehung steht. Diese bestimmt in entscheidendem Maße die „Plausibilitätsstrukturen"[2].

Dem korrespondiert eine zweite These, welche die Menschen in ihren unterschiedlichen Prägungen in den Blick nimmt: Religiöse Bildung als Ziel religionspädagogischer Reflexionen und Bemühungen ist nicht nur für Menschen von Bedeutung, die sich selbst als religiös einschätzen oder Angebote religiöser Bildung wie beispielsweise den schulischen Religionsunterricht nutzen. Vielmehr sind vom Grundsatz her alle in diese Perspektive mit einzubeziehen. Damit soll ihnen keineswegs eine heimliche Religiosität unterstellt werden. Der Mensch kann die Grundfragen seines Lebens religiös beantworten, er muss es aber nicht – zumindest über weite Strecken seines Lebens. Daraus ergibt sich die Maßgabe, dass Menschen von religiöser Bildung auch dann profitieren können müssen, wenn sie diese Art der Selbst- und Lebensdeutung für sich selbst nicht annehmen wollen.

Wer beide Grundentscheidungen mittragen kann, wird schnell nachvollziehen können, dass sich Religionspädagogik unter diesen Prämissen nicht nur auf den kleinen Teil derer beschränken darf, die beispielsweise den Religionsunterricht besuchen, sondern auch diejenigen in den Blick zu nehmen hat, die dies nicht tun. Dies wiederum hat Auswirkungen in zweifacher Hinsicht. Einerseits ergibt sich daraus eine Weitung der Perspektive, indem nicht nur explizit religiöse, sondern auch nichtreligiöse Orientierungen thematisiert werden, was auch zu einer partiellen Neuausrichtung der theologischen Bezugswissenschaft führt. Andererseits ergibt sich daraus die Notwendigkeit einer genauen Beschreibung der Zielperspektive religiöser Bildung. Diese wiederum hängt davon ab, auf wen ich mich bei meinen Überlegungen beziehe. Kann ich von einer „Hermeneutik des schon gegebenen Einverständnisses"[3] ausgehen? Oder sind primär diejenigen im Blick, die meinem Modus der Welt- und Lebensdeutung nicht zustimmen, so dass ich mit einer „Hermeneutik des erst zu suchenden Einverständnisses" zu agieren habe?

Mit Blick auf den Lernort Schule lässt sich die Tragweite dieser Überlegungen gut vor Augen führen. Wenn alle im Blick zu sein haben, wäre zu diffe-

---

2   Hans-Georg Ziebertz/Boris Kalbheim/Ulrich Riegel, Religiöse Signaturen heute. Ein religionspädagogischer Beitrag zur empirischen Jugendforschung, Gütersloh 2003, 32.

3   Karl Ernst Nipkow, Bildung als Lebensbegleitung und Erneuerung. Kirchliche Bildungsverantwortung in Gemeinde, Schule und Gesellschaft, Gütersloh ²1992, 383.

renzieren zwischen einer Zielbestimmung für den Religionsunterricht und einer Zielperspektive für die Schule insgesamt. Kann bei ersterem ein Einverständnis aufseiten der Schülerinnen und Schüler für einen positionellen Unterricht vorausgesetzt werden, weil sie vom Grundsatz her die Möglichkeit zur Abwahl haben, so ist bei letzterem nicht davon auszugehen. Aus diesem Grund habe ich eine Differenzierung zwischen einem Religionsunterricht mit Konfessionslosen und einem Religionsunterricht in der Konfessionslosigkeit vorgeschlagen. Während sich die konfessionslose Mehrheitsgesellschaft im Religionsunterricht nur ansatzweise und abgestuft widerspiegelt, stellt sich das mit Blick auf die Schule insgesamt deutlich anders dar. Wenn hier Religionspädagogik Impulse für die Entwicklung von Schule insgesamt geben will, wird sie die dort gegebenen Mehrheitsverhältnisse konstitutiv zu berücksichtigen haben. Das gilt in besonderer Weise für Schulen in staatlicher Trägerschaft. Aber auch evangelische Schulen sind davon betroffen und müssen sich fragen, in welcher Weise die postulierten Grundsätze religiöser Bildung für Menschen mit unterschiedlichen Sozialisationserfahrungen kommunizierbar sind. Von den hier gemachten Erfahrungen können Schulen in staatlicher Trägerschaft durchaus profitieren. Insofern bleibt festzuhalten, dass die Weitung der Wahrnehmungsperspektive über explizit religiöse Orientierungen hinaus nach einer verstärkten Sensibilität verlangt. Damit verbunden ist die Bereitschaft zu einer differenzierten Wahrnehmung. Nur so lassen sich die religionspädagogischen Herausforderungen angemessen verstehen.

2. Religionspädagogische Herausforderungen im Feld mehrheitlicher Konfessionslosigkeit wahrnehmen

Dass die ostdeutsche Gesellschaft durch eine weitgehende kulturelle Verdrängung der christlichen Religion geprägt ist, die äußerlich in der Entfremdung von den Kirchen ihren Ausdruck findet, wird ernstlich niemand bestreiten können. Religionspädagogisch äußerst bedeutsam ist dabei, dass christliche Religion – auch in ihrer kulturellen Gestalt – in den Familientraditionen nur bei einer Minderheit der Bevölkerung präsent ist. Mit dieser Art mehrheitlicher Konfessionslosigkeit geht auch ein Normalitätsanspruch einher. Normalerweise ist man eben nicht in der Kirche, glaubt nicht an Gott und versteht sich nicht als religiös. Diese Mehrheitsverhältnisse sind zunächst erst einmal zur Kenntnis zu nehmen. Allerdings sind sie nicht in allen gesellschaftlichen Bereichen gleichermaßen präsent und vor allem nicht gleichermaßen prägend. Beispielsweise in den Feldern von Kunst und Kultur, von Medizin und Pflege oder von Literatur und elektronischen Medien spielt Konfessionslosigkeit keine herausragende Rolle im Sinne einer mehr oder weniger deutlich vorausgesetzten Norm. Hier zeigen sich oftmals auch gegenläufige Tendenzen, insofern Bezüge zu religiösen Traditionen hergestellt und publik gemacht werden. Deutlich anders verhält es sich im Bereich der öffentlichen Bildung. Hier sind es vor allem personale Identitäten (auf Lehrer- wie auf Elternseite), welche die religionsfeindliche Prägung der DDR-Schulen in die Gegenwart transportieren.[4] Damit verbunden ist oftmals auch der Anspruch darauf, dass Schule sich jeglicher Bezüge zur religiösen Dimension enthalten solle, weil Bildung und Religion schlichtweg nicht zusammen gedacht werden könne. Vergleichbares trifft auf kommunale Kindertagesstätten und Teile der Hochschulen zu. In diesen gesellschaftlichen Feldern geht also die quantitative Überlegenheit von Konfessionslosigkeit mit einer bewusst oder unbewusst angestrebten kulturellen Norm einher. Diese kulturelle Normierung wird von den Familien der Kinder und Jugendlichen zum größten Teil mit getragen und unterstützt. Allerdings ist das nicht an allen Orten und allen Schulen gleichermaßen der Fall. Vor allem in evangelischen Schulen stellt sich die Situation insofern oft anders dar, als dass die Klientel, die diese Schulen besucht, zu einem deutlich größeren Teil bereit ist, als es in der Gesamtbevölkerung der Fall ist, das evangelische Profil mitzutragen oder zumindest zu akzeptieren.

Wichtig ist noch eine weitere Differenzierung. Der Kontext mehrheitlicher Konfessionslosigkeit stellt sich nicht nur in unterschiedlichen Bereichen und Orten anders dar, sondern spiegelt sich auch in den Generationen unterschiedlich wider. Für die in der DDR sozialisierten Altersgruppen hat Monika Wohlrab-Sahr den Terminus der „forcierten Säkularität" geprägt. Die darin steckende Mehrdeutigkeit ist bewusst gewählt. „Etwas kann von außen erzwungen – ,forciert' – werden, es kann aber auch von innen in ,forcierter Weise' vorangetrieben werden."[5] Damit eignet sich dieser Terminus gut, um den Prozess der Entkirchlichung in der DDR zu beschreiben. „Forcierte Säkularität' ist eine

---

4   Zur Prägung der DDR-Schule vgl. Michael Domsgen, Religionsunterricht in Ostdeutschland. Die Einführung des evangelischen Religionsunterrichts in Sachsen-Anhalt als religionspädagogisches Problem, Leipzig 1998, 7-190.

5   Monika Wohlrab-Sahr, Forcierte Säkularität *oder* Logiken der Aneignung repressiver Säkularisierung, in: M. Domsgen/H. Schluß/M. Spenn (Hg.), Was gehen uns „die anderen" an? Schule und Religion in der Säkularität, Göttingen 2012, 28. Der Begriff rückt also den Prozess der „subjektiven Aneignung des mit Zwangsmitteln Betriebenen", die „subjektiven Grundlagen des durch repressive Maßnahmen Forcierten" in den Blick (ebd.).

Chiffre", die auf die in der DDR sozialisierten Generationen zutrifft. „Die Haltung der Jüngsten erfasst sie nicht mehr"[6], wie Wohlrab-Sahr selbst schreibt. Bei den nicht mehr in der DDR sozialisierten Jugendlichen lässt sich nämlich eine vorsichtige Öffnung religiösen Fragen gegenüber beobachten. Das schlägt sich noch nicht in der Einstellung zum Glauben an Gott nieder. Aber in der Frage eines Lebens nach dem Tod sowie der Vorstellung eines Himmels zeigen sich deutliche Unterschiede im Vergleich zu den Generationen ihrer Eltern und Großeltern. Die jüngsten Generationen legen eine höhere Zustimmung zu transzendenzbezogenen Fragen an den Tag. Sie sind bereit, sich experimentellen Denkbewegungen anzuschließen. Insofern bringen sie „Bewegung in das religiös-weltanschauliche Feld."[7]

Deutlich wird hier, wie ein und derselbe Kontext einer weitgehenden kulturellen Verdrängung der christlichen Religion in den Generationen unterschiedlich verarbeitet wird. Während die Elterngeneration in der forcierten Säkularität verharrt, gibt es bei der jüngeren Generation vor allem die mehr oder weniger starren Denkbarrieren hinsichtlich des Religiösen so nicht mehr. Gemeinsam ist beiden Generationen, dass es mehrheitlich nicht zu einer „substantiell religiösen Positionierung"[8] kommt, allerdings ist die jüngere Generation dem viel näher als die Elterngeneration.

Interessant ist, dass die Wahrnehmung des Kontextes nicht nur innerhalb der Generationen differiert, sondern auch jenseits davon unterschiedlich wahrgenommen wird zwischen denjenigen, die sich als religiös, und denen, die sich als nicht religiös verstehen. Dabei jedoch werden die Mehrheitsverhältnisse gar nicht so eindeutig interpretiert, wie man das auf den ersten Blick meinen würde. Wie Interviews zeigen, haben sowohl Kirchenmitglieder als auch Konfessionslose mit dem ostdeutschen Kontext ihre Probleme.[9] Dass Kirchenmitglieder das Gefühl haben, die Umgebung, in der sie leben, sei nicht gerade religionsfreundlich, verwundert nicht übermäßig. Allerdings scheinen auch Konfessionslose bisweilen das Gefühl zu haben, sich außerhalb einer gefühlten Norm zu

---

6   Ebd. 32.
7   Monika Wohlrab-Sahr/Uta Kahrstein/Thomas Schmidt-Lux, Forcierte Säkularität. Religiöser Wandel und Generationendynamik im Osten Deutschlands, Frankfurt/M. New York 2009, 27.
8   Ebd.
9   Das zeigt beispielsweise eine Umfrage unter Besuchern des Hallenser Weihnachtsmarktes im Dezember 2012. Vgl. Michael Domsgen, Mission impossible? Religiöse Kommunikation in Ostdeutschland, in: M. Domsgen/D. Evers (Hg.), Herausforderung Konfessionslosigkeit. Theologie im säkularen Kontext, Leipzig 2014.

bewegen. Vor Augen führen kann man sich das mit einer Untersuchung, die Sarah Demmrich momentan an der Forschungsstelle Religiöse Kommunikations- und Lernprozesse durchführt.[10] Sie erforscht Persönlichkeit und Rituale im Kontext religiöser Überzeugungen Jugendlicher. Dabei fand sie unter den dreiundzwanzig von ihr interviewten Jugendlichen achtzehn, die beten oder Gebetsäquivalente entwickelt haben. Von denen wiederum waren dreizehn konfessionslos. Interessant ist hier für unsere Fragestellung vor allem, dass Jugendliche, die in ihren Familien nicht beten gelernt haben, dies aufgrund medialer Impulse ausprobieren. Dabei gehen die befragten Jugendlichen nicht zuletzt aufgrund der medialen Einflüsse von der Annahme aus, dass die Mehrheit der Menschen, die um sie sind, betet. So erklärt Jessica, konfessionslos, auf die Frage nach den Beweggründen: *„Na eigentlich von allen Seiten, weil man weiß, dass es 'ne Bibel gibt und alles und dann dacht ich halt, na vielleicht hilft das ja und im Fernsehen hat man's dann halt auch gesehen, wie die, die halt gläubig sind, halt auch gebetet ham' und dann dacht ich, ich probier's auch."* Ein nicht zu vernachlässigendes Movens, sich experimentell dem Gebet zu nähern, liegt im Bedürfnis, zu einer Mehrheit dazugehören zu wollen.

Hier begegnet also eine ganz individuelle Sicht auf den ostdeutschen Kontext. Sie lässt sich nicht mit dem Schlagwort einer forcierten Säkularität einfangen, sondern steht geradezu in Spannung dazu. Auffällig ist zudem, dass die Annäherung an die religiöse Dimension immer auch lebensgeschichtlich relevant sein muss. Für die von Sarah Demmrich befragten Jugendlichen war das Bedürfnis, zur gefühlten Mehrheit derer, die beten, dazugehören zu wollen, nicht unerheblich. Anders betrachtet: Die Annäherung an Religion geht hier also mit einer Defiziteinschätzung einher. Um dies zu bearbeiten, wird ein experimenteller Zugang gewählt.

Der ostdeutsche Kontext kann also ganz unterschiedlich gedeutet und interpretiert werden. Zugespitzt könnte man sagen, im Osten ist die Wahrscheinlichkeit recht hoch, religiös einsam zu sein. Die Konfessionsgebundenen fühlen sich in der Minderheit, weil es so viele Konfessionslose gibt. Die Konfessionslosen, vor allem die Jüngeren unter ihnen, fühlen sich in gewisser Weise anders, weil ihrer Meinung nach alle Welt religiös ist. Das klingt beim ersten Hören vielleicht überraschend, lässt sich aber zumindest mit Blick auf das Jugendalter gut plausibilisieren und leuchtet um so mehr ein, wenn man sich vor Augen führt, dass Konfessionslosigkeit nicht in allen Bereichen der ostdeut-

---

10 Nähere Informationen dazu finden sich unter: http://www.theologie.uni-halle.de/pt_rp/rkl/demmrich/.

schen Gesellschaft gleichermaßen präsent und prägend ist. Wie nun kann dem begegnet werden?

3. Den Herausforderungen begegnen

Konfessionslosigkeit stellt eine Herausforderung dar, an der religionspädagogisch nicht mehr vorbeigegangen werden kann. Das gilt nicht nur für Ostdeutschland, wenngleich sich dort aufgrund der Mehrheitsverhältnisse eine besondere Dringlichkeit ergibt. Die spannende Frage ist dabei, wie religiöse Lernprozesse initiiert und optimiert werden können. Damit bewegen wir uns im Feld der Religionsdidaktik.

Die Profilierung einer Religionsdidaktik vor den Herausforderungen mehrheitlicher Konfessionslosigkeit ist noch nicht abgeschlossen. Deutlich ist aber schon jetzt, dass die Prozesse der Entkirchlichung und Transformation von Religion in gleicher Weise prägend und raumgreifend sind wie diejenigen der religiösen Pluralisierung. Die mehrheitliche Konfessionslosigkeit führt nicht zu einer ganz anderen Religionsdidaktik. Allerdings werden Gewichte verschoben und einzelne Aspekte neu beleuchtet.

Religiöse Kommunikation kann innerhalb des weiten Feldes der religiösen Indifferenz schwerlich durch Instruktion gefördert werden. „Wo kein (bewusster) Glaube ist, wird Belehrung nichts nützen. Da muss der Weg der Mathetik – der Anlässe, Gegebenheiten, Herausforderungen und des geduldigen Abwartens – besonders strikt eingehalten werden"[11], formuliert Hartmut von Hentig völlig zu Recht. Eine Mathetik betrachtet Lernprozesse aus dem Blickwinkel des Lernenden und charakterisiert das didaktische Verhältnis als symmetrisch und herrschaftsfrei. Das bedeutet, Lernende und Lehrende stehen auf einer Ebene. In der Konsequenz heißt das, religiöses Lehren vor allem als strukturiertes, umfassendes Angebot an den Lernenden zu sehen, das nicht nur auf der Inhalts-, sondern auch auf der Beziehungsebene abläuft. Vor diesem Hintergrund möchte ich auf fünf Punkte verweisen, die mir grundlegend erscheinen.

3.1 Sensibilisieren und plausibilisieren

Das in Ostdeutschland sehr viel stärker verbreitete sogenannte „wissenschaftliche Weltbild", also die Haltung von vornherein alles auszuschließen, was verstandesmäßig nicht erfasst werden kann, stellt eine erste grundlegende religi-

---

11 Hartmut von Hentig, Glauben lernen? Zehn Gedanken zu einer Mathetik des christlichen Glaubens, in: Christenlehre/Religionsunterricht-Praxis 4 (2004), 4.

onspädagogische Herausforderung dar. Die höhere Zustimmung zu den Aussagen „Leben wird bestimmt durch Gesetze der Natur" sowie „Leben ist nur Teil
der Entwicklung in der Natur" markiert die Gefahr einer verengten Wahrnehmungsperspektive. Nicht selten insistieren vor allem Ostdeutsche darauf, dass
nur das wahr sein könne, was „wissenschaftlich", und dies heißt in aller Regel
mathematisch-naturwissenschaftlich, bewiesen werden kann. Auf dieser Grundlage haben es „der offene Diskurs, das dialogische Lernen und das kritische
philosophische Gespräch"[12] schwer. Oft ist mit dem Pragmatismus in der Lebensführung auch ein Lernverständnis verbunden, das „tendenziell auf autoritä-
re Muster des Lehrens und Lernens"[13] setzt.

Vor diesem Hintergrund wird es an den unterschiedlichen Lernorten und
mit allen Altersgruppen darum gehen müssen, den weit verbreiteten Pragmatismus zu durchbrechen. Ganz auf der Linie des Philosophierens mit Kindern
geht es hier darum „das Staunenkönnen der Kinder zu bewahren, eine Kultur
der Nachdenklichkeit zu schaffen, die Kommunikationsfähigkeit zu verbessern,
die Denkfähigkeit der Kinder zu fördern und sie zu einem wissenschaftstheore-
tischen Bewusstsein zu erziehen."[14] Das sogenannte wissenschaftliche Weltbild
ist *eine* Möglichkeit der Weltdeutung, bei weitem nicht die einzige und vor
allem nicht die letztgültige. Erst wenn dies verstanden ist, wird Religion in
ihrer Spezifik plausibel werden können.

Dass Menschen ihr Leben aus religiösen Motiven heraus gestalten, ist für
viele Ostdeutsche nach wie vor schwer nachvollziehbar. Das liegt auch daran,
dass Religion vor allem in Konfliktpotenzialen wahrgenommen und gewichtet
wird. Einzig hinsichtlich der intellektuellen Auseinandersetzung scheint eine
gewisse Offenheit vorzuherrschen. Knapp die Hälfte der Konfessionslosen hat
„zumindest ein gewisses Interesse daran, über religiöse Fragen informiert zu
werden, und denkt über Religion nach. Insgesamt ist dieses Interesse vom Le-
bensalter abhängig: Je älter die Person, umso größer das Interesse an einer
intellektuellen Auseinandersetzung mit Religion."[15] In religionspädagogischer

---

12 Michael Domsgen/Matthias Hahn/Gisela Raupach-Strey (Hg.), Religions- und
    Ethikunterricht in der Schule mit Zukunft, Bad Heilbrunn 2003, 46.
13 Ebd.
14 Helmut Hanisch, Kinder als Philosophen und Theologen, in: R. Lux (Hg.), Schau
    auf die Kleinen ... Das Kind in Religion, Kirche und Gesellschaft, Leipzig 2002,
    161.
15 Monika Wohlrab-Sahr, Das stabile Drittel jenseits der Religiosität. Religionslosig-
    keit in Deutschland, in: Bertelsmann Stiftung, Religionsmonitor 2008, Gütersloh
    2007, 98.

Perspektive stellt sich hier die Herausforderung, Religion so ins Gespräch zu bringen, dass sie nicht nur museal wahrgenommen und insofern die Distanz dazu noch größer wird.

Vor diesem Hintergrund ist den jungen, nicht mehr in der DDR sozialisierten Generationen besonderes Augenmerk zu widmen. Ihr Fragen und Suchen ist zu unterstützen. Sie bringen „Bewegung in das religiös-weltanschauliche Feld".[16] Diese Bewegung sollte unterstützt werden.

3.2   Unterschiede fruchtbar machen

Das Ziel aller Aktivitäten zur Beförderung religiöser Kommunikation sollte darin liegen, Sinn für den Sinn von Religion zu entwickeln. Dies kann nur geschehen, wenn es Räume gibt, in denen Menschen die wesentlichen Fragen ihres Lebens überdenken und einander begegnen können. Dass es dabei nur um eine Begegnung auf Augenhöhe gehen kann, versteht sich von selbst. „Was wir brauchen, ist eine Auseinandersetzung über die Deutung von Erfahrungen, die wir teilen."[17]

Letztlich geht es darum, den oft als gravierend wahrgenommenen Graben zwischen religiösen und nichtreligiösen Deutungsmustern zu überbrücken. Anregend dafür können Überlegungen des Pädagogen Heinrich Roth sein, der schon 1949 unter dem Leitgedanken der „Rückführung in die Originalsituation" betonte: „Alle methodische Kunst liegt darin beschlossen, tote Sachverhalte in lebendige Handlungen rück- zuverwandeln, aus denen sie entsprungen sind: Gegenstände in Erfindungen und Entdeckungen, Werke in Schöpfungen, Pläne in Sorgen, Verträge in Beschlüsse, Lösungen in Aufgaben, Phänomene in Urphänomene."[18] Ein Großteil der biblischen Texte, theologischen Denkfiguren oder bildlichen Darstellungen lässt sich als Resultat von Deutungsprozessen verstehen. Mit Roth könnte man sie als geronnene Lösungen bezeichnen. Für viele bleibt dabei nicht selten unklar, auf welche Frage, auf welches Lebensproblem oder Dilemma, auf welche Erfahrung von Glück oder Schicksal diese

---

16 Monika Wohlrab-Sahr/Uta Karstein/Thomas Schmidt-Lux, Forcierte Säkularität. Religiöser Wandel und Generationendynamik im Osten Deutschlands, Frankfurt/M. New York 2009, 27.

17 „Diese Erfahrung ist universell." Auch Atheisten kennen die Erfahrung der Selbsttranszendenz. Sie deuten diese nur anders als religiöse Menschen, in: Können wir ohne Glauben leben? in: Zeitwissen 1 (2012/2013), 24.

18 Heinrich Roth, Zum pädagogischen Problem der Methode, in: Die Sammlung. Zeitschrift für Kultur und Erziehung 4 (1949), 108.

Lösungen eine Antwort suchen.[19] Hier wird stärker darauf zu achten sein, die hinter den Texten stehenden Deutungsprozesse zu thematisieren und auf diese Weise deutlich zu machen, dass theologische Aussagen Modellcharakter haben. Sonst werden Antworten auf Fragen gegeben, die nicht gestellt und verstanden worden sind.

Inhaltlich ergibt sich die große Herausforderung, die Konstruktion religiöser Aussagen offen zu legen, also den Erfahrungshintergrund christlicher Grundbegriffe zu benennen und darzustellen. Beim Glauben geht es „um Lebensgewissheit (…), die eine individuelle Lebensgeschichte zu tragen vermag".[20] Auch das Evangelium gibt es nicht in Reinkultur, sondern nur in der lebensgeschichtlichen Aneignung. Diese Aneignung sollte thematisiert werden.

3.3   Ergebnisoffen kommunizieren und so Verstehen fördern

Eine conditio sine qua non ist die Begegnung auf Augenhöhe, das Interesse am Gegenüber. Sie schafft eine Basis, die für die Verständigung mit dem anderen wie für das Verstehen des anderen unabdingbar ist. Dabei handelt es sich nicht um eine Art *warming up* für die Kommunikation des Evangeliums, also um eine Art Kunstgriff, den man zu beachten hat, um zum Eigentlichen zu kommen. Vielmehr vollzieht sich Evangelium als ein möglichst symmetrischer Kommunikationsvorgang, nicht als einseitig vorgetragene Lehre. Letztlich geht es im Evangelium nicht um Inhalte, sondern „um Beziehungen, die anders als durch Kommunikation nicht hergestellt werden können"[21]. Das Evangelium

---

19 Vgl. Michael Domsgen/Frank M. Lütze, Religion erschließen in Ostdeutschland. Perspektiven und Desiderate in einem weiten Feld, in: M. Domsgen/F. M. Lütze (Hg.), Religionserschließung in der Säkularität. Fragen, Impulse, Perspektiven, Leipzig 2013, 155. Die Hilflosigkeit im Umgang mit Lösungen auf nicht identifizierte Probleme zeigt sich deutlich in einigen Schüleraufsätzen zum Tod Jesu. Vgl. Annechristin Schubert, Für uns gestorben – und nicht mehr von Belang? Kreuzestoddeutungen Jugendlicher aus Sachsen-Anhalt im Spiegel von neutestamentlichen Interpretationen, in: M. Domsgen/ F. M. Lütze (Hg.), Religionserschließung in der Säkularität. Fragen, Impulse, Perspektiven, Leipzig 2013, 61-77.
20 Klaus Tanner, Analyse als Resistenzkraft. Einen Kurs steuern im Wandel, in: Kirchenamt der EKD (Hg.), Kirche – Horizont und Lebensrahmen. Weltsichten, Kirchenbindung, Lebensstile. Vierte EKD-Erhebung über Kirchenmitgliedschaft, Hannover 2003, 77.
21 Wilfried Engemann, Personen und Zeichen im Prozess der Kommunikation des Evangeliums. Praktische Theologie als Theorie der Lebensäußerungen der Gemeinde, in: Wilfried Engemann, Personen, Zeichen und das Evangelium. Argumentationsmuster der Praktischen Theologie, Leipzig 2003, 43.

vollzieht sich als ein Kommunikationsvorgang, der von Wechselseitigkeit bestimmt ist und nicht durch den einseitigen Transport von Informationen. „Dabei wird der kundige Bibelleser an die Kommunikationspraxis Jesu erinnert, der ebenfalls von keinen ‚Kernbeständen' wusste, sondern seine Reich-Gottes-Botschaft in sehr unterschiedlicher Weise entsprechend der Situation seines Kommunikationspartners entwickelte"[22]. Interessant dabei ist, dass sich Jesus auf grundlegende menschliche Kommunikationsmodi (Lehren und Lernen, Helfen zum Leben, gemeinschaftliches Feiern) bezog, diese aber in den Horizont der anbrechenden Gottesherrschaft stellte. „Die Ergebnisoffenheit von Kommunikation erweist sich als irritierende Ungewissheit, aber zugleich als Bedingung für neue Einsichten bei den Kommunizierenden. (...) Von daher behindern lehrmäßige Fixierungen vom ‚Evangelium' dessen Kommunikation, wenn sie diese regulieren wollen. Sie haben vielmehr die Aufgabe, für den Kommunikationsprozess Gesichtspunkte zur Verfügung zu stellen."[23]

Als bedeutende Hürde im Kommunikationsprozess erweist sich immer mehr, dass die Kontaktpunkte im Verhältnis zur organisierten Religion immer weniger gegeben sind und in den klassischen Kontaktstellen nur sehr schwer herzustellen sind. Deshalb kommt denjenigen Lernorten eine besondere Bedeutung zu, die ohnehin von vielen Menschen besucht werden. Die Schule bietet in dieser Hinsicht besondere Chancen, setzt aber aufgrund ihrer Profilierung als Zwangsinstitution spezifische Voraussetzungen für die Kommunikation des Evangeliums, die nicht übergangen werden dürfen. Kindertagesstätten sind ebenfalls zu nennen. Für sie gilt Vergleichbares wie für die Schulen. Überhaupt sind diejenigen Orte vermehrt in den Blick zu nehmen, die sich als gesellschaftliche Knotenpunkte erweisen, wo Menschen ohnehin in kommunikativen Vollzügen verbunden sind.

3.4   Mitteilen und darstellen

Religion erfordert eine Sensibilität für die Dimension des Unverfügbaren. Religiosität erschöpft sich nicht im Diskurs oder im Handeln. Schleiermacher beschreibt sie als „Gefühl schlechthinniger Abhängigkeit"[24] vom Universum. Der

---

22 Christian Grethlein, Christsein lernen. Historische, empirische und theologische Einsichten zu einer Kernaufgabe evangelischer Gemeinde, in: epd/D 31/2008, 15.
23 Christian Grethlein, Praktische Theologie, Berlin Boston 2012, 179.
24 Friedrich Schleiermacher, Der christliche Glaube nach den Grundsätzen der evangelischen Kirche im Zusammenhang dargestellt, Bd. 1, hg. v. Rolf Schäfer, Berlin ²2003, 39.

kommunikative Vollzugssinn, nicht eine kognitive Orientierung stehen im Mittelpunkt. Deshalb betont Bernhard Dressler im Anschluss an Schleiermacher, dass „christliche Religion nicht mitgeteilt werden kann, ohne immer auch zugleich dargestellt zu werden"[25].

Diese grundlegende religionspädagogische Perspektive wird in Ostdeutschland zusätzlich verstärkt, da dort andere Weltreligionen im öffentlichen Erscheinungsbild kaum eine Rolle spielen. In Sachsen-Anhalt beispielsweise liegen der Ausländeranteil bei ca. 2% und der Anteil von Bürgern mit Migrationshintergrund bei ca. 5%. So tritt Religion vor Ort in ihrer Explizierung nur selten und fast ausschließlich in Gestalt des Christentums und hier vor allem in Gestalt der Kirchen auf. Zu denen jedoch ist der Kontakt bei der Mehrheit der Bevölkerung schon lange abgebrochen. So fehlt im unmittelbaren Nahumfeld die direkte Anschauung einer religiösen Lebensführung.

Religiöse Bildung jedoch ist auch auf die „Auseinandersetzung mit der Tiefendimension"[26] von Religion angewiesen. Notwendig ist neben der Außenperspektive auch die Innenperspektive von Religion. Christliche Religion ist nicht als Lehre zu lernen, sondern im Wesentlichen nur als Vorgang und vermittels von Vorgängen. Darauf wird in der Diskussion um eine performative Religionsdidaktik zu Recht hingewiesen. Allerdings ist dabei die Gefahr folkloristischer Inszenierungen groß. Deshalb ist in der Summe das Modell der authentischen Begegnungen am besten geeignet, Religion angemessen vor Augen zu führen und didaktisch zu bearbeiten. Allerdings sind solche Begegnungen nicht immer leicht anzubahnen.

3.5   Über das gemeinsame Tun Bildungsprozesse anregen

Christsein beschränkt sich nicht nur auf die kognitive Ebene, sondern bezieht den Bereich der Lebensgestaltung konstitutiv mit ein. Dieser Aspekt wird zukünftig stärker zu gewichten sein. Denn die Fortsetzung von Vorurteilen zwischen sich als religiös bzw. nicht als religiös verstehenden Menschen könnte unterbrochen werden durch den Blick auf das gemeinsam zu Tuende. Vor allem für Ostdeutschland gilt, dass sich mit Blick auf die Wertorientierungen das Profil der

---

25 Bernhard Dressler, Darstellung und Mitteilung. Religionsdidaktik nach dem Traditionsabbruch, in: rhs 45 (2002), 13.

26 Hans-Bernhard Petermann, Religion erkunden. Das Element des Religiösen im Ethikunterricht in religionsphilosophischer Perspektive, in: M. Domsgen/M. Hahn/G. Raupach-Strey (Hg.), Religions- und Ethikunterricht in der Schule mit Zukunft, Bad Heilbrunn 2003, 258.

Konfessionslosen von dem der Evangelischen längst nicht so deutlich unterscheidet, wie man das vor dem Hintergrund des Glaubens an Gott denken könnte. Ostdeutsche Evangelische und Konfessionslose stimmen in vielen Fragen in der Sache überein, so z.B. in der Frage nach dem Sinn des Lebens. Dabei teilen die ostdeutschen Konfessionslosen mit den ostdeutschen Evangelischen „eine Weltsicht, in der persönliche Anstrengung, Aufgabenerfüllung, Selbstverantwortung, die hohe Relevanz von Arbeit für das Leben, die Bedeutung des Maßhaltens und die Notwendigkeit äußerer Grenzen für menschliche Entscheidungsfreiheit relativ hoch bewertet werden. Man könnte sagen: Man trifft hier auf eine ‚klassische' Variante der protestantischen Ethik, die Evangelische und Konfessionslose verbindet."[27] Unterschiede ergeben sich dann, wo es um die grundlegende Infragestellung einer solchen verstandesorientierten Leistungs- und Verantwortungsethik geht und vor allem dort, wo explizite religiöse Deutungsmuster dazu kommen.

Diese Ausgangslage birgt Chancen im Aufeinanderzugehen. Eberhard Buck betont vor dem Hintergrund seiner Erfahrungen im Rahmen der Tage Ethischer Orientierung in Mecklenburg-Vorpommern: „Wo Menschen sich im Kontext institutioneller Verfasstheit handelnd begegnen – und die Intention des gemeinsamen Handelns wiederum auf andere, Dritte beziehen – beginnen sie sich selbst zu verändern."[28] Voraussetzung dafür ist die grundsätzliche Bereitschaft, die Fülle unterschiedlicher Lebensentwürfe zu respektieren und im Sinne einer starken, einer aktiven Toleranz in „wechselseitiger Achtung voreinander (...) dieselbe Toleranz, die man auch für die eigene Wahrheitserfahrung erwartet"[29] den anderen in ihren Überzeugungen und Einstellungen gegenüber zum Ausdruck zu bringen.

4.   Evangelische Schulen als Spielräume der Freiheit

Evangelische Schulen haben in Ostdeutschland seit einigen Jahren Hochkonjunktur. Inzwischen befindet sich fast jede zweite allgemeinbildende evangelische Schule in den neuen Bundesländern. Leider wissen wir noch sehr wenig darüber, wie konfessionslose Schülerinnen und Schüler und deren Familien mit den dort gegebenen religionspädagogischen Impulsen umgehen, was ihnen

---

27 Kirchenamt der EKD (Hg.), Kirche – Horizont und Lebensrahmen. Weltsichten, Kirchenbindung, Lebensstile. Vierte EKD-Erhebung über Kirchenmitgliedschaft, Hannover 2003, 53.
28 Eberhard Buck 2010, 142f.
29 Karl Ernst Nipkow, Gott in Bedrängnis? Zur Zukunftsfähigkeit von Religionsunterricht, Schule und Kirche, Gütersloh 2010, 261.

weiterhilft und wo sich Barrieren aufbauen. Matthias Müller widmet sich an der Forschungsstelle Religiöse Kommunikations- und Lernprozesse dieser Aufgabe, indem er eine evangelische Grundschule in Sachsen-Anhalt ethnographisch untersucht.[30] In der Phase der teilnehmenden Beobachtung fiel auf, wie sehr sich die Kinder für religiöse Fragen interessieren und wie reflektiert sie darüber sprechen können, obwohl sich lediglich drei von siebzehn Schülern dieser vierten Klasse selbst als christlich bezeichnen. Allerdings ist auch auffällig, wie negativ sich eine schlechte Vermittlung von Glaubensthemen auswirkt. Paradebeispiel dafür ist ein Schulgottesdienst, den Matthias Müller beobachtet hat. Auch fällt dabei auf, wie sensibel mit Formen religiöser Praxis umgegangen werden muss. Am Beispiel des Tischgebets lässt sich das gut beobachten. In alledem zeigt sich, dass evangelische Schulen vor allem dann Profil zeigen, wenn sie die Freiheit der Entscheidung von vornherein konstitutiv berücksichtigen. Schülerinnen und Schüler sowie deren Eltern haben ein ausgesprochen waches Sensorium dafür, wenn Positionen nicht nur dargestellt, sondern auch verpflichtend gemacht werden sollen. An dieser Stelle ist Martin Schreiners gelungene Beschreibung evangelischer Schulen als Spielräume der Freiheit[31] nach wie vor grundlegend. Evangelische Schulen bieten die große Chance, Erfahrungs- und Erprobungsräume evangelischer Erziehungs- und Bildungsverantwortung zu sein. Allerdings stehen sie auch in der Gefahr, dies zu verspielen, wenn das subjektive Freiheitsempfinden gestört wird. Die hier genannten religionsdidaktischen Eckpunkte können dazu verhelfen, immer wieder nach der rechten Balance zu suchen. Allerdings können allgemeine Ausführungen immer nur einen Rahmen dafür bieten. Maßgeblich bleibt die Situation vor Ort. Darauf hat Friedrich Niebergall vor über 100 Jahren sehr einprägsam hingewiesen. Seine Mahnung will ich deshalb am Ende meiner Ausführungen in Erinnerung rufen: „Die Menschen erlauben sich immer wieder anders zu sein als wir uns in unseren Theorien über sie träumen lassen."[32] Niebergall hatte hier die Kasualgemeinde im Blick. Für die Schülerinnen und Schüler sowie deren Eltern und Geschwister gilt dasselbe.

---

30 Informationen dazu finden sich unter: http://www.theologie.uni-halle.de/pt_rp/ rkl/evgs/.
31 Vgl. Martin Schreiner, Im Spielraum der Freiheit. Evangelische Schulen als Lernorte christlicher Weltverantwortung, Göttingen 1996.
32 Friedrich Niebergall, Die Kasualrede, Leipzig 1905, 37.

Chancen evangelischer Schulen in religiös indifferenten Kontexten

Andrea Schulte

Das Motto der Barbara-Schadeberg-Vorlesungen 2013 *„Evangelisch* Profil zeigen im religiösen Wandel unserer Zeit", der Veranstaltungsort, das Erfurter Augustinerkloster, geschichtlicher Ort der Reformation in einem heute mehrheitlich konfessions- und religionslosen Umfeld, die Vorlesungsthemen der Referenten Pickel und Domsgen sowie das an mich herangetragene Thema meiner Vorlesung haben mir freundlich die Richtung gewiesen, auf die ich meine und Ihre Aufmerksamkeit lenken möge. Evangelische Schulen sind gut und verschiedentlich im Gespräch. In aller Kürze: Sie sind von empirischem Interesse, insofern Zahlen, Daten, Fakten Auskunft über deren Standorte, Zulauf und Popularität geben. Sie beziehen sich mehrheitlich theologisch auf das christliche Menschenbild und pädagogisch auf eine auf individuelle Förderung ausgerichtete Bildung und Erziehung. Darüber hinaus geraten sie gesellschafts-, kirchen- und bildungspolitisch in den Blick, weil sie inzwischen das staatliche Schulangebot und die bundesrepublikanische Schullandschaft „gehörig aufmischen". So scheint alles gesagt zu sein!

Mit den Erfurter Barbara-Schadeberg-Vorlesungen 2013 wird ein neues Terrain vorbereitet und abgesteckt, das zukünftig die Diskussion um evangelische Schulen bereichern wird. Die Religion wird als Kontextfaktor in Anschlag gebracht, nicht gerade unter positiven Vorzeichen, sondern eher unter den vagen Vorzeichen religiöser Indifferenz. Mit dem Fokus auf religiös indifferente Kontexte wird auf einen religionssoziologischen Horizont verwiesen, der das regionale Umfeld evangelischer Schulen stärker als bisher zu berücksichtigen aufgibt und die Geltung (religions-)soziokultureller Voraussetzungen als Bedingungsfaktoren profilbildenden Handelns evangelischer Schulen anmahnt.

Spüren wir also dem nach, wie dieser Blickwinkel den Chancenreichtum evangelischer Schulen anhäufen könnte. Damit gewinnt die Frage, wie auf den gegenwärtigen religiösen Klimawandel angemessen zu reagieren ist, auch für evangelische Schulen an Bedeutung. Religionslosigkeit in Deutschland wird

mittlerweile von einem stabilen Drittel „beansprucht".[1] Gleichwohl sind Ost-
und Westdeutschland in Bezug auf kirchliche Mitgliedschaft, den Zusammenhang zwischen kirchlichem Handeln und Kirchenbindung und das Verhältnis
von institutionalisierter und individualisierter Religiosität strikt voneinander zu
trennen.[2] Auf die Gretchen-Frage „Wie hast du's mit der Religion?" antworten
in Westdeutschland 31 Prozent, dass sie eher nicht religiös seien. In Ostdeutschland antworten 73 Prozent, dass sie eher nicht religiös seien. Obwohl
dieser jetzt noch klare Ost-West-Unterschied vermutlich eine Übergangser-
scheinung sein wird, so wird sich mit großer Wahrscheinlichkeit im Osten
Deutschlands nicht nur Konfessionslosigkeit, sondern auch Religionslosigkeit
in hohem Maße weiter-„vererben", so die Prognose der Leipziger Religionsso-
ziologin Monika Wohlrab-Sahr.[3] Folglich wird gerade für die evangelischen
Schulen in Ostdeutschland der religiös indifferente Kontext auf lange Sicht eine
Herausforderung sein, die die religionssoziologische Perspektive in die wichtige Frage nach dem Profil evangelischer Schulen zu integrieren aufgibt. Auf
Grund der regionalen Unterschiede und der je anderen schulischen Gegebenheiten vor Ort werden sich evangelische Schulen in Ostdeutschland strukturell und
konzeptionell differenziert zu profilieren haben. Konzepte und Profile „des
Westens" können „vom Osten" nicht einfach übernommen werden und vice
versa.[4]

---

1   Vgl. Monika Wohlrab-Sahr/Uta Karstein/Thomas Schmidt-Lux, Forcierte Säkulari-
    tät. Religiöser Wandel und Generationendynamik im Osten Deutschlands, Frank-
    furt/M. New York 2009.
2   Vgl. Detlef Pollack, Säkularisierung auf dem Vormarsch. Das Schrumpfen der
    Kirchen geht mit dem Rückgang persönlicher Religiosität einher, in: zeitzeichen.
    Evangelische Kommentare zu Religion und Gesellschaft. 9/2012, 14-16.
3   Vgl. Wohlrab-Sahr/Uta Karstein/Thomas Schmidt-Lux, Forcierte Säkularität. Reli-
    giöser Wandel und Generationendynamik im Osten Deutschlands, Frankfurt/M.
    New York 2009, 164: „So wie sich im Osten Deutschlands nicht nur Konfessions-
    losigkeit, sondern auch Religionslosigkeit in hohem Maße weiter-„vererbt", wird
    sie im Westen zukünftig wohl ebenfalls ein Resultat ausbleibender religiöser Sozia-
    lisation sein. (…) Das dominante Muster (…) ist nach wie vor das der Vermittlung
    einer religiösen oder religionslosen Haltung im Prozess der Sozialisation. Wenn
    nun Religion immer weniger zum klassischen Repertoire der Familien- oder schuli-
    schen Erziehung gehört, dürfte der Anteil der Religionslosen zukünftig noch deut-
    lich höher werden. Der klare Ost-West-Unterschied ist also vermutlich eine Über-
    gangserscheinung."
4   Vgl. Andrea Schulte/Maria Widl (Hg.), Die konfessionelle Schule. Herausforde-
    rungen und Perspektiven zwischen Erbe und Auftrag, Würzburg 2011.

In der Literatur steht das Phänomen der religiösen Indifferenz gegenwärtig hoch im Kurs. Der jüngst erschienene Band von Michael Domsgen und Frank M. Lütze *Religionserschließung im säkularen Kontext*[5] versucht ebenso Klarheit über die prominente Frage „Wer sind die Konfessionslosen – und was könnte ihr Interesse an Religion wecken?"[6] und über die Verortung der religiös Indifferenten zwischen „unheilbar religiös" und „religiös unmusikalisch"[7] zu gewinnen. Auch die aktuelle Veröffentlichung der Evangelischen Zentralstelle für Weltanschauungsfragen widmet sich thematisch der „Glaubenskommunikation mit Konfessionslosen. Kirche im Gespräch mit Religionsdistanzierten und Indifferenten."[8] Sehr holzschnittartig und arg verkürzt lässt sich über die religiös Indifferenten sagen: Sie sind gleichgültig gegenüber religiösen Themen und Fragen, verstehen die Gottesfrage als solche nicht bzw. halten sie schlicht für irrelevant.[9] Und: „Auch ohne Gott lässt es sich normal und gut leben."[10]

Das vorläufige Fazit: Die erstellten Zeitdiagnosen über das Phänomen der religiösen Indifferenz legen die Vermutung nahe, dass wir uns von der anthropologischen Grundannahme der Religionslosigkeit als „Ding der Unmöglichkeit" zu verabschieden haben. „Religion ist vielen Ostdeutschen offenkundig kein Anthropinum. Das ist zu akzeptieren: Es gibt ein Menschsein eigener Würde ohne Religion."[11]

---

5 Michael Domsgen/Frank M. Lütze (Hg.), Religionserschließung im säkularen Kontext. Fragen, Impulse, Perspektiven, Leipzig 2013.

6 Wilhelm Gräb, Wer sind die Konfessionslosen – und was könnte ihr Interesse an Religion wecken? in: M. Domsgen/F. M. Lütze (Hg.), Religionserschließung im säkularen Kontext. Fragen, Impulse, Perspektiven, Leipzig 2013, 11-22.

7 Eberhard Tiefensee, „Unheilbar religiös?" oder „religiös unmusikalisch"? Philosophische Anmerkungen zum Phänomen der religiösen Indifferenz, in: M. Domsgen/F. M. Lütze (Hg.), Religionserschließung im säkularen Kontext. Fragen, Impulse, Perspektiven, Leipzig 2013, 23-44.

8 Reinhard Hempelmann/Hubertus Schönemann (Hg.), Glaubenskommunikation mit Konfessionslosen. Kirche im Gespräch mit Religionsdistanzierten und Indifferenten, Berlin 2013.

9 Vgl. Eberhard Tiefensee, Der homo areligiosus und die Entkonfessionalisierung in der ehemaligen DDR, in: M. Hahn (Hg.), Bildung als Mission? Kirchliche Bildungsarbeit im Kontext einer konfessionslosen Gesellschaft, Jena 2012, 18.

10 Ebd. 22.

11 Matthias Hahn, Konfessionslos und religiös interessiert. Religionspädagogik vor den Herausforderungen der Konfessionslosigkeit, in: Ch. Lehmann/H. Noormann/H. Lamprecht/M. Schmidt-Kortenbusch (Hg.), Zukunftsfähige Schule – zukunftsfähiger Religionsunterricht. Herausforderungen an Schule, Politik und Kirche, Jena 2011, 126.

Tiefensee führt dazu aus: „Religiöse Indifferenz ist ein nicht mehr zu be-
streitendes Phänomen. Bei der gängigen Aussage der philosophischen und auch
theologischen Anthropologie, dass der Mensch natürlicherweise religiös sei,
stehen zu bleiben, kann nicht befriedigen, wenn diese Aussage nicht so neuin-
terpretiert wird, dass auch Areligiosität denkbar ist und verstehbar wird."[12] Und
weiter: „Immer noch verstehen wir zu wenig, wie es möglich ist, dass im Kern
des sogenannten christlichen Abendlandes ein solches Phänomen entstehen
konnte: ein stabiles, religiös indifferentes Milieu, sozusagen ein „Volksatheis-
mus". Das darf nicht nur ein Thema für Soziologen bleiben."[13]

Auf zweierlei ist hinzuweisen: Einerseits stellt der religiös indifferente
Kontext auch für evangelische Schulen eine Herausforderung dar. Andererseits
markiert er auch eine günstige Ausgangssituation für evangelische Schulen. In
gebotener Kürze nenne ich einige Voraussetzungen, die nach meinem Dafürhalten als günstige Faktoren profilbildender Arbeit evangelischer Schulen in
Ostdeutschland positiv in Anschlag zu bringen sind:

1. Die „Unselbstverständlichkeit" christlicher Religion
    Ostdeutschland ist eine weitgehend säkularisierte Gesellschaft, in der die
    Kirche und die Religion als Resultat ausbleibender religiöser Sozialisation
    an Bedeutung verloren haben (65,8 Prozent des Bevölkerungsanteils nicht-
    religiös; 34,2 Prozent des Bevölkerungsanteils religiös). Christentum als
    Teil der Kultur ist nicht nur nicht selbstverständlich, sondern auch in wei-
    ten gesellschaftlichen Bereichen nicht plausibel zu vermitteln. Obwohl
    evangelische Schulen zunächst eine christliche Klientel ansprechen, sind
    sie prinzipiell offen für alle Schüler und Schülerinnen. Konfessionslose
    Schüler und Schülerinnen machen etwa 40 Prozent der Schülerschaft evan-
    gelischer Schulen in Mitteldeutschland aus.
2. Die „Konkurrenzlosigkeit" christlicher Religion
    In Ostdeutschland steht das religiöse Klima nicht nur nicht unter dem
    Hochdruckeinfluss christlicher Religion, sondern auch nicht unter dem
    Einfluss anderer religiöser Strömungen. Nach der Wiedervereinigung hat
    sich das Spektrum religiöser Orientierungen kaum verändert. Positiv ge-

---

12 Eberhard Tiefensee, „Unheilbar religiös?" oder „religiös unmusikalisch"? Philoso-
    phische Anmerkungen zum Phänomen der religiösen Indifferenz, in: M. Doms-
    gen/F. M. Lütze (Hg.), Religionserschließung im säkularen Kontext. Fragen, Impul-
    se, Perspektiven, Leipzig 2013, 42.
13 Ebd. 44.

wendet: Die christliche Religion ist nicht nur bedeutungslos, sondern auch konkurrenzlos.

3. Die intellektuelle Offenheit für religiöse Themen
   Trotz der mehrheitlich religionslosen Haltung der Ostdeutschen ist die intellektuelle Offenheit für religiöse Themen gegeben. „Auch die Bereitschaft, ‚religiöse Themen von verschiedenen Seiten aus zu betrachten‘, ist im Osten Deutschlands mit 47 Prozent (…) vergleichbar hoch und somit weiter verbreitet als die Kirchenmitgliedschaft."[14] Dabei widerspricht die beobachtete intellektuelle Offenheit offenbar nicht den Anzeichen einer verbreiteten Resistenz gegen religiöse Einflüsse. „Offen für religiöse Themen zu sein bedeutet nicht, sich auf spirituelle Angebote einzulassen oder von religiösen Inhalten überzeugt zu sein."[15] Vor diesem Hintergrund lässt sich meines Erachtens auch die „Unbekümmertheit" vieler religionsloser Eltern verstehen, aus mehrheitlich pädagogischen Gründen und Motiven ihre Kinder an einer evangelischen Schule anzumelden. Diese Haltung scheint demnach durchaus mit ihrer ansonsten eher undifferenzierten Haltung zur Religion vereinbar zu sein.

Welche Chancen haben demnach evangelische Schulen im Kontext der religiösen Indifferenz Ostdeutschlands? Die schlichte und plausible Antwort könnte lauten: Evangelische Schulen zeigen religiöses Profil! Sie sind erkennbare und identifizierbare Orte christlicher Religion (protestantischer Prägung). Wer A sagt, muss auch B sagen: Wer religiöse Indifferenz in Anschlag bringt, hat auch religiöse Differenz in den Blick zu nehmen. Der religiös indifferente Kontext evangelischer Schulen provoziert, die christliche Marke zu erkennen zu geben. Was heißt das? Meine Überlegungen dazu gebe ich in einem Sieben-Punkte-Programm wieder.

1. Kirche macht Schule und gestaltet Bildung

Nach vielen Jahren erlittenen Drucks durch das totalitäre Regime der DDR ermöglichte der gesellschaftliche Umbruch des Jahres 1989 den Kirchen, ihre Bildungsmitverantwortung neu zu gestalten und sich im Arbeitsfeld Schule zu

---

14 Matthias Petzoldt, Zur religiösen Lage im Osten Deutschlands. Sozialwissenschaftliche und theologische Interpretationen, in: Bertelsmann Stiftung (Hg.), Woran glaubt die Welt? Analysen und Kommentare zum Religionsmonitor 2008, Gütersloh 2009, 131f.

15 Ebd. 132.

engagieren. In den in Mitteldeutschland anzutreffenden Landeskirchen hat es so nach der Vereinigung Deutschlands teilweise eine sehr umfangreiche Rückbesinnung auf die Schule und einen entsprechenden Wiedereinstieg der Landeskirchen in die Trägerschaft von Schulen gegeben. Während sich die Bildungsarbeit unter den Bedingungen repressiver Kirchenpolitik der DDR auf innerkirchliche, moderatere Formen beschränkte, entwickelt sich seit 1991 ein regelrechter Boom an Neugründungen christlicher Schulen. Es verwundert daher nicht, dass sie heute den größten Anteil in der Gruppe der freien Schulen stellen. In Anbetracht der ausgeprägten säkularen ostdeutschen Gesellschaften ist dieses Wachstum konfessioneller Schulen in den jungen Bundesländern jedoch bemerkenswert.

Mit diesem Engagement im Bildungsbereich hat die Evangelische Kirche in Mitteldeutschland Verantwortung für die Ausgestaltung der 1989 errungenen Freiheit übernommen. Die Gründungen eigener Schulen stehen somit für die deutliche und erkennbare Wahrnehmung der kirchlichen Bildungsmitverantwortung. In einer Situation, in der nur noch 4 Prozent aller evangelischen Kirchenmitglieder den Sonntagsgottesdienst besuchen, stellen die evangelischen Schulen, sofern sie kein Etikettenschwindel betreiben und unter dem Label „evangelisch" sich kaum von staatlichen Schulen unterscheiden, eine besonders öffentlichkeitswirksame Präsenz der evangelischen Kirche dar. So hat Luise Anton-Behr 2009 in ihrer Magisterarbeit herausgestellt, dass sich der positive Trend der Gründungen evangelischer Grundschulen auf ihren guten Ruf in der Gesellschaft begründet.[16]

Über die evangelischen Schulen als Repräsentationsform der Kirche wird die evangelische Kirche selbst von den Eltern quer durch die gesamte Gesellschaft als äußerst kompetent im Bereich Bildung wahrgenommen und nachgefragt. In Sachen Bildung wird mithin der evangelischen Kirche eine Kompetenz zugetraut, die ihres gleichen sucht. Eltern vertrauen in dieser Form der Kirche ihre Kinder an. So nimmt die Kirche mit den evangelischen Schulen ihre öffentliche Aufgabe der Mitverantwortung in der Bildung und Erziehung junger Menschen wahr und trägt so zur Qualität und Entwicklung von Unterricht und Schule bei. Über diese Bildungskompetenz gewinnt sie allererst Anerkennung und Vertrauen gerade auch in dem religiös indifferenten Kontext Ostdeutschlands. So ermöglichen die Schulen besser als viele andere gesellschaftliche

---

16 Vgl. Luise Behr, Der Wachstumstrend von Grundschulen in kirchlicher Trägerschaft in einer modernen und weitgehend konfessionslosen Gesellschaft der neuen Bundesländer – Fallstudienanalyse zu den Treibern dieser Entwicklung, Erfurt 2009 (unveröffentlichte Magisterarbeit).

Orte, an denen Kirche präsent ist, eine „Milieuüberschreitung", durch die Menschen einen Kontakt zur Kirche bekommen, die sich ansonsten nicht oder kaum von Kirche ansprechen lassen bzw. selbst auch aus dem Blickfeld kirchlicher Angebote geraten sind. Die große Frage wäre, wie sich dieser Vertrauensvorschuss in die Schulen gleichzeitig auch in die Kirchengemeinden kanalisieren ließe.

2. Die Lieblingsfarbe evangelischer Schulen ist bunt: Über religiöse Heterogenität und Vielfalt

Durch die Neugründungen evangelischer Schulen hat sich die Schullandschaft Mitteldeutschlands maßgeblich verändert. Aber auch innerhalb der evangelischen Schulen selbst bietet sich ein buntes Bild. Viele Schulen sind noch relativ jung. Ihr Profil ist zum Teil noch nicht gefestigt, ihre Eckpunkte sind noch in Entwicklung oder in Umsetzung begriffen. Bisweilen spielen bei ihnen noch äußere, bauliche Veränderungen eine Rolle in der Schulentwicklung. Auf den ersten Blick ist es etwas anders um evangelische Schulen bestellt, die drei oder vier Jahre nach der Wiedervereinigung gegründet wurden und die bereits auf eine gewisse Tradition zurückblicken. Sie haben ihre pädagogischen Standbeine gefunden und gestärkt und müssen deren Trag- und Zukunftsfähigkeit überprüfen. Auch hier, bei den Themen Evaluation und Weiterbildung, kann es keinen „Stillstand" geben. So erhält man als Betrachterin der evangelischen Schullandschaft in Thüringen insgesamt den Eindruck von Vielfalt, Aufbruch und Lebendigkeit.

Im Sommersemester 2009 veranstalteten meine Kollegin von der Katholisch-Theologischen Fakultät der Universität Erfurt, Maria Widl, und ich eine öffentliche Vorlesungsreihe mit dem Titel „Die konfessionelle Schule. Ertrag oder Last des geschichtlichen Umbruchs des Jahres 1989?". Besonders eindrücklich in Erinnerung geblieben ist mir der Abend, an dem Lernende und Lehrende der Edith-Stein-Schule und des Evangelischen Ratsgymnasiums in Erfurt uns von ihren persönlichen Erfahrungen erzählten, die sie mit ihrer Schule jeweils gemacht hatten. Sie gewährten uns authentische Einblicke in den Alltag konfessioneller Schulen und gaben so persönliche Antworten auf die Frage nach dem „Besonderen", dem „Mehrwert" christlicher Schulen.

Vanessa Sabath, 2009 Schülerin des Evangelischen Ratsgymnasiums in Erfurt, sprach über Vielfalt und Heterogenität an ihrer Schule: „Unsere Schule ist eine bunte Schule. (…) Die Schülerschaft besteht aus Katholiken, Protestanten, Freikirchlern, Juden, Buddhisten und Schülern aus einem nicht religiös geprägten Elternhaus. (…) Gerade ich persönlich habe davon profitiert. Ich stamme aus einer Familie, in der Religion, wenn überhaupt, eine zweitrangige Rolle gespielt hat. Am Ratsgymnasium traf ich auf Kinder, die mit Religion und Gott aufgewachsen waren. Diese wurden mir zu Freunden, die mir bei den „Holpersteinen des Glaubens" helfen konnten, was mich persönlich sehr stärkte."[17]

Hieran wird eines deutlich: An evangelischen Schulen sind lebendige religiöse Vielfalt und Heterogenität gewollt und erwünscht. Schülerklientel und Elternhäuser sind vielfältig. In ihren heterogenen Erwartungen begegnen sich Lernende verschiedener Konfessionen und Religionen. Sie lassen sich mit ihren Eltern bewusst auf das pädagogische Profil ihrer jeweils ausgewählten Schule ein. Somit sind die evangelischen Schulen keine „Inseln der christlichen Glückseligen", auf denen sich Christen und Christinnen ihres Christseins wohlwollend und zustimmend versichern können und sich im geschützten Binnenraum ihrer Sprache, Kommunikation, religiösen Praxis und Lebensformen genüsslich sonnen und baden können. An evangelischen Schulen artikuliert sich ein Verständnis von Christentum und Christsein, das die Vielfalt von Sprachspielen und Lebensformen anerkennt, den Dialog und die Begegnung in der Schulgemeinschaft sucht, dabei Kritik und Auseinandersetzung nicht scheut, sondern im „Spielraum der Freiheit" lebt.[18] Heterogenität ist bezogen auf die Konfessionalität bzw. Nichtkonfessionalität für evangelische Schulen in den östlichen Bundesländern von Beginn an Realität gewesen.[19] Sie wird nicht als Last gesehen und als Bürde erlebt, sondern als Chance begriffen, Schule als Bild des Lebens in ihrer bunten Vielfalt zu erfahren und zu erleben.

Gleichwohl wissen evangelische Schulen inmitten ihrer „Polyphonie" um ihren spezifischen „cantus firmus". „Christlich gelebte Freiheit wird unkenntlich, wenn sie nicht in konkreten Beziehungen und Lebensformen, in bestimmter Praxis gelebt und spürbar wird, sich auswirkt und in Verantwortung mündet. Evangelische Schulen vermögen solche Orte zu sein, an denen die Schulge-

---

17 Schule als vielfältige Heimat. Beiträge von Schülerinnen der 12. Jahrgangsstufe des Evangelischen Ratsgymnasiums Erfurt, in: A. Schulte/M. Widl (Hg.), Die konfessionelle Schule. Herausforderungen und Perspektiven zwischen Erbe und Auftrag, Würzburg 2011, 242f.

18 Vgl. Martin Schreiner, Im Spielraum der Freiheit. Evangelische Schulen als Lernorte christlicher Weltverantwortung, Göttingen 1996.

19 Vgl. Uta Hallwirth, Heterogenität bejahen – Anregungen aus der Praxis Evangelischer Schulen, in: M. Schreiner (Hg.), Aufwachsen in Würde. Die Hildesheimer Barbara-Schadeberg-Vorlesungen, Münster, New York, München, Berlin 2012, 45.

meinschaften gemeinsam eine „neue Sprache" für ein gelingendes Leben in christlicher Verantwortung zu finden und zu sprechen suchen."[20]

Anke Holl hebt in ihrer Untersuchung die Heterogenitätssensibilität von Lehrerinnen und Lehrern an Schulen in evangelischer Trägerschaft hervor, die sich für sie aus einem im Protestantismus verankerten Blick auf das Individuum speist.[21] So nehmen viele Lehrerinnen und Lehrer ihre Schülerinnen und Schüler hinsichtlich ihrer Leistungsfähigkeit, ihrer sozioökonomischen Voraussetzungen und ihrer emotionalen Bedürfnisse als heterogen wahr. Bei anderen drückt sich das Heterogenitätsbewusstsein im Hinblick auf die Förderung der Begabungsprofile und der Selbstständigkeit der Schülerinnen und Schüler aus. *Last but not least* thematisieren Lehrerinnen und Lehrer Heterogenität aber auch mit einem Fokus auf die Religiosität der Schülerinnen und Schüler.[22]

3. Klartext reden in Sachen Religion: Religiöse Bildung als selbstverständlicher Teil allgemeiner Bildung

Für evangelische Schulen sollte der Umgang mit christlicher Religion (protestantischer Prägung) selbstverständlich sein. Sie dürften keine Vorbehalte haben, Religion öffentlich vernehmlich in den Bildungsdiskurs einzutragen und damit religiöse Bildung als Teil allgemeiner Bildung auszuweisen. Obwohl heutige evangelische Schulen durch ihre Schulprogramme und ihre Arbeit ihren Anspruch bekräftigen, Orte der pädagogischen Erneuerung zu sein und Eltern für ihre Kinder aus pädagogischen Gründen die Schule auswählen, so haben sich Eltern mit der Entscheidung, ihr Kind an einer evangelischen Schule anzumelden, auf den dort erhobenen Anspruch religiöser Bildung billigend eingelassen. Evangelische Schulen haben somit die Chance, nicht nur dem Selbstverständlichkeitsverlust der Religion in der Gesellschaft entgegenzuwirken, sondern den für den ostdeutschen Raum verschärften Plausibilitätsverlust der Religion zu bearbeiten. Somit ist in evangelischen Schulen religiöse Bildung selbstverständlicher Teil allgemeiner Bildung.

---

20 Martin Schreiner, Im Spielraum der Freiheit – Zum Profil evangelischer Schulen, in: A. Schulte / M. Widl (Hg.), Die konfessionelle Schule. Herausforderungen und Perspektiven zwischen Erbe und Auftrag, Würzburg 2011, 127.

21 Vgl. Anke Holl, Orientierungen von Lehrerinnen und Lehrern an Schulen in evangelischer Trägerschaft. Eine qualitativ-rekonstruktive Studie, Münster, New York, München, Berlin 2011, 125.

22 Ebd. 127.

Während an staatlichen Schulen Religion als allgemeines Bildungsgut ganz überwiegend an den Religionsunterricht delegiert wird (obwohl sich der auf Religion bezogene Bildungsauftrag der Schule nicht in diesem Unterricht erschöpfen soll, sondern auch fächerverbindend sowie im Schulleben und in der Schulkultur zu realisieren ist) und Religion in diesem Unterrichtsfach vornehmlich gelehrt wird, so wird Religion an evangelischen Schulen auch gelebt. Zu diesen Formen gelebter Religion gehören u.a. Andachten, Morgenkreise, Schulgottesdienste, das Beachten des Kirchenjahreszyklus und Einkehrwochen. In diesem Zusammenhang gewinnen Rituale im Schulleben an Bedeutung. Gerade in ihrer lebensgeschichtlichen Verankerung bieten sie eine geeignete Plattform, auf der sich religiöse und nichtreligiöse Schülerinnen und Schüler begegnen können.

An evangelischen Schulen artikuliert und verortet sich religiöse Bildung aber nicht nur in der Gestaltung von Schulleben und in der Pflege einer Schulkultur, also im Binnenraum der Schule, sondern auch in außerschulischen Initiativen, z.B. durch die Zusammenarbeit von Schule und Ortsgemeinde. Gegenseitige Wahrnehmung und gemeinsame Projekte fördern das öffentliche Bewusstsein und die soziale Integration, bauen Berührungsängste ebenso wie Informationsdefizite der kirchlichen Gremienmitglieder über die Arbeit und Struktur der evangelischen Schule vor Ort ab.

Viele Eltern wählen für ihre Kinder eine evangelische Schule, weil sie deren ausgewiesenes pädagogisches Profil schätzen. Eltern haben gleichermaßen qualifikatorische und sozialisatorische Erwartungen, mithin auch Erwartungen an eine religiöse Sozialisation und an eine Schule, die mit ihrem christlichen Fundament für die Vermittlung bestimmter Werte steht. In ihrer Untersuchung zur Motivation von Eltern, ihre Kinder an einer evangelischen Grundschule anzumelden, konnte Luise Anton-Behr den folgenden Befund erstellen: 88 Prozent der Eltern haben als eine Hauptmotivation bei der Auswahl einer evangelischen Schule das Motivations-Item „weil es in dieser Werte, Normen und soziales bzw. gesellschaftliches Zusammenleben stärker berücksichtigt werden" angegeben. Aus Sicht der Eltern leisten evangelische Schulen ein hohes Maß an Wertevermittlung. Hier werden Faktoren benannt, die auch konfessionslose Eltern immer mehr für eine solche Schule einnehmen: gesellschaftliche Umgangsformen, friedliches Zusammenleben und soziale Kompetenzen, die Schülerinnen und Schüler einer solchen Schule sehr intensiv entwickeln können

(z.B. durch gemeinsame Andachten und Feierstunden), Stärkung von Selbst-
und Sozialkompetenz.[23]

Ein Weiteres: Als Sozialisationsinstanz erfüllen die evangelischen Schulen
wichtige sozialisatorische Aufgaben wie jede andere Schule auch. Darüber
hinaus bieten die Schulen den Lernenden viel stärker als nichtkonfessionelle
Schulen die Chance einer religiösen Identitätsbildung aus der Begegnung mit
der christlichen Tradition in alltäglichen Vollzügen. Andererseits erwächst den
Schulen vor dem Hintergrund eines weitgehend säkularisierten Gemeinwesens
in Mitteldeutschland auch die Funktion der kulturellen Rekonstruktion zu.
Immerhin gilt es, eine über zwei totalitäre Systeme und mehrere Generationen
hinweg abgebrochene christlich-abendländische Tradition und Kultur verständ-
lich zu machen und neu zu legitimieren.[24]

Damit wird die Brücke geschlagen zur Bedeutung religiöser Grundbildung,
die evangelische Schulen fächerübergreifend zu gewährleisten haben. Der mit
dem Fehlen von Religion in der DDR einhergehende Verlust von Sprache und
religiöser Literalität ist an den evangelischen Schulen durch die Anbahnung,
Förderung und den Ausbau von *religious literacy* wett zu machen. Hier geht es
um religiöse Kommunikationskompetenz und religiöse Sprach- und Ausdrucksfähigkeit.

Der Begriff der „literacy" ist durch die PISA-Studien zur Grundvokabel
bildungstheoretischen Wortschatzes geworden. Thomas Schlag hat in der Do-
kumentation der Hildesheimer Barbara-Schadeberg-Vorlesungen 2012 die
Bedeutung der *religious literacy* (der „religiösen Literalität") für eine qualitäts-
volle evangelische Schul-Bildung detailliert und überzeugend dargelegt. „Unter
religious literacy sei nun eine religiöse Grundbildung *als* Sprachkompetenz
verstanden, die massgeblich auf das Verstehen religiöser Überlieferung bezogen ist, und etwa die Fähigkeit mit einschliesst, sich eigenständig wahrneh-
mend, deutend und handelnd mit den Inhalten und Interpretationen dieser Überlieferung auseinanderzusetzen. *Religious literacy* meint dann grundsätzlich ein
religionsbezogenes Sprachfähigwerden in Beziehung zu sich selbst, zu anderen

---

23 Luise Anton-Behr, Der Wachstumstrend von evangelischen Grundschulen in einer
    modernen und weitgehend konfessionslosen Gesellschaft der neuen Bundesländer,
    in: A. Schulte/M. Widl (Hg.), Die konfessionelle Schule. Herausforderungen und
    Perspektiven zwischen Erbe und Auftrag, Würzburg 2011, 208.
24 Vgl. Marco Eberl, Gute Schule in Freiheit und Verantwortung – Ein Beitrag aus der
    Perspektive des evangelischen Schulwesens, in: A. Schulte/M. Widl (Hg.), Die kon-
    fessionelle Schule. Herausforderungen und Perspektiven zwischen Erbe und Auf-
    trag, Würzburg 2011, 160.

und zu Gott. Sie umfasst die Fähigkeit, die eigene Lebenswirklichkeit auf eine bestimmte Weise, nämlich „in Beziehung" wahrnehmen und interpretieren zu können."[25] *Religious literacy* als Qualitäts-Perspektive für evangelische Schulen „zielt somit ab auf Kommunikation über Religion im Sinn einer Außenperspektive als gelehrter Religion und auf religiöse Kommunikation im Sinn einer Binnenperspektive als gelebter Religion."[26]

4. Achtsamer Umgang mit Religion: Religionssensible Begleitung im Kontext religiöser Indifferenz

Wenn es um den Umgang mit Religion in pädagogischen Zusammenhängen, in religiösen Lern- und Lehrprozessen geht, wird gegenwärtig in der Elementarpädagogik insbesondere im Kontext von religiöser Indifferenz und Konfessionslosigkeit das religionssensible Handeln in den Diskurs eingespeist. Ein religionssensibles Handeln versteht sich als ein konsequent subjektorientierter und erfahrungsbezogener Ansatz, mit dem auf die religiöse Indifferenz bzw. die religiöse Vielfalt in der Gesellschaft reagiert wird. Religionssensibles, pädagogisch verantwortetes Handeln verlangt zum einen eine achtsame, respektvolle Haltung und eine Kultur des Dialogs.

Der Begriff der „Religionssensibilität" verdeutlicht das Anliegen, Kinder und Jugendliche in ihrer religiösen Bildung zu begleiten. Somit versteht sich religionssensible Arbeit als evangelisches Profil, das insbesondere in einer religionssensiblen Schulkultur und der religionssensiblen Kompetenz der Lehrkräfte, verstanden als eine „grundlegende und lernbare Empfindungsfähigkeit für Religion"[27], ihren Ausdruck finden sollte. Die Lehrkräfte haben demzufolge ihrem Unterricht und der Schule mit Aufmerksamkeit und Wachsamkeit zu begegnen, haben sensibel zu sein für die „religiöse Dimension" von Kinder- und jugendlichen Äußerungen als Fragen des Lebens, die das Ganze und die Tiefe ihrer Wirklichkeit betreffen. Dem liegt ein Verständnis von Lernen zu Grunde, das Lernen als eine Fragehaltung ausweist. „Es geht dabei nicht um

---

25 Thomas Schlag, Aufwachsen in Beziehungen. Zur Qualität evangelischer Schul-Bildung in theologischer und religionspädagogischer Perspektive, in: M. Schreiner (Hg.), Aufwachsen in Würde. Die Hildesheimer Barbara-Schadeberg-Vorlesungen, Münster, New York, München, Berlin 2012, 125.
26 Ebd. 128.
27 Katrin Bederna, Religionssensible Erziehung – Bedeutung für die Frühpädagogik, in: K. Bederna/H. König (Hg.), Wohnt Gott in der Kita? Religionssensible Erziehung in Kindertageseinrichtungen, Düsseldorf 2009, 27.

irgendwelche Fragen, sondern um die beharrliche und kontinuierliche Frage, was denn mit der Menschlichkeit des Menschen gemeint sei, woran und wie Menschlichkeit erkennbar sei und wie sie verloren gehen kann."[28]

Ein Weiteres: Luise Anton-Behr fand in ihrer Untersuchung ihre These teilweise bestätigt, dass die Entscheidung nicht religiös gebundener Eltern für eine evangelische Grundschule von der Hoffnung auf eigene freie Entscheidungen der Religionszugehörigkeit ihrer Kinder geprägt ist.[29] So versteht sich das religionssensible Handeln nicht als „missionarische Keule", sondern als achtsame und behutsame Religionserschließung im säkularen Kontext. „Religionssensibilität" weist deutlich über eine konfessionell intendierte religiöse Bildung hinaus und signalisiert nicht nur die Offenheit gegenüber anderen Religionen, sondern auch gegenüber den Konfessions- und Religionslosen.

5.   Forum einer Didaktik religiöser Kommunikation: Der Religionsunterricht an evangelischen Schulen

„Der Religionsunterricht richtet sich auf das gesellschaftlich vorfindliche und identifizierbare Phänomen Religion bzw. Religionen sowie auf religiöse Praxis in unterschiedlichen Erscheinungsformen einschließlich der individuellen religiösen Überzeugungen und Ausdrucksgestalten."[30] Mithin geht es um die Anbahnung, Förderung und den Ausbau der Kompetenz von Schülern und Schülerinnen, sich in der sozialen Wirklichkeit von Religion(en) zurecht zu finden. Diese Zielbestimmung des Religionsunterrichts schließt ebenso die gesellschaftlichen und individuellen Formen ein, sich nicht mit der Religion in ein Verhältnis zu bringen.

Vor diesem Hintergrund kommt dem Religionsunterricht an evangelischen Schulen eine prominente Bedeutung zu, ist er doch der Ort, an dem sich eine heterogene Schülerschaft zusammen findet. In den religiös heterogenen Lern-

---

28 Jürgen Heumann/Wolfgang Erich Müller, Auf der Suche nach Wirklichkeit. Von der (Un-)Möglichkeit einer theologischen Interpretation der Kunst, Frankfurt/M. Berlin Bern 1996, 179.

29 Luise Anton-Behr, Der Wachstumstrend von evangelischen Grundschulen in einer modernen und weitgehend konfessionslosen Gesellschaft der neuen Bundesländer, in: A. Schulte/M. Widl (Hg.), Die konfessionelle Schule. Herausforderungen und Perspektiven zwischen Erbe und Auftrag, Würzburg 2011, 207.

30 Dietlind Fischer/Volker Elsenbast (Red.), Grundlegende Kompetenzen religiöser Bildung. Zur Entwicklung des evangelischen Religionsunterrichts durch Bildungsstandards für den Abschluss der Sekundarstufe I, Münster 2006, 14.

gruppen im Religionsunterricht an evangelischen Schulen kommunizieren die Schülerinnen und Schüler in den unterschiedlichen Sprachspielen christlicher Religion und säkularer Alltagswelt. Somit wird der Religionsunterricht zu einem Forum unterschiedlicher Sprachspieleröffnungen. Bei den behandelten Themen und Inhalten merken die Schülerinnen und Schüler, dass sie die Fragen des Lebens unterschiedlich in den Blick nehmen und beantworten. So realisiert sich der Umgang mit religiöser Heterogenität über Sprachspieleröffnungen und der Vorstellung von Religion als einem eigenen Modus der Weltbegegnung und des Weltverstehens.

Ich lausche in der Straßenbahn einer kurzen Gesprächssequenz zweier Mädchen im Alter von ca. 12 Jahren. Sie unterhalten sich über den Tod, weil der Großvater des einen Mädchens kürzlich verstorben ist. Die andere will dazu etwas sagen, quasi eine Form der Kondolenz finden. Sie sagt: „So ist das halt. Menschen sterben eben." Darauf die andere: „Mein Opa ist jetzt im Himmel." Hier treffen die verschiedenen Modi der Weltbegegnung und des Weltverstehens trefflich aufeinander: Nihilismus versus religiöse Transzendenz.

Die gegenwärtigen bildungstheoretischen Diskussionen über die Begründung und die Zielsetzung der schulischen Allgemeinbildung ruft uns eine alte Metapher Friedrich Schleiermachers in Erinnerung, wonach Schule die Aufgabe hat, die gesamte „Galerie des Lebens" vorzustellen und zu erschließen. Im modernen Sprachgebrauch ist daraus das Tableau unterschiedlicher „Modi der Welterschließung" geworden, deren gesamtes Ensemble erst den allgemeinbildenden Horizont vervollständigt.[31] Diese Modi der Welterschließung sind die naturwissenschaftlichen, sprachlichen, ästhetischen, historisch-sozialen und eben auch die religiösen Sprachspiele, in denen sich Weltverstehen und Weltbegegnung jeweils anders zum Ausdruck bringen, ohne dass einem Sprachspiel gegenüber einem anderen Sprachspiel eine höhere Dignität zu komme.

Ein Religionsunterricht, der die unterschiedlichen Sprachspiele seiner Schüler und Schülerinnen ernst nimmt, wird dialogoffen und erfahrungsorientiert sein. Er wird den Schülern und Schülerinnen eine Auswahl von distanziert religionswissenschaftlichen, -kundlichen und -philosophischen Inhalten und Methoden einerseits und authentischen theologisch-religionspädagogischen Inhalten und Methoden andererseits vorhalten.

---

31 Vgl. Jürgen Baumert, Deutschland im internationalen Bildungsvergleich, in: N. Killius/J. Kluge/L. Reisch (Hg.), Die Zukunft der Bildung, Frankfurt/M. 2002, 113.

6. Zwischen Erbe und Auftrag: Evangelische Bildungstradition erinnern und vergegenwärtigen

Einer meiner Kollegen am Institut, Andreas Lindner, hat neulich in einem Vortrag einen geschichtlichen Überblick über das evangelische Schulwesen in Mitteldeutschland gegeben. Nach dem Vortrag kam ein Vertreter der Evangelischen Schulstiftung zu ihm und zeigte sich überzeugt davon, dass ein elementares Wissen über den Zusammenhang von Protestantismus und Bildung sowie über wichtige Stationen protestantischer Bildungsgeschichte unbedingt in alle Lehrerkollegien evangelischer Schulen gehöre. In der Tat sind der Anspruch und das Ziel, das Bewusstsein für die eigene Bildungstradition zu schulen, eine besondere Chance evangelischer Schulen, Profil zu zeigen. Zum einen: Die Vergegenwärtigung evangelischer Bildungstradition und Geschichte führt entlastend vor Augen, dass mit den zeitgeschichtlichen Gründungen evangelischer Schulen das „Rad nicht neu erfunden" wird. Evangelische Schulen sind trotz eines fest zu benennenden Gründungsdatums im 20. und 21. Jahrhundert nicht bei null aus der Taufe gehoben worden. Wie ein rasant wachsender Baum auf ein festes und gesundes Wurzelwerk schließen lässt, so tragen die historischen Wurzeln evangelischer Schulen zu einem besseren Verständnis des gegenwärtigen Wachstums und aktueller Entwicklungen bei. Evangelische Schulen brauchen neben klaren theologischen und pädagogischen Grundlagen, engagierten Verantwortungsträgern und zeitgerechten Hilfen ein waches und selbstkritisches geschichtliches Bewusstsein zur zeitgemäßen Erneuerung ihrer Tradition(en).

Zu Recht verweist Thomas Schlag auf das dahinter stehende Verständnis von Bildung, „das sich eben nicht nur auf mögliche zukünftige Zwecke und gegenwärtige Herausforderungen bezieht, sondern das ganz bewusst auch den Aspekt der Geschichte als einen wesentlich die Gegenwart prägenden Faktor bewusst mit einbezieht",[32] ohne allerdings in einen anbetungsbereiten Historismus abzugleiten.

Von den Reformatoren ging der starke Impuls aus, dass mit der Gründung neuer Schulen eine theologisch und pädagogisch zu begründende Erneuerung des Schulwesens insgesamt auszugehen habe. Die theologische und reformatorische Einsicht, dass der Mensch als Geschöpf Gottes die vorbehaltlose Liebe

---

32 Thomas Schlag, Aufwachsen in Beziehungen. Zur Qualität evangelischer Schul-Bildung in theologischer und religionspädagogischer Perspektive, in: M. Schreiner (Hg.), Aufwachsen in Würde. Die Hildesheimer Barbara-Schadeberg-Vorlesungen, Münster, New York, München, Berlin 2012, 128.

Gottes im Glauben geschenkt bekommt und durch die befreiende Botschaft des Evangeliums in die Verantwortung dem Nächsten gegenüber gerufen wird, führte pädagogisch dazu, dass man „alle Kinder zur Schule halten solle" (Luther), also Bildung möglichst allen zu ermöglichen (Bildungsgerechtigkeit), um zu einem mündigen Christsein zu befähigen und dem Gemeinwohl zu dienen. Im Laufe protestantisch geprägter Bildungsgeschichte realisierten sich Formen des „Schule Haltens", die in einer christlichen Anthropologie des Kindes begründet waren und sich eines Verständnisses ganzheitlichen Lernens verdankten, in dem sowohl das individuelle, selbsttätige Lernen als auch das auf soziale Verantwortung zielende Lernen in Gemeinschaft ihre Orte hatten.

Religion braucht Bildung – Bildung braucht Religion.[33] Diese fast schon bekenntnishaft daherkommende Aussage erhält durch die Vergegenwärtigung der Bildungstradition, in der evangelische Schulen stehen, schärfere Konturen und vermag nach meinem Dafürhalten das Profil evangelischer Schulen in der Spannung von Erbe und Auftrag auch einer religiös distanzierten gesellschaftlichen Öffentlichkeit plausibel und transparent zu machen. Ein weiteres Mal zeigt sich, dass pädagogische Ansätze und pädagogisches Handeln auch durch christlich-theologische Begründungen sinnvoll motiviert sein können.

7. „Muttersprache *Evangelisch*": Religiöse Sprach- und Dialogfähigkeit der Lehrkräfte an evangelischen Schulen

Die weit verbreitete Haltung religiöser Indifferenz als eine gesellschaftliche Realität, die auch vor den Toren evangelischer Schulen nicht Halt macht, lenkt die Aufmerksamkeit auf die Lehrerinnen und Lehrer an evangelischen Schulen, die als Repräsentanten von Bildung und Erziehung immer wieder öffentlich angefragt werden und demzufolge ihr professionsbezogenes, sprich: pädagogisches Handeln offen zu legen haben. Darüber hinaus sind sie eben als Lehrerinnen und Lehrer an evangelischen Schulen in besonderer Weise mit ihren Haltungen, Einstellungen und Überzeugungen zur Auskunft darüber aufgefordert, warum sie gerade an evangelischen Schulen tätig sind. Mithin tragen sie selbst zum Bild und Profil evangelischer Schulen bei.

Für Hanne Leewe, als Dozentin des Pädagogisch-Theologischen Instituts der Evangelischen Kirche in Mitteldeutschland zuständig für die Schulentwicklung evangelischer Schulen, schärft sich das evangelische Profil ganz entschei-

---

33 Im Verständnis Friedrich Schleiermachers ist Religion ohne Bildung Frömmelei und Bildung ohne Religion Barbarei.

dend, indem Lehrkräfte an evangelischen Schulen religiös sprachfähig, bereit und in der Lage sind, Auskunft zu geben über das, was sie bestimmt. Einige sind in einem christlichen, vielleicht sogar kirchlichen Kontext aufgewachsen, kennen Rituale, können jahreszeitliche Bräuche erklären, verfügen über einen Grundstock an biblischen Geschichten. Aber sie haben – sofern sie in der DDR aufgewachsen sind – selten Erfahrungen damit sammeln können, in einer nicht-kirchlichen Öffentlichkeit über ihren Glauben, über existentielle Erfahrungen zu reden. „Und sie haben – so mein Eindruck von der in Thüringen in vielen Gemeinden vorherrschenden Theologie – wenig Erfahrungen, selbständig und erfahrungsbezogen Theologie zu betreiben."[34] Religiöse Sprachfähigkeit hat sich an der Dialogfähigkeit mit Menschen anderen Glaubens und religiös indif-ferenten Menschen zu erweisen, durch unterschiedlichste Schulentwicklungs-maßnahmen zu entwickeln und in einem Klima der Wertschätzung für hetero-gene Prägungen und Haltungen zu wachsen.[35]

Auch Anke Holl formuliert den Anspruch an Lehrkräfte evangelischer Schulen, die Kommunikation über Religion und die religiöse Bildung als selbstverständlich zu erachten. „Schließlich werden Lehrerinnen und Lehrer an Schulen in evangelischer Trägerschaft als Repräsentanten des evangelischen Schulprofils wahrgenommen. Es wird von ihnen erwartet, das evangelische Schulprofil positiv buchstabieren zu können. Es wird von ihnen auch erwartet, dass sie die in der Entwicklung der Schülerinnen und Schüler auftauchenden Fragen, die potenziell eine religiöse Bedeutung haben, in ihrer existentiellen und gesellschaftlichen Bedeutung einordnen und bearbeiten können (…). Mit der Kommunikation über Religion und das Evangelium ist die Zielperspektive verbunden, den Schülerinnen und Schülern aus einer christlichen Perspektive Zugänge zu ihren Fragen und ihrem Handeln zu vermitteln."[36] In ihrer Untersuchung über die Orientierungen von Lehrerinnen und Lehrern an Schulen in evangelischer Trägerschaft kommt sie allerdings zu dem Schluss, dass dieser Anspruch nur wenig eingelöst wird. Lehrerkollegien haben unterschiedliche Kompetenzen, das Evangelische an der eigenen Schule wahrzunehmen und zu

---

34 Hanne Leewe, Schulentwicklung begleiten, in: A. Schulte/M. Widl (Hg.), Die konfessionelle Schule. Herausforderungen und Perspektiven zwischen Erbe und Auftrag, Würzburg 2011, 176.

35 Ebd. 177.

36 Anke Holl, Orientierungen von Lehrerinnen und Lehrern an Schulen in evangeli-scher Trägerschaft. Eine qualitativ-rekonstruktive Studie, Münster, New York, München, Berlin 2011, 121.

beschreiben und einen kommunizierbaren Bezug zur Religion herzustellen.[37] Bei den von ihr herausgearbeiteten drei Typen von Lehrerkollegien zeigt allenfalls, wenn auch eingeschränkt, das missionarische, glaubensorientierte Lehrerkollegium eine religiöse Sprachfähigkeit und die Fähigkeit, ihre Handlungspraxis aus einer evangelischen Perspektive darzulegen. Die Suchbewegung des sozial-kompensatorischen, bedürfnisorientierten Typs nach einer gemeinsamen Orientierung hinsichtlich des Evangelischen manifestierte sich unter anderem in sprachlicher Unschärfe und der Artikulation einer säkularisierten, religionsentleerten Nächstenliebe in einer humanistischen Form ohne eine reflexive Position zur religiösen oder konfessionellen Prägung.[38] Der familiale, reformpädagogisch orientierte Typ konnte zwar einen Bezug zur evangelischen Perspektive seiner Tätigkeit kommunizieren, ließ allerdings auch eine distanzierte Einstellung gegenüber der verfassten institutionellen Kirche erkennen.[39]

In einem religiös indifferenten Kontext und angesichts zunehmender (religiöser) Pluralität und Säkularisierung wird man sich der Herausforderung zu stellen haben, die religiöse Kompetenz von Lehrerinnen und Lehrern anzubahnen, zu fördern und zu entwickeln. Aber: sie muss nicht bereits bei der Anstellung verfügbar sein. Hier ist Unterstützung der Lehrerkollegien von Nöten, ihr professionelles Selbst im Hinblick auf ihre religiöse Kompetenz zu entwickeln.[40]

So schlussfolgert Holl: „Die systematische professionelle Unterstützung von Lehrkräften gerade im Hinblick auf das evangelische Profil der Schule und ihre eigene religiöse Kommunikationsfähigkeit stellt ein Desiderat dar.“[41] Und weiter: „Hinsichtlich der kollegiumsinternen Fortbildungen sollten neben Themen der pädagogischen Professionalität auch jene der religiösen Sprachfähigkeit Berücksichtigung finden.“[42]

Fazit: Das vorgestellte Sieben-Punkte-Programm verweist nach meinem Dafürhalten auf bestimmte, ausgewählte Aufmerksamkeits-Richtungen, mit denen evangelische Schulen profilbildend ihre Chancen in religiös indifferenten Kontexten wahrnehmen können. Im gegenwärtigen Farbenspiel religiöser Differenzen und Indifferenzen geht es um das evangelische Profil als prägnante, ausweisbare Farbe. Mit evangelischen Schulen kann Kirche ihrer Bildungsmit-

---

37 Ebd. 122.
38 Ebd. 123.
39 Ebd. 124.
40 Ebd. 125.
41 Ebd. 135.
42 Ebd. 136.

verantwortung Ausdruck und Gestalt verleihen. An ihnen sind religiöse Heterogenität und Vielfalt gewollt und erwünscht. In ihrem Anliegen, im Kontext religiöser Indifferenz eine religionssensible Begleitung religiöser Bildung zu fördern, realisiert sich religiöse Bildung als ein selbstverständlicher Teil allgemeiner Bildung. Vor diesem Hintergrund wird sich der Religionsunterricht an evangelischen Schulen als ein Forum einer eigenen Didaktik religiöser Kommunikation zu entwickeln haben. In der Spannung zwischen Erbe und Auftrag, pädagogischen und theologischen Ansprüchen nehmen evangelische Schulen ihre protestantische Bildungsgeschichte(n) in den Blick. *Last but not least* sollte ihnen an der religiösen Sprach- und Dialogfähigkeit ihrer Lehrkräfte gelegen sein, denn deren Authentizität trägt maßgeblich dazu bei, evangelisch Profil zu zeigen, nicht nur im religiösen Wandel unserer Zeit.

Evangelisch Profil zeigen. Anregungen aus der Praxis evangelischer Schulen

Uta Hallwirth

Evangelische Schulen stehen vor der Herausforderung, in religiös indifferenten Kontexten mit ihrem Profil nach innen und außen kenntlich zu sein. Es geht nicht allein darum, zu klären, was dieses Profil ausmacht, sondern zugleich zu fokussieren, wie es angesichts zunehmender Entkirchlichung und eines fortschreitenden christlich-religiösen Traditionsabbruchs lebendig und aussagekräftig bleiben kann. Die Antwort kann für evangelische Schulen nicht im Rückzug auf ein kirchlich-religiöses Milieu bestehen. Evangelische Schulen sind gemäß ihrer Geschichte und ihrem protestantischen Selbstverständnis auf das Wirken in der Gesellschaft ausgerichtet. Sie sind Teil eines Protestantismus, der Verantwortung in und für die Gesellschaft tragen und Partner im öffentlichen Raum sein will.

Daher verstehen sich evangelische Schulen nicht nur als Bildungsorte für eine kirchenverbundene Klientel, sondern definieren sich zumeist als „offen für alle Schülerinnen und Schüler".[1] Doch unabhängig von der Zusammensetzung der eigenen Schülerschaft müssen sich evangelische Schulen mit dem Schwinden christlicher Tradition und dessen Folgen auseinandersetzen. Die Ausgangspunkte für Schulen in den westlichen Bundesländern sind dabei andere als für Schulen in den östlichen Bundesländern. Doch auch wenn im Westen nach wie vor eine *Kultur der Konfessionzugehörigkeit* (Gert Pickel) herrscht, gehören auch hier christlicher Traditionsverlust und religiöse Individualisierung zunehmend zum Alltag. Evangelische Schulen in Thüringen, Sachsen oder Mecklenburg-Vorpommern sind dagegen mit der selbstverständlichen *Kultur der Konfessionslosigkeit* (Gert Pickel) konfrontiert, d.h. mit christlichem Traditionsabbruch und Religionsferne.[2] Ausgehend von diesen unterschiedlichen Polen

---

1 Ob bzw. wie viele nicht evangelische Schüler und Schülerinnen an einer evangelischen Schule aufgenommen werden, hängt nicht zuletzt von den Schulgesetzen in den Ländern ab, die z.B. in Bayern im Volksschulbereich sehr restriktiv sind.

2 Gerade diese Ausgangslage war nach der Wende ein wichtiges Motiv für die Kirchen in den damals neuen Bundesländern, evangelische Schulen zu gründen.

laufen die Entwicklungen jedoch aufeinander zu und betreffen das evangelische Schulwesen insgesamt.[3]

Die aktuelle EKD-Mitgliedschaftsstudie bestätigt den anhaltenden Trend eines sozialen Bedeutungsverlusts von Religion.[4] „Mehr und mehr nehmen Jugendliche und junge Erwachsene ihre Umwelt als vorwiegend säkular strukturiert wahr und verweisen Religiöses in den Sektor des Persönlichen. Dieser Prozess ist nicht nur für die Mitgliedschaft einer Kirche nachteilig, sondern führt scheinbar auch dazu, dass junge Menschen immer häufiger Religion generell als etwas Nachrangiges für den Lebensalltag verstehen.“[5] Religiöse Indifferenz ist dabei gekennzeichnet als „fehlendes religiöses Wissen, fehlende Erfahrung mit religiösen Praktiken und das Gefühl, dass Religion eigentlich für das eigene Leben gar nicht notwendigerweise gebraucht werde.“[6] Es geht nicht nur um die Frage, ob Kirche an Bedeutung verliert, sondern es geht um den Bedeutungsverlust von christlicher Religiosität. Auch evangelische Schulen erfahren in ihrer Arbeit und ihrem Handeln diese Entwicklung auf vielen Ebenen unmittelbar.

Die Barbara-Schadeberg-Stiftung hat in ihrem bundesweiten Wettbewerb die darin liegende Herausforderung aufgegriffen. Alle allgemein bildenden Schulen in evangelischer Trägerschaft waren 2013 aufgefordert, die Konzepte zu bescheiben, mit denen sie unter der Prämisse „religiöser Indifferenz" ihr evangelisches Profil im Schulleben verankern. Die folgenden Ausführungen orientieren sich weitgehend an diesen Beispielen und versuchen eine Beschreibung und Systematisierung der unterschiedlichen Ansätze. Am Anfang steht die Frage, wie evangelische Schulen die oben skizzierte Situation wahrnehmen und für sich reflektieren. Danach geht es um die Wege, die sie einschlagen, um der Entwicklung Rechnung zu tragen. Dabei werden vier Perspektiven unterschieden. Die erste Perspektive betont die Notwendigkeit, evangelisches Profil nach innen und außen sicht- und wahrnehmbar zu machen. Die zweite Perspektive betont die zunehmende Verantwortung evangelischer Schulen für die Tradierung christlicher Inhalte und Werte. Die dritte Perspektive rückt angesichts religiöser Heterogenität und Indifferenz die Notwendigkeit unterschiedlicher Zugangswege zu Fragen von Religion und Glaube in den Mittelpunkt und betont die Wirksamkeit eines schulentwickelnden Gesamtkonzepts. Die vierte

---

3   Vgl. dazu insgesamt den Beitrag von Gert Pickel in diesem Band.
4   Kirchenamt der EKD (Hg.), Engagement und Indifferenz. Kirchenmitgliedschaft als soziale Praxis, Hannover 2014.
5   Ebd. 65.
6   Ebd. 68.

Perspektive schließlich greift diese Überlegungen auf, macht aber zentrale Projekte zum Ausgangspunkt der Schulentwicklung. In der Schulpraxis gehen diese Perspektiven ineinander über und zeigen, wie evangelische Schulen versuchen, ihrem Auftrag und Selbstverständnis unter sich ändernden gesellschaftlichen Bedingungen gerecht zu werden.

1. Evangelisch Profil zeigen – die Herausforderung religiöser Indifferenz wahrnehmen

Es gibt bisher keine bundesweiten Zahlen, die Aufschluss geben, wie heterogen die Schülerschaft an evangelischen Schulen zusammengesetzt ist. Aber aktuelle Studien zu den Elternmotiven für die Wahl einer evangelischen Schule wie die Angaben in den Wettbewerbsbeiträgen zeigen, dass religiöse Heterogenität an vielen evangelischen Schulen Realität ist. Helmut Hanisch und Christoph Gramzow haben für Mecklenburg-Vorpommern ermittelt, dass von den Eltern, die eine evangelische Schule wählen, nur 44% der Befragten evangelisch sind, 8,6% katholisch und 43,2% konfessionslos.[7] Am *Christlichen Gymnasium Jena* sind 50% der Schüler und Schülerinnen evangelisch, immerhin 25% katholisch und nur ca. 25% konfessionslos (Wettbewerbsbeitrag Evangelisches Gymnasium Jena, S. 4). An evangelischen Schulen in Sachsen liegt der Anteil der Eltern, die nicht konfessionell gebunden sind, bei etwas mehr als 30%.[8] Auch die Wichern-Schule in Hamburg gibt in ihrem Wettbewerbsbeitrag an, dass 2012/13 von den neu aufgenommenen Schülerinnen und Schülern nur 40% evangelisch waren und rund 40% konfessionslos, 10% haben einen muslimischen Hintergrund (Wettbewerbsbeitrag Wichern-Schule Hamburg, S. 5).

Die Erwartungen, die Eltern ohne christliche Konfession an evangelische Schulen richten, betreffen zunächst in hohem Maße die pädagogische Qualität

---

7   Helmut Hanisch/Christoph Gramzow, Elternmotive zum Besuch einer evangelischen Schule. Ergebnisse einer Befragung in Mecklenburg-Vorpommern, 2011, 10. Online unter http://www.evangelische-schulen-in-deutschland.de/index.php? option=com_content&view=article&id=348:elternmotive-zum-besuch-einer-evange lischen-schule&catid=19:wissenschaftliche-arbeitsstelle-evang-schule&Itemid=19. (Zugriff: 16.09.2013)

8   Vgl. dazu Christoph Gramzow/Helmut Hanisch, An einer evangelischen Schule lernen. Eine Befragung zu Elternmotiven im Freistaat Sachsen, in: H. Hanisch/C. Gramzow (Hg.), Religionsunterricht im Freistaat Sachsen – Lernen, Lehren und Forschen seit 20 Jahren, Leipzig 2012, 259–286.

der Schulen. Danach folgen die Ansprüche an das christliche Profil.[9] Dabei ist zu bedenken, dass viele Elemente des pädagogischen Profils der Schulen eng mit deren protestantischem Selbstverständnis verbunden sind. Die von den Eltern z.b. besonders geschätzten Aspekte der sozialen Erziehung, der Wertschätzung und Förderung der Schüler und Schülerinnen sind an evangelischen Schulen immer auch theologisch-religiös begründet. Sie beruhen auf der Überzeugung, dass Bildung „einerseits den Einzelnen als unvergleichliches Geschöpf Gottes mit seinen spezifischen Begabungen ernst nimmt, aber andererseits Bildung auch als auf Gemeinschaft bezogene, wechselseitige Bereicherung und Ergänzung versteht."[10]

Die Fragen, die sich bei einer Öffnung für mehr religiöse Vielfalt stellen, werden am Beispiel der *Wilhelm-Löhe-Schule* in Nürnberg deutlich. Als kooperative Gesamtschule in Trägerschaft der Evangelischen Gesamtkirchengemeinde Nürnberg war eine christliche Schülerschaft über lange Zeit das wesentliche und selbstverständliche Alleinstellungsmerkmal der Schule. In einer Stadt wie Nürnberg mit einem vielfältigen Angebot an staatlichen Schulen wie an Schulen unterschiedlicher freier Träger ist diese Begrenzung zunächst auch wenig problematisch. Aber mit den sich ändernden gesellschaftlichen Bedingungen, einer wachsenden Zahl von islamischen Mitbürgern und Mitbürgerinnen und einer zunehmend nicht religiös-gebundenen Bevölkerung sah die Schule die Gefahr, sich durch die Konzentration auf eine christliche Klientel von einem wachsenden Teil der Bevölkerung zu separieren. Auch das soziale Umfeld der Schule hatte sich verändert. Der Einzugsbereich war im Blick auf soziale und ethnische Herkunft wesentlich ausdifferenzierter und bunter geworden. Eine evangelische Schule, die Schule in ihrem Stadtteil sein will, muss entsprechend überlegen, wie viel Heterogenität sie zulassen kann oder muss, um nicht ungewollt einer sozialen Separierung Vorschub zu leisten. Daher wurde an der Löhe-Schule eine Öffnung für Schüler und Schülerinnen aus nichtchristlichen Familien diskutiert und in Ansätzen ermöglicht.

Mit dieser Entscheidung sind Konsequenzen verbunden. So erhalten die Aufnahmegespräche mit den Eltern im Vorfeld des Schulvertrages eine größere Bedeutung und eine andere Qualität. In einer offenen Gesprächsatmosphäre müssen die prinzipielle Akzeptanz der christlichen Ausrichtung der Schule und

---

9   Vgl. dazu insgesamt H. Hanisch/C. Gramzow, Elternmotive zum Besuch einer evangelischen Schule. Ergebnisse einer Befragung in Mecklenburg-Vorpommern, 2011.

10 Manfred Pirner, Heterogenität und Differenzierung. Herausforderungen und Chance für die Religionspädagogik, in: entwurf 4/2010, 8.

die Beteiligung der Schüler und Schülerinnen am religiösen Schulleben auch mit nichtchristlichen Eltern thematisiert werden. Bereits zuvor hatte die Wilhelm-Löhe-Schule, um der wachsenden Heterogenität ihrer Schülerschaft Rechnung zu tragen, neben klassischen Andachtsformen auch eine Schulversammlung etabliert, die nach angelsächsischem Vorbild weltliche und religöse Schwerpunkte verbinden und so alle Schülerinnen und Schüler besser erreichen will. Dass zunehmend auch die Lehrkräfte selbst zu Adressaten solcher Bemühungen werden, wird weiter unten noch einmal aufzunehmen sein. Denn auch eine getaufte Lehrerschaft ist nicht per se ein Garant für christliche Tradition, kirchliche Bindung und religiöse Verortung.

Das *Evangelische Gymnasium Nordhorn* in Trägerschaft der Evangelischen Landeskirche Hannovers begegnet in seinem Einzugsbereich, der Grafschaft Bentheim, einer breiten konfessionellen Vielfalt. Aber auch hier kann eine religiöse Sozialisation in den Familien nicht mehr vorausgesetzt werden. Die Schule führte daher 2012 im Religionsunterricht der 8. Klassen eine Umfrage durch. Nach der Konfirmation sollten sich die Schülerinnen und Schüler zu den Motiven für ihr Christsein äußern. Fragen nach der eigenen Begründung für Taufe und Konfirmation oder nach dem, was man als unbedingten Bestandteil des eigenen Christseins versteht, gehörten ebenso dazu, wie die Frage, welche Gründe man einem muslimischen Mitschüler für das eigene Christsein benennen würde. Die Antworten auf diese Fragen machen die ganze Bandbreite der Einstellungen der Schüler und Schülerinnen deutlich, die von sehr stark religiös über religiös indifferent bis hin zu ablehnenden Haltungen reichen.

Das Gymnasium in Nordhorn setzt sich mit dieser Realität auseinander. Wie andere evangelische Schulen kann es sein evangelisches Profil nicht nur im Kontext christlicher Tradition und protestantischer Sozialisation denken, sondern muss es zunehmend auch als Möglichkeit interpretieren, Schülerinnen und Schüler für Fragen von Glauben und christlicher Weltdeutung erst „aufzuschließen". Gerade wenn religiöse Sozialisation in der Familie nicht mehr vorausgesetzt werden kann, gewinnt diese Aufgabe für evangelische Schulen eine besondere Wertigkeit. Denn sie birgt bei allen Problemen auch die Chance, Modelle und Ansätze zu entwickeln, welche die Bedeutsamkeit von Religion und religiöser Bildung als relevant für den Einzelnen wie die Gesellschaft thematisieren. Mit dieser Aufgabe stehen evangelische Schulen nicht allein. Denn für Kirche insgesamt geht es zunehmend darum, zu vermitteln, „dass die Einladung in die Kirche ... für alle Menschen (gilt), ‚sonst wären wir ein Verein, der nur Vereinsmitglieder hereinlässt'." [11]

2.   Evangelisch Profil zeigen – Zeichen setzen

Zum Profil evangelischer Schulen gehört es, erkennbare Zeichen zu setzen. Gerade angesichts einer zunehmenden Haltung, Religion in die private Sphäre zu rücken, leisten evangelische Schulen damit auch einen Beitrag zur öffentlichen Präsenz des Protestantismus.

Gute evangelische Schulen sind daher in ihrem Ort, in ihrem Stadtteil, ihrem Umfeld verankert und präsent, z.B. durch die Vernetzung mit unterschiedlichen Einrichtungen oder die Ausrichtung bzw. Teilnahme an öffentlichen Veranstaltungen.

Öffentlich Zeichen zu setzen kann aber auch in einer Plakataktion zum Reformationstag bestehen. Die *Heinrich-Albertz-Schule* Salzgitter, eine Grundschule in Trägerschaft eines Vereins, machte am 31. Oktober auf dem Schulhof und an den Schulfenstern deutlich, dass dieses Datum wichtig ist – nicht wegen Halloween, sondern wegen der Reformation. Ein Plakat als klares Bekenntnis in einer Zeit, in der der Reformationstag zunehmend im Bewusstsein verdrängt zu werden scheint – auch das ein Weg, um evangelisches Profil sichtbar zu machen.

Evangelische Schule wird nach innen kenntlich in der Gestaltung der schulischen Räume. Für viele evangelische Schulen ist der eigene Andachtsraum ein wichtiges Profilelement. In religiös indifferenten oder auch religiös pluralen Kontexten legen Schulen Wert darauf, diesen Raum so einzurichten, dass er auch für Schüler und Schülerinnen nicht-christlichen Glaubens ein Ort der Besinnung und Ruhe, des Gebets oder der inneren Einkehr werden kann. Aus diesem Grund hat das *Evangelische Berufskolleg Münster* der Bodelschwinghschen Stiftungen Bethel seinen Andachtsraum bewusst schlicht gehalten und nur mit Meditationsbänken rund um eine Kerze und eine große, aufgeschlagene Bibel gestaltet. Der Raum ist nicht geschmückt, dagegen spielen das einfallende Licht und die Farben, die den Raum prägen, eine wichtige Rolle. Das Kreuz hängt außen, damit auch Nicht-Christen unter den Schüler und Schülerinnen sich eingeladen fühlen. Der Raum soll sichtbar machen, dass hier jeder und jede im Gebet zur Ruhe kommen kann, er ist immer offen und nur für den Be-

---

11 Bischöfin Ilse Junkermann, zit. nach epd-Wochenspiegel. Ausgabe Ost Nr. 1 (2014), 9.

such einzelner Schüler und Schülerinnen konzipiert. Andere evangelische Schulen haben ihre Andachtsräume so eingerichtet, dass sie auch für religiöse Arbeitsgemeinschaften und im Rahmen des Religionsunterrichts genutzt werden können.

Evangelisches Profil zeigen Schul- und Klassenräume, die mit Bildern, Texten und Symbolen auf das christliche Selbstverständnis der Schule verweisen. Das gilt nicht nur für evangelische Schulen in Deutschland. Das *St. Joseph College* in Wales, eine Schule der katholischen und der anglikanischen Kirche, gibt dafür ebenfalls ein gutes Beispiel. Auch in England und Wales ist für die Kirchen die zunehmende religiöse Indifferenz sowohl Realität wie Herausforderung, und auch hier setzt man an den kirchlichen Schulen auf die bewusste Sichtbarmachung der eigenen Wurzeln. So hängt ein Plakat mit dem Schulgebet in den Klassenräumen und Gängen der Schule. Es erinnert Schülerinnen und Schüler, Lehrende wie Gäste an die ökumenische Ausrichtung der Schule.

Zeigen, was mit evangelisch gemeint ist: Die bereits erwähnte *Heinrich-Albertz-Schule* nutzt dafür ihr Schullogo, ein Friedenskreuz. Es trägt in sich sieben Symbole[12] und begleitet die Schüler und Schülerinnen von Jahrgangsstufe zu Jahrgangsstufe auf ihrem schulischen Weg. Es findet sich auf der Schulkleidung, wird von den Schülern und Schülerinnen gezeichnet und verweist, mit den Fotos aller Kinder und Mitarbeitenden unterlegt, auf die Verbundenheit innerhalb der Schulfamilie. Auch so wird evangelisches Profil kommuniziert und lädt alle Kinder und Eltern ein, unabhängig von deren religiösen Bindung.

3. Evangelisch Profil zeigen – christliche Inhalte und Werte tradieren

Evangelisch Profil zeigen heißt, religiöse Bildung stärken durch die Vermittlung christlicher Inhalte und die Einübung christlicher Rituale. Dabei kann sich evangelische Schule darauf berufen, dass Eltern sowie Schüler und Schülerinnen mit der Unterzeichnung des Schulvertrags immer auch die evangelische Ausrichtung der Schule akzeptieren, d.h. zustimmen, dass eine Auseinandersetzung mit Religion und Glauben zur evangelischen Schule dazu gehört.

Das *Landschulheim Elkofen* in Trägerschaft des Schulzentrums Augustinum macht sinnfällig, dass auch sonderpädagogische Einrichtungen dieses Anliegen aufgreifen. Die Schule, in der Nähe von Grafing bei München gele-

---

12 Die sieben Symbole sind: Krone, Stern, Taube, Haus, Brot, Wein und Wasser.

gen, beherbergt unter einem Dach eine Realschule zur sonderpädagogischen Förderung mit dem Schwerpunkt emotionale und soziale Entwicklung und ein sozialpädagogisches Internat sowie Tagesangebote mit angeschlossenem Psychologischem Fachdienst. Hierher kommen vor allem Schülerinnen und Schüler, die konkrete Hilfe und Unterstützung benötigen, um eines Tages wieder in den Regelschulbetrieb zurückkehren zu können. Unter diesen Voraussetzungen ist das Anliegen einer religiösen Erziehung kein Motiv bei der Schulwahl. Auf die Frage, welche Erwartungen die Eltern bezüglich einer religiösen Erziehung an den konfessionellen Träger der Schule haben, wurde in einer Erzieherrunde festgestellt: „Keine...": Und, so fährt der Schulbeitrag weiter unten fort: „umso wichtiger erscheint da die Vermittlung eines religiösen Grundwissens, sind doch gerade Seelsorge und die Gestaltung des religiösen Lebens unverzichtbare Wesensmerkmale augustinischer Einrichtungen." (Wettbewerbsbeitrag Landschulheim Elkofen, S. 6).

Um diesem Wesensmerkmal der Einrichtung gerecht zu werden, wird ein „Rucksack fürs Leben" gepackt. Dahinein gehören ein geistlicher Kanon an Liedern, Gebeten und biblischen Geschichten sowie ein Grundwissen an theologischen Begriffen. Dieses Rüstzeug sollen sich die Schülerinnen und Schüler nach und nach aneignen, indem sie ihm bei vielen Gelegenheiten begegnen. Es geht der Schule dabei nicht nur um Wissen, sondern vor allem um die Ermöglichung einer Haltung. Diese zu erwerben, d.h. sich unterstützt und getragen zu fühlen, ist gerade für jene wichtig, die ansonsten gewohnt sind, sich als Verlierer zu fühlen. Am Ende erhalten die Schülerinnen und Schüler ein Zeugnis mit der Überschrift *Gottes Zeugnis für Dich*, aus dem ersichtlich wird, dass jeder Einzelne vor Gott wertvoll und geschätzt ist.

Was an der Förder-Realschule Elkofen ein Rucksack ist, wird an der *Wichern-Schule Hamburg* zu einem umfassenden religiösen Bildungskonzept. Die Wichern-Schule ist ein Schulzentrum mit Grundschule, Stadtteilschule und Gymnasium in Trägerschaft der Stiftung „Das Rauhe Haus". Rund 1500 Schülerinnen und Schüler besuchen die Schule (Wettbewerbsbeitrag Wichern-Schule Hamburg, S. 5). Sie liegt am Rand eines sozialen Brennpunktgebiets, und der Anteil der Protestanten liegt im Umfeld bei nur 18% Prozent (ebd.). Auch innerhalb ihrer Schülerklientel ist die Zahl evangelischer Schüler und Schülerinnen, wie eingangs bereits dargestellt, kontinuierlich zurückgegangen, ist aber im Vergleich zum angrenzenden Bezirk noch relativ hoch. Der Einschätzung der Schule nach hat man es zunehmend mit einer religiös indifferenten Schülerschaft zu tun, d.h. sie sind „nicht feindlich, nicht wissend, nicht erfahren, nicht wirklich interessiert". (ebd. S. 15).

Dem setzt die Schule ein religiöses Bildungskonzept entgegen, das von der Schulpfarrerin und den Lehrkräften für Religion getragen wird. Es beruht auf vier Grundentscheidungen: Verbindlichkeit, Professionalisierung, schulformübergreifend, Kenntlichkeit. Verbindlichkeit bedeutet, dass die Teilnahme an Andachten, Gottesdiensten und bestimmten Projekten verpflichtend ist. Freiwillig sind nur anspruchsvollere, weitergehende Angebote wie z.B. Taizè-Fahrten. Professionalisierung meint, dass die religiöse Bildungsarbeit von qualifizierten und mit ausreichendem Stundendeputat ausgestatteten Mitarbeitenden getragen wird. „Das Konzept trägt auch der Tatsache Rechnung, dass sich nur eine Minderheit der Lehrkräfte berufen fühlt, explizit religiöse Bildung zu vermitteln. Mag es theoretisch die Aufgabe aller Lehrkräfte sein, dies zu tun, bewährt sich in der Praxis eine Arbeits- und Aufgabenteilung – zumal sich die deutlich geringere religiöse Prägung bei jüngeren Kollegen bemerkbar macht." (ebd. S. 17). Schwerpunkt des Konzepts ist die Andachts- und Gottesdienstarbeit gemeinsam mit Schülern und Schülerinnen. Die Ergebnisse sind dokumentiert und veröffentlicht.[13]

Der Stellenwert des Religionsunterrichts und die Verantwortung der Religionslehrkräfte für die Gestaltung des evangelischen Profils sind auch an anderen evangelischen Schulen hoch. Generell steht ja auch der Religionsunterricht vor der Frage, wie er mit der Realität religiöser Indifferenz umgeht und welche didaktisch-konzeptionellen Wege er unter diesen Bedingungen für wirksam hält. An evangelischen Schulen finden sich neben dem konfessionellen Religionsunterricht auch Ansätze, die sowohl fächerübergreifend arbeiten als auch auf konfessionell-kooperative Modelle setzen. Die *Heinrich-Albertz-Schule* Salzgitter hat im Zuge ihres reformpädagogischen Unterrichtskonzepts den sog. *Calbrechter Plan* entwickelt. Er verbindet im Schulcurriculum den Religionsunterricht mit den anderen Fächern und will durch die Vernetzung zur Vertiefung religiöser Themen beitragen. Das *Christliche Gymnasium Jena* bietet einen konfessionell-kooperativen Religionsunterricht an, der auch die nichtkonfessionellen Schüler und Schülerinnen der Schule erreichen soll. Dazu wird der Religionsunterricht phasenweise konfessionsunabhängig im Klassenverband und phasenweise in den konfessionellen Gruppen gestaltet.[14]

---

13 Katharina Gralla, Andachten mit Kindern und Jugendlichen in Schule und Gemeinde, Göttingen 2011.

14 Die Klassen 5 und 6 haben Religionsunterricht im Klassenverband, in 7 und 8 wird nach Konfession getrennt und in Klasse 9 wieder gemeinsam unterrichtet. Ab Klasse 10 erfolgt, auch aufgrund der zunehmend auseinandergehenden Lehrpläne, wie-

Der Religionsunterricht trägt natürlich auch besondere Verantwortung für das diakonisch-soziale Lernen an evangelischen Schulen.[15] Es ist ein wichtiges Profilmerkmal und scheint geeignet, Schüler und Schülerinnen unabhängig von ihrer religiösen Bindung zu erreichen und zu motivieren. Gestärkt wird dieser Ansatz durch die Tatsache, dass generell das diakonische Engagement der Kirche bei Mitgliedern wie Nichtmitgliedern die höchste Zustimmung erfährt.[16] Evangelische Schulen sehen vor allem die externen Praktika mit ihren handlungs- und persönlichkeitsorientierten Elementen und die gemeinsame Reflexion des Erlebten als wichtige Zugangsmöglichkeit auch für nicht religiöse Schüler und Schülerinnen. Allerdings wäre die Wirkung diakonisch-sozialen Lernens unter der besonderen Prämisse religiöser Indifferenz noch genauer zu untersuchen und auszuwerten.[17]

Religiöse Bildung ist an evangelischen Schulen, wie schon angedeutet, nicht nur eine Anfrage an die Ansprechbarkeit von Schülerinnen und Schülern. Auch die Lehrkräfte sind als Adressaten einzuschließen.

Lehrkräfte an evangelischen Schulen sollen das evangelische Profil mittragen, mitgestalten und weiterentwickeln.[18] Sie sind an vielen Schulen auch in die Gestaltung von Andachten und religiösen Angeboten eingebunden. Während manche Schulen eher auf eine Arbeitsteilung setzen, bei der die Gestaltung des religiösen Schullebens in der Hand der Religionspädagogen und der Schulpfarrer liegt, betonen andere, dass alle oder zumindest möglichst viele Lehrkräfte dafür gemeinsam Verantwortung tragen sollen. Am *Evangelischen Gymnasium Nordhorn* werden die Lehrkräfte aller Fachrichtungen entsprechend fortgebildet. Auch das *Evangelische Schulzentrum Mühlhausen* führt einmal im Jahr eine Fortbildung zu religiösen Themen für das Kollegium

---

der ein getrennter Unterricht. In den gemeinsamen Phasen des Religionsunterrichts sind katholische und evangelische Lehrkräfte gemeinsam in der Klasse vertreten.

15 Vgl. Uta Hallwirth, Modelle diakonisch-sozialen Lernens an evangelischen Schulen. Ein Reader zum Wettbewerb der Barbara-Schadeberg-Stiftung 2003, Hannover 2006.

16 Vgl. Kirchenamt der EKD (Hg.), Engagement und Indifferenz. Kirchenmitgliedschaft als soziale Praxis, Hannover 2014, 93f.

17 Zum diakonisch-sozialen Lernen gibt es eine Vielzahl von Untersuchungen. S. dazu auch die Literaturangaben in: Gottfried Adam/Heinz Schmidt/Uta Hallwirth (Hg.), Diakonisch-soziales Lernen. Ein religionspädagogischer Reader. Unter Mitarbeit von Kerstin Keuter, Münster 2013.

18 Zur Rolle der Lehrkräfte an evangelischen Schulen s. Wissenschaftliche Arbeitsstelle Evangelische Schule (Hg.), Lehrerinnen und Lehrer an Evangelischen Schulen. Kompetenzprofil und Kriterien für Fortbildung. Ergebnisse des Runden Tisches für Fortbildung, Hannover, Neuauflage 2010.

durch. Am *Christlichen Gymnasium Jena* findet jeweils zum Beginn eines neuen Schuljahres eine zweitägige Arbeitsklausur an einem geistlichen Ort statt, und der Buß- und Bettag wird schulintern als theologischer Fortbildungstag begangen. In Zusammenarbeit mit dem Pädagogisch Theologischen Institut Neudietendorf soll auch ein Grundkurs Religion für Lehrkräfte stattfinden. Die *Laurentius-Realschule* der Diakonie Neuendettelsau in Bayern nutzt für ihre Lehrkräfte die Mitarbeitereinführungstage der Diakonie Neuendettelsau ebenso wie die der Evangelischen Schulstiftung in Bayern. Zusätzlich wird jede neue Lehrkraft zum Diakonischen Grundkurs der Diakonie Neuendettelsau angemeldet. Ziel ist, gleich zu Beginn der Tätigkeit an einer evangelischen Schule die neuen Lehrkräfte auf das Besondere ihres künftigen Arbeitsplatzes hinzuweisen und sie angemessen in die Aufgaben einzuführen.

Lehrkräfte an evangelischen Schulen für die Mitarbeit in Andachten zu motivieren und zu befähigen, gehörte auch früher schon zum Programm von evangelischen Schul- und Trägerverbünden. Doch angesichts einer abnehmenden christlichen Sozialisation und Tradition hat sich dieses Aufgabenspektrum deutlich ausgeweitet. Es wird für evangelische Schulen schwieriger, Lehrkräfte mit christlich-protestantischem Hintergrund zu finden. Da deren Engagement und Fähigkeit, das evangelische Profil zu transportieren, im Selbstverständnis evangelischer Schulen unerlässlich ist, müssen evangelische Schulen und ihre Träger verstärkt auf eine intensive Fort- und Weiterbildung von Lehrkräften setzen. Dabei geht es zunehmend auch darum, ein Grundwissen zu Glauben und Christentum zu vermitteln und religiöse Sprachfähigkeit zu ermöglichen.

4. Evangelisch Profil zeigen – religiöses Schulleben gestalten

Evangelisches Profil bedarf einer Verankerung im gesamten Schulleben. Es ist kein Additum, sondern soll in den unterschiedlichen Bereichen von Schule verortet werden. Dazu bedarf es klarer Konzepte der Schulentwicklung und unterschiedlicher Zugangswege für Schülerinnen und Schüler.

Das *Evangelische Gymnasium Nordhorn* setzt auf ein umfassendes Konzept evangelischen Profils, das von den vier Leitzielen der Schule ausgeht.[19] Diese Leitmotive wurden zu einem Konzept evangelischen Profils ausgeformt, das fünf Dimensionen umfasst und viele unterschiedliche Anknüpfungsmög-

---

19 Kompetenzen fördern, Individualität achten, Gemeinschaft stärken, Verantwortung übernehmen

lichkeiten für religiöse Angebote eröffnet. Die Dimension „Feiern und Erleben" gehört ebenso dazu wie die Dimension „Verantwortung", unter der z.B. das Konzept des diakonischen Lernens verankert ist.

Schulentwicklung ist die treibende Kraft an der *Laurentius-Realschule der Diakonie Neuendettelsau*. An diesem kleinen Ort in Mittelfranken mit einem großen Diakonischen Werk, mit einer kirchlichen Hochschule und mit dem *Centrum Mission Eine Welt* der Evangelisch-Lutherischen Landeskirche Bayern vermutet man keine Anfälligkeit für Symptome religiöser Indifferenz. Die Laurentius-Realschule ist Teil der großen Schullandschaft des Diakoniewerkes Neuendettelsau. Auf dem Löhe-Campus mitten im Ort gelegen ist die Realschule Teil des Schulzentrums mit Gymnasium, Förderschulen und beruflichen Schulen. Doch auch in diesem Umfeld mit seiner langen diakonischen Geschichte ist die Schülerschaft kein Spiegel eines selbstverständlichen christlich-protestantischen Milieus mehr. Auch hier werden Schüler und Schülerinnen anderer Religionen ebenso beschult wie solche ohne erkennbar religiöse Bindung. Das erklärte Ziel der Schule ist daher: „gerade im religiös indifferenten Kontext Christlichkeit erleben lassen (zu) wollen" (Wettbewerbsbeitrag Laurentius-Realschule Neuendettelsau, S. 4).

Zentraler Ansatzpunkt dafür ist ein Schulentwicklungsprozess, der die religiös heterogene Schülerschaft einbindet. So ist im Schuljahr 2012/2013 – nicht zuletzt aufgrund des Impulses des Barbara-Schadeberg-Wettbewerbs – eine Arbeitsgruppe eingerichtet worden mit dem Auftrag, die Weiterentwicklung des christlichen Profils der Schule voranzutreiben. Mitglieder sind neben Lehrkräften vor allem Schülerinnen und Schüler. Ziel ist es, mit vielfältigen Aktionen bewusst zu machen, dass man sich an einer evangelischen Schule befindet. Die Aktionen, die im Zuge des Prozesses geplant und umgesetzt wurden, reichen von der Gestaltung der Jahreslosung durch die Schüler und Schülerinnen über die Einrichtung eines Erzählcafés für die 8. Klasse im Feierabendhaus der Diakonissen bis hin zu einem fächerübergreifenden Videoprojekt „Was ist Diakonie?".

Schulentwicklung sollte generell Schüler und Schülerinnen einbinden. Schulentwicklung, die das religiöse Profil einer Schule stärken will, sollte zudem auch die Schüler und Schülerinnen ansprechen, die zunächst vielleicht nicht viel mit dem Thema anfangen können. Überzeugend scheint dafür besonders die Foto-Aktion zu sein, die Teil des Prozesses an der Laurentius-Realschule war. Schülerinnen und Schüler sollten mit eigenen Fotos und zugehörigen Texten zeigen, worin für sie die christlichen Werte und das christliche

Profil ihrer Schule bestehen. Die Fotos mit den Texten wurden in der Schule aufgehängt und waren so für alle sichtbar und diskutierbar.

Mit dieser Aktion wurde zugleich Schulentwicklung mit Evaluation verbunden. Denn es wird deutlich, wie Schülerinnen und Schüler das evangelische Profil der Schule wahrnehmen und wie überzeugend sie es finden. Damit gewinnt die Schule wichtige Anhaltspunkte für die weitere Profilentwicklung. Da die Schule als Teil der Diakonie Neuendettelsau in deren umfassendes Qualitätsmanagement eingebunden ist, kann sie zudem die Nachhaltigkeit vieler ihrer Vorhaben überprüfen und die weiteren Planungen darauf aufbauen. Mit diesem Gesamtkonzept wurde die Schule zu einem der beiden Preisträger für den dritten Platz im Wettbewerb der Barbara-Schadeberg-Stiftung 2013.[20]

Am *Evangelischen Schulzentrum Mühlhausen* der Evangelischen Schulstiftung in Mitteldeutschland ist die Ausgangssituation im Vergleich zu Neuendettelsau eine ganz andere. Die Schule wird von Schülern und Schülerinnen besucht, die aus einem Landkreis mit weniger als 50% Kirchenzugehörigkeit kommen. Nur 28% sind hier evangelisch und nur rund 16% römisch-katholisch. Die Stadt Mühlhausen weist mit 19% eine noch geringere evangelische Kirchenbindung auf (zu den Zahlen vgl. Wettbewerbsbeitrag Evangelisches Schulzentrum Mühlhausen, S. 2). Das Schulzentrum besteht aus einer Regelschule[21], einem Gymnasium sowie zwei Grundschulen, eine in Mühlhausen selbst und eine in Ufhoven. Neben der evangelischen Schule gibt es auch ein staatliches Gymnasium und staatliche Regelschulen, so dass sich bei zurückgehenden Schülerzahlen auch die Frage der Konkurrenz stellt. Das evangelische Profil als Unterscheidungsmerkmal spielt daher eine wichtige Rolle. In der konfessionellen Zusammensetzung der Schülerschaft unterscheiden sich Regelschule und Gymnasium des Schulzentrums. Im Gymnasium sind immerhin 60% evangelisch und nur 10% ohne Konfession, in der Regelschule liegt der Anteil demgegenüber bei 44% zu 42% (vgl. ebd. S. 3).

Zusammengefasst lässt sich sagen, dass der Anspruch an ein evangelisches Profil auf einen hohen Anteil von Schülern und Schülerinnen ohne jede religiöse oder konfessionelle Bindung und Tradition trifft. Die Elternhäuser sind durch den christlichen Traditionsabbruch geprägt. Religiöses Schulleben muss

---

20 2013 wurden im Rahmen des Wettbewerbs der Barbara-Schadeberg-Stiftung kein erster Preis, sondern zwei dritte und zwei zweite Preise vergeben.
21 Die Regelschule in Thüringen ist die zentrale Schulform im Anschluss an die Grundschule. Sie führt nach neun Jahren zum Hauptschul- oder nach zehn Jahren zum Realschulabschluss.

dieser Situation Rechnung tragen. Evangelisches Gymnasium wie Regelschule setzen dazu auf ein ausdifferenziertes Konzept, das auf vier Säulen beruht:

- Begleitung- und Beratungsgespräche (inklusive Schulseelsorge)
- Religiöse Bildungs- und Freizeitangebote
- Schule als Lern- und Lebensraum
- Vernetzung mit dem religiösen Umfeld

In Orientierung am Leitbild der Schule wird mit diesen vier Säulen das religiöse Leben unter dem Auftrag religiöser Bildung gestaltet. Wesentlich ist, dass mit diesem Konzept alle Schüler und Schülerinnen der Sekundarstufe I erreicht werden. Jeweils mit verschiedenen Inhaltsbereichen und in verschiedenen Organisationsformen sind alle Klassen einbezogen. Aber nicht nur die Schüler und Schülerinnen sind Adressaten, sondern auch die Eltern und die Lehrkräfte selbst sollen in vielfältige Angebote einbezogen werden.

Das trifft insbesondere auf die **erste Säule** mit ihrem seelsorgerlichen Bereich zu. Das schulinterne Beratungsnetzwerk mit einem Schulsozialpädagogen, einer Heilpädagogin, der Beratungslehrerin sowie der Schulpfarrerin ist nicht nur für die Schülerschaft da, sondern auch für Lehrkräfte und Eltern. Um letztere zu erreichen, gibt es zusätzlich ein *Elterncafé*. Dort wird ausgehend von einem religiösen Input ein pädagogisch relevantes Thema angesprochen und diskutiert. So will man nicht religiös sozialisierten Eltern einen niedrigschwelligen Einstieg in jene Fragen anbieten, die Teil des evangelischen Profils der Schule sind.

Die **zweite Säule** setzt auf die Ermöglichung religiöser Erfahrung. Unter diesem Aspekt werden den Schülern und Schülerinnen in den verschiedenen Klassenstufen unterschiedliche Angebote gemacht, wobei insbesondere außerschulische Orte genutzt werden. So hat das rund 12 km entfernte Kloster Volkenroda, eine Klosteranlage der Zisterzienser aus dem 12. Jahrhundert, für die Schule eine hohe Bedeutung. Hier gibt es noch heute klösterliches geistliches Leben, und es kann als Begegnungsort für die Schule genutzt werden. So finden die *Kennenlerntage* für die 5. Klassen im Kloster statt und prägen den Übergang von der Grundschule in die weiterführende Schule. An diesem besonderen Ort können Gemeinschaft erfahren und religiöse Formen erlebt werden. Gerade für die Schüler und Schülerinnen, die ohne konfessionelle Bindung von staatlichen Grundschulen kommen, sind dies oft die ersten Begegnungen dieser Art an einem solchen Ort. Das Kloster spielt auch für die freiwilligen *Oasentage* der 6. Klassen eine wichtige Rolle. Eingeleitet werden sie durch die gemeinsame Wanderung zum Kloster, die an Pilgerwanderungen erinnert. Das von vielen Reformschulen bekannte pädagogische Konzept, Schülern und Schülerinnen in der Phase der Pubertät Bewährungsmöglichkeiten durch besondere Herausforderungen zu ermöglichen, wird vom Schulzentrum Mühlhausen in der Klasse 7 mit der freiwilligen „Oasentour" aufgegriffen und in einen religiösen Kontext eingebunden. Auf dem Unstrut- und Gera-Radweg radeln die Schüler und Schülerinnen von Mühlhausen nach Erfurt. Die Erlebnisse dieser Tour werden in Gesprächen und Andachten aufgegriffen, und das Feedback zeigt, wie wichtig solche Erfahrungen für die Schülerinnen und Schüler sind. In der 8. Klasse gibt es als ebenfalls freiwillige Aktion das „Ora et labora". Hier bietet sich die Möglichkeit, aktiv im Kloster mitzuarbeiten und das religiöse Leben mitzuerleben.

In dieser Weise gibt es bis zur 10. Klasse vielfältige Angebote, die unterschiedliche Zugangswege zur Bedeutung des Christseins eröffnen. In einem Umfeld, das mehrheitlich nicht religiös geprägt ist, sind diese Angebote natürlich etwas Besonderes und unterscheiden die Schule mit ihrem Profil von staatlichen Schulangeboten.

Wie einige andere Schulen in den östlichen Bundesländern stellt sich das Schulzentrum Mühlhausen auch der Tatsache, dass die Konfirmation für die eigene Schülerschaft nicht selbstverständlich ist. Auch Schüler und Schülerinnen evangelischer Schulen halten z.T. an der Jugendweihe fest. Um dem zu begegnen und für die Konfirmation zu werben, gibt es den *Konfi-Aktionstag*, mit dem Konfessionlose über den Konfirmationsunterricht informiert werden und seine Bedeutung anschaulich erfahren können.

Die **dritte Säule** des Konzepts führt von den außerschulischen Orten zurück in die Schule. Auch hier gibt es viele verschiedene Gestaltungsansätze, z.B. die sogenannte *Themenecke* im Foyer der Schule. Jene Klassen, die im Laufe des Schuljahres nicht an Andachten oder Gottesdiensten mitarbeiten, sind für die Gestaltung dieser Ecke verantwortlich. Die Themen, die sie wählen, ergeben sich aus Festen und Feiertagen, aus dem Religionsunterricht oder anderen Fächern. Wichtig ist, dass immer ein religiöser Bezug hergestellt wird.

Die **vierte Säule** des Konzepts führt wieder nach außen. Hier ist unter anderem in der Regelschule im Rahmen des Wahlpflichtfaches Sozialdiakonie das diakonisch-soziale Lernen verankert. Es stützt sich auf eine weitgreifende Vernetzung mit kirchlichen und diakonischen Partnern und Verbänden.

Wie jede gute Schule ist auch das *Schulzentrum Mühlhausen* auf dem Weg. Die Desiderate, welche die Schule selbst benennt, beziehen sich auf eine bessere Verzahnung der eigenen Grundschule und der gymnasialen Oberstufe. Auch die Elternarbeit würde die Schule gern vertiefen, und die Lehrkräfte sollen noch stärker in diesem Konzept religiöser Bildung berücksichtigt werden. Doch das Programm ist schon jetzt sehr überzeugend. Die Gegebenheiten vor Ort werden genutzt und neben der Schülerschaft auch Lehrkräfte und Eltern einbezogen. Es ist ein sehr lebendiges Konzept, das hier umgesetzt wird und daher auch mit einem der beiden zweiten Preise bedacht wurde.

5. Evangelisch Profil zeigen – sich auf Projekte fokussieren

Schulentwicklung kann auch auf die besondere Strahlkraft von Projekten setzen. Sie können Ausgangspunkt und Motor für die Entwicklung eines Konzepts religiöser Bildung und religiösen Schullebens werden. Zur Verdeutlichung sei ein weiterer Preisträger des Barbara-Schadeberg-Wettbewerbs aufgeführt. Die *Evangelische Sekundarschule „Lebenswege" Hedersleben* in der Nordharzregion nahe Quedlinburg und Halberstadt ist 2010 als Sekundarschule[22] in Trägerschaft der Evangelischen Johannes-Schulstiftung Magdeburg gegründet worden. Die Schule erhielt im Juni 2013 die staatliche Anerkennung. Als Schule im Aufbau und mit einem verpflichtenden Ganztagsangebot hatte sie im Jahr des Wettbewerbs 50 Schüler und Schülerinnen verteilt auf drei Klassen. Die Schule hat den Wettbewerb genutzt, um ihren Schulentwicklungsprozess am Wettbewerbsthema auszurichten und so in der Frage der Profilbildung voranzukommen. Das gesamte Schuljahr 2012/2013 war an diesem Vorhaben orientiert.

Diese Schule existiert in einem Umfeld, für das die Beschreibung „geprägt von einer Haltung religiöser Indifferenz" zu kurz gegriffen ist. Hedersleben mit rund 1500 Einwohnern liegt in einem Kirchspiel, in dem nur 12% der Bevölkerung evangelisch sind, ca. 9% davon sind regelmäßige Kirchgänger.[23] Auch die evangelische Schule hat nur 10% getaufter Schüler und Schülerinnen, erwartet aber ein hohes Maß an Zustimmung für das gelebte christliche Profil. In dieser Region begegnen Religion und Kirche klarer Ablehnung, Vorurteilen und auch Angst. So titelte die Halberstädter Volksstimme am 4. August zur Eröffnung der Schule: „Das kirchliche Vorzeichen bei der neuen Sekundarschule spielt augenscheinlich ebenso wenig eine abschreckende Rolle wie das monatliche Schulgeld ..." (Wettbewerbsbeitrag Evangelische Sekundarschule Hedersleben,

---

22 Die Sekundarschule in Sachsen-Anhalt entspricht der Regelschule in Thüringen. Beide sind Schulformen der Sekundarstufe I und stellen eine Verbindung von Hauptschul- und Realschulzweig unter einem Dach dar.

23 5% sind katholisch, davon 20% Kirchgänger. Alle Zahlen s. Wettbewerbsbeitrag Evangelische Sekundarschule Hedersleben 4f.

S. 5). Hier „evangelisch Profil zu zeigen" ist eine besondere Herausforderung. Gerade hier wird aber auch deutlich, dass eine evangelische Schule viel tun kann, um Protestantismus und Kirche in einem religiös entfremdeten Umfeld ins Bewusstsein zu rücken.

Die Schule hat aufgrund des Wettbewerbs ihren Schulentwicklungsprozess klar fokussiert. Kernthema für die Profilierung als evangelische Schule sollte der „Segen Gottes" sein. „Segen, von Gott geschenkt und von Menschen übermittelt, nehmen Menschen gern an, aus unserer Erfahrung heraus auch Ungetaufte oder Zweifelnde", so heißt es im Wettbewerbsbeitrag der Schule (ebd. S. 7). Den Beteiligten ist wichtig, die Bedeutung von Gottes Segen in die nicht religiöse Welt und Sprache der Schüler und Schülerinnen und ihrer Eltern zu übersetzen. Vereinfacht erklärt die Schule den Segen daher als „von Gott gegebene gegenseitige gute Wünsche" (ebd. S. 7) und schafft so für „religiöse Außenseiter" eine Einstiegsmöglichkeit. Den Segen Gottes erfahrbar zu machen, ihn durch die Menschen in der Schule zu übermitteln und im Wirken der Schule sichtbar zu machen, wurde zum Zentrum von Projekten und Aktionen der Schule.

Für die Schüler und Schülerinnen segensreich wirken will die Schule bei unterschiedlichen Anlässen im Kirchenjahr. Dazu gehört die Erfahrung von Gemeinschaft, von Zeit und Raum für Gespräche und von gemeinsamen Festen und Andachten.

Segensreich wirken will die Schule aber auch im Blick auf die Eltern, gerade weil diese oft distanzierter sind als ihre Kinder. Bezeichnenderweise hält der Bericht der Schule fest, „dass unsere Schüler selbstverständlich mit den Abläufen in den Andachten umgehen, wohingegen sich viele Eltern im Hintergrund halten und ihre Berührungsängste deutlich zeigen." (ebd. S. 9). Die Schule will daher Vertrauen schaffen und auch informieren. Es geht darum, christliche Rituale durchzuführen und zu zeigen, dass sie die Gemeinschaft bereichern. Aber auch thematische Elternabende zum Thema „Segen" sind Teil des Projektes oder die Tatsache, dass die Schule die Eltern bei pädagogisch-erzieherischen Fragen berät und begleitet.

Auch die Sekundarschule Hedersleben muss sich mit der Präsenz der Jugendweihe auseinandersetzen. Viele ihrer Schüler und Schülerinnen nehmen an dieser Feier teil und angesichts fehlender Taufe bzw. mangelnder Bereitschaft, sich taufen zu lassen, ist die Konfirmation von der Schule nicht hinreichend erfolgreich als Alternative zu bewerben. Daher wird auch in diesem Zusammenhang der Segen als Kern des evangelischen Profils der Schule aufgegriffen und zu einem Weg, das Dilemma zwischen Konfirmation und Jugendweihe ansatzweise aufzulösen. Die Schule setzt eine freiwillige Segensfeier als Mitte zwischen Jugendweihe und Konfirmation für die 8. Klassen an. Mit den Eltern wird dies langfristig kommuniziert, und das Vorhaben stößt auf Interesse. Die Schule gesteht aber auch ein, dass in den Augen der Eltern für die Segensfeier vor allem spricht, dass sie weniger Zeit und Aufwand bedeutet als die Jugendweihe. Bezeichnend für die Situation ist die Sorge einer Mutter in Bezug auf die Segensfeier: „Grundsätzlich finde ich die Idee der Segensfeier sehr gut und mein Sohn wird auch daran teilnehmen. Lässt sich der Titel aber nicht ein wenig unverfänglicher gestalten? Ich weiß nämlich nicht, wie ich das meiner Verwandtschaft erklären soll." (ebd. S. 12).

Das Thema *segensreich wirken* bestimmte auch die Themenwoche der Schule im Berichtsjahr. Mit der Aktion „Dornbusch" wurde die Frage nach dem Profil der Schule direkt in den Unterricht getragen und das Motiv von Sendung und Segen (2. Buch Mose 3, Exodus) aufgegriffen. Der Dornbusch wurde Symbol für den Segen Gottes, für das dornige Umfeld der Schule und für die Durchsetzung gegen Widerstände. Die Themenwoche, an der alle Klassen (zu der Zeit die Klassen 5 bis 7) teilnahmen, befasste sich entsprechend mit Menschen und Themen, die ein segensreiches Wirken verdeutlichen, aber dabei auch und gerade in glaubensfernen Umgebungen handelten. Am Ende der Themenwoche wurde gemeinsam ein Dornbusch aus Holz, Stacheldraht und anderen Materialien hergestellt, an dem die Erkenntnisse der Themenwoche dargestellt wurden.

Die Vorgehensweise der Schule belegt, wie notwendig und fordernd es für eine evangelische Schule sein kann, sich intensiv mit ihrem nicht religiösen Umfeld auseinanderzusetzen. Die Schule will den eingeschlagenen Weg einer Schulentwicklung unter dem Leitmotiv „Segen" weitergehen. Schließlich hat man mit diesem Ansatz auch bei den Lehrkräften eine Stärkung für das evangelische Profil erfahren. In einem Umfeld, in dem Religion und Kirche auf dezidierte Ablehnung stoßen, suchte und fand die Schule einen Ansatzpunkt für ihr evangelisches Profil und eine konstruktive Auseinandersetzung mit christlichen Überzeugungen.

Wie eingangs angedeutet, ist die Situation im Westen Deutschlands eine andere; das gilt auch für den Rhein-Sieg-Kreis, in dem sich das *Bodelschwingh-Gymnasium Herchen* in Trägerschaft der Evangelischen Kirche im Rheinland befindet. Doch auch hier ist religiöse Sozialisation trotz Taufe und Kirchenzugehörigkeit keine Selbstverständlichkeit mehr. Auch hier kann sich eine evangelische Schule nicht mehr auf Voraussetzungen stützen, die früher vielleicht selbstverständlich waren. Auch hier muss eine evangelische Schule ihr Profil für alle sichtbar machen und muss versuchen, angesichts zunehmender religiöser Indifferenz, die eigenen Schüler und Schülerinnen zu erreichen. *Das Bodelschwingh-Gymnasium Herchen*, ein Gymnasium mit Internat, bietet dafür ein überzeugendes Beispiel. Die Schule stellte fest, dass den Schülern und Schülerinnen der Bezug zu spirituellen, emotionalen und korrelativen Elementen von Glauben fehlt. Um hier wieder anknüpfen zu können, wurde das Projekt „Weinberg" geboren. D.h. auch diese Schule hat sich auf ein biblisches Motiv konzentriert und es zu einem Projekt gemacht, das auf die gesamte Schulentwicklung, auf Schulleben wie Schulcurriculum ausstrahlen kann und soll. Das Motiv ist der Weinberg, das Projekt seine Anlage und vielfältige Nutzung für Unterricht und Schulleben. Die Schule will damit als Institution eine Funktion übernehmen, „die vorher von den Großeltern, den Eltern und evtl. von den Kirchengemeinden erfüllt wurde. Die Vermittlung von religiösen und vor allem Glaubensinhalten war nicht vorwiegend kognitiv geprägt, sondern hatte auch spirituelle, emotionsgebundene und korrelative Elemente. Der Weinberg ist daher eine so wunderbare Ergänzung des Religionsunterrichtes, weil er eben einen Teil dieser Komponenten auf- bzw. übernehmen kann." (Wettbewerbsbeitrag Bodelschwingh-Gymnasium Herchen, S. 10)

Evangelium und Glaube sollen im Schulleben nicht nur kognitiv thematisiert werden, sondern vor allem spirituell erlebbar sein und Wirkung gerade dort erzielen, wo keine christlichen Rituale und kirchlichen Traditionen mehr vorauszusetzen sind. Die Projektidee setzt daher auf die gemeinsame Anlage eines Weinbergs, der in Zukunft auch der zentrale Kern des evangelischen Profils der Schule sein soll und sein kann.[24] Die Arbeit an dem Weinberg, d.h. der Prozess wie das Resultat sind für den Unterricht, für das Schulleben und für die öffentliche Präsenz der Schule wesentlich und repräsentieren deren evangelisches Profil. In Bezug auf den Unterricht geht es nicht nur um den Religionsunterricht, sondern viele Fächer und vor allem fächerübergreifende und – verbindende Themen können an die Existenz des Weinbergs anknüpfen. Ebenso kann das Schulleben von ihm profitieren, da er einen besonderen Ort der Muße darstellt, einen Gesprächsanlass bietet und als gemeinschaftsstiftendes Element wirken kann. Der Weinberg ist für die ganze Schulgemeinschaft interessant. Eltern wie Schüler und Schülerinnen blicken auf das Wachsen der Reben und wollen, dass der Berg gedeiht. Er macht neugierig, auch die, die sonst mit religiösen Symbolen nichts anzufangen wissen. Die Schülerklassen,

---

24 Hintergrund war eine Forschungsarbeit der Schulleiterin zur experimentellen Exegese.

die ihn angelegt haben[25], haben ihre eigene Rebe und ihren eigenen Platz im Weinberg. Sie achten auf ihn und auf „ihre" Reben. Sie sind mit dem Weinberg in besonderer Weise verbunden und haben schon viel von dem erfahren, was die biblische Symbolik des Weinbergs ausdrückt. Die Abiturientinnen und Abiturienten der Schule erhalten eine Tonscherbe mit dem Bibelwort „Ich bin der Weinstock, Ihr seid die Reben" und diese Erinnerung soll sie ihr Leben lang begleiten und mit der Schule verbinden. Evangelisches Profil ist so wahrhaft „be-greifbar" geworden.

Der Weinberg ist Teil des Unterrichts. Der Religionsunterricht erprobt Konzepte, die die spirituellen Inhalte aufgreifen. Die reale Präsenz des Weinbergs ist wesentlich, um das Gleichnis vom Weinberg zu erleben, zu erfassen und in aller Breite und durch unterschiedliche Zugänge zu verstehen. Das Gleichnis wird nachgespielt, besprochen und den Gefühlen der Menschen wird nachgespürt. Dieser Ansatz soll aufgrund der guten Erfahrungen künftig ein Pflichtprojekt im schuleigenen Curriculum werden. Aber auch der übrige Fachunterricht soll fächerübergreifend das Projekt nutzen; für Kunst, Biologie und Erdkunde ist dies als Teil des Schulcurriculums konkret geplant. Sicher ist noch viel mehr möglich, wenn weitere Lehrkräfte für das Projekt begeistert werden können. Denn natürlich müssen viele Kolleginnen und Kollegen auch erst für den Weinberg und seine didaktischen Möglichkeiten gewonnen werden. Dem dient nicht zuletzt die Arbeit an weiteren Unterrichtsmaterialien, die skeptischen Fachlehrkräften den Zugang erleichtern sollen. Auf der anderen Seite wirbt die hohe Motivation der Schüler und Schülerinnen und der Eltern auch im Kollegium für dieses Projekt.

Der Weinberg ist nicht nur Teil des Lern-, sondern auch des Lebensortes Schule. Er kann für Andachten und Gespräche genutzt werden. Mittelfristig soll zudem ein Glasfenster an der Schule entstehen, das neben dem Logo des Schulträgers auch den Weinberg abbildet und das im Eingangsbereich der Schule wie im Foyer der Kapelle montiert werden soll. Da passt es gut, dass der Weinberg auch auf dem Altarfenster der evangelischen Ortskirchengemeinde zu finden ist und so eine Verbindung hergestellt werden kann. Viele weitere Überlegungen sind durch den Weinberg ausgelöst worden und lassen ahnen, dass er für die Schulentwicklung künftig vielfältige Impulse setzen kann.

Der Weinberg hat natürlich auch einen wirksamen Öffentlichkeitseffekt. Er ist ein wichtiger Anknüpfungspunkt für die Vernetzung der Schule nach außen

---

25   Insgesamt 20 Klassen der Erprobungs- und der Mittelstufe sowie die drei Jahrgänge der Oberstufe.

wie für den Kontakt mit den Eltern. Das gilt für den Tag der offenen Tür wie für andere Gelegenheiten. So wurde zum Zeitpunkt des Berichts die erste Weintraubenernte erwartet. Es sollten Traubensaft, Marmelade und Wein produziert werden, welche die Schule als Geschenke nutzen kann. Der Weinberg wird auch zum Band zwischen Schule und ehemaligen Schülern und Schülerinnen, zwischen Schule und Eltern oder auch zwischen Schule und Patenschaftsprojekten.

Sicher, nicht jede Schule hat die Möglichkeit, einen Weinberg anzulegen, aber diese Möglichkeit zu sehen, den Mut zu haben, dies anzugehen und das Potenzial für die Schulentwicklung zu nutzen, hat sehr viel Überzeugendes, ebenso wie die Begeisterung, welche die Beteiligten damit verbinden. Evangelisch Profil zeigen in religiös indifferenten Kontexten bedarf sicher auch und nicht zuletzt zündender, ungewöhnlicher Ideen, die ihrerseits Engagement und Begeisterung entfachen können.[26]

6. Was man von den Schulen lernen kann – Versuch eines Fazits

Evangelisch Profil zeigen in religiös indifferenten Kontexten – evangelische Schulen bieten vielfältige Konzepte je nach ihren Besonderheiten, ihren Möglichkeiten und den Bedingungen, denen sie sich in ihrem Umfeld gegenübersehen. Die Beispiele machen Mut und liefern wichtige Anregungen, aber sie sind nicht einfach übertragbar. Sie sind keine Rezepte und können und wollen das auch nicht sein. Aber sie zeigen, worauf es ankommt, und liefern Anknüpfungsmöglichkeiten für eigene Ideen und Entwicklungen.

Evangelische Schulen setzen Zeichen. Unter dieser Überschrift zielt evangelisches Profil in religiös indifferenten Kontexten auf die Botschaft, *„Wir sind eine evangelische Schule"*. Es geht darum, Identität zu stiften und öffentlichkeitswirksam im schulischen Umfeld als „evangelisch" sichtbar zu sein. Schülerinnen und Schüler, Eltern und Kommmunen sollen wahrnehmen, was eine evangelische Schule trägt und worauf man sich beruft – gerade, weil in Zeiten religiöser Indifferenz solche Signale wichtig sind. Zeichen setzen heißt, nicht am Rande zu stehen, nicht unsichtbar zu werden in der Vielfalt, sondern bewusst zu signalisieren, dass es evangelische Schulen gibt und dass sie einen besonderen Auftrag haben.

---

26 Die Schule war damit wie das Schulzentrum Mühlhausen Preisträger des zweiten Preises der Barbara-Schadeberg-Stiftung.

Christliche Tradition vermitteln, wenn die christliche Sozialisation in den Familien zurückgeht, auch dies ist ein Aspekt evangelischen Profils, der vor allem die Weitergabe von christlichen Werten und Ritualen betont. Dahinter steht die Hoffnung, dass über Wissen und Können ein Grundstein gelegt wird, auf den im Laufe des Lebens auch nicht religiös orientierte Schüler und Schülerinnen zurückgreifen können.

Evangelisches Profil als Auftrag der Schulentwicklung setzt auf ein religiöses Schulleben mit einem breiten Spektrum von Zugangsmöglichkeiten. Zum Tragen kommen didaktische Ansätze, die nicht nur kognitiv, sondern vor allem erfahrungs- und handlungsorientiert ausgerichtet sind. Schule als Lern- und Lebensort spielt ebenso eine Rolle wie externe Lernorte. Ähnliches gilt für die Schulen, die ein Projekt in das Zentrum ihres Schulprofils stellen. Auch hier geht es methodisch-didaktisch darum, Schülerinnen und Schüler unabhängig vom Grad ihrer religiösen bzw. konfessionellen Bindung dadurch zu erreichen, dass viele Zugangswege eröffnet werden. Dazu kommt, dass durch die Konzentration auf ein Projekt vor allem fachübergreifend oder fächerverbindend religiöse Bildung verankert werden kann. Das Projekt ermöglicht in besonderer Weise, religiöse Themen, Fragestellungen und Bedeutungsgehalte in einem übergreifenden Kontext aufzugreifen und zu gestalten. Das kann gerade für jene interessant sein, die ansonsten für religiöse Fragestellungen wenig aufgeschlossen sind. Interdisziplinäre Perspektiven ermöglichen, Religion und religiöse Bezüge als Bestandteil von Weltdeutungen wahrzunehmen und sie im Zusammenspiel mit unterschiedlichen Deutungsmustern zu diskutieren.[27]

Durchgehend verstehen die Schulen die Frage nach dem Profil als Aufgabe, die alle oder zumindest viele Bereiche von Schule umfasst und auf sie einwirkt. Unterschiede gibt es in der Frage, wer die Ansätze zur Schärfung des Profils trägt oder tragen soll. Die Betonung der Notwendigkeit von Professionalisierung der religiösen Bildung setzt stärker auf Aufgabenteilung im Vergleich zu jenen Ansätzen, die das religiöse Schulleben zur Sache vieler Lehrkräfte machen. Entspre-

---

27 Diese Überlegungen erinnern an die in den 1980er Jahren propagierte „Unterrichtsentwicklung nach Wagenschein und Comenius", die die Arbeitsgemeinschaft Evangelischer Schulbünde zusammen mit Prof. Hans-Christoph Berg durchgeführt hat: Hans-Christoph Berg/Günther Gertz/Karl Heinz Potthast (Hg.), Unterrichtserneuerung nach Wagenschein und Comenius. Versuche Evangelischer Schulen 1985–1989, Münster 1990. Sie sind auch anschlussfähig an die Projekte, die in der Evangelischen Schulstiftung/dem Evangelischen Schulbund in Bayern entwickelt wurden: Jürgen Bohne (Hg.), Die Religiöse Dimension wahrnehmen. Unterrichtsbeispiele und Reflexionen aus der Projektarbeit des Evangelischen Schulbundes in Bayern, Münster 1992.

chend geht es bei religiöser Indifferenz für evangelische Schulen nicht nur um die Zielgruppe der Schüler und Schülerinnen, sondern zumindest in Teilen auch um die Lehrkräfte. Hier mit klaren Konzepten der Einbindung, der Fortbildung und Begleitung einzusetzen, macht die Stärke vieler Schulen aus.

Schließlich identifizieren evangelische Schulen auch die Eltern als wichtige Zielgruppe im Werben für das evangelische Profil. Am Weinberg in Herchen können nicht nur die Schüler und Schülerinnen einem biblischen Symbol und dem biblischen Text näher kommen, sondern auch die Elternarbeit hat hier einen wichtigen Anknüpfungspunkt. Ähnliches gilt für die Elternarbeit in Hedersleben, wo das Thema „Segen" gerade auch mit den Eltern zu kommunizieren ist, oder für das umfassende Konzept in Mühlhausen.

Schließlich weist ein vierter Punkt darauf hin, wie hilfreich die Nutzung der Gegebenheiten des eigenen Standorts sein kann. Die Schule im Zentrum eines großen diakonischen Werkes, ein nahegelegenes Kloster als besonderer Ort, das Logo der Schule als sichtbares Zeichen oder die besondere Chance, in einer Region zu leben, in der man einen Weinberg anlegen kann.

Evangelisch Profil zeigen ist eine umfassende Aufgabe. Sich ihr zu stellen, ist das „tägliche Brot" einer evangelischen Schule. Aber in religiös indifferenten Kontexten wird dies zur besonderen Herausforderung. Evangelische Schule muss sich mit dem sozialen Bedeutungsverlust von Religion auseinandersetzen. Das Phänomen betrifft ja nicht nur Kirchenferne, sondern auch die Reihen der Kirchenmitglieder. Die Auseinandersetzung mit religiöser Indifferenz heißt für evangelische Schulen vor allem, deutlich und erfahrbar zu machen, worin die Bedeutung von Religion für das eigene Leben besteht, aber auch, inwiefern Religion im Curriculum einer Schule ein wichtiger Bestandteil der Erfassung von Welt ist bzw. sein kann. Genau darin liegt aber auch die besondere Chance evangelischer Schulen. Denn sie haben vielfältige Ansatzmöglichkeiten. Dass diese von den Schulen engagiert und kreativ genutzt werden, haben die Beiträge zum Barbara-Schadeberg-Wettbewerb 2013 gezeigt.

„Fast überall da, wo ein Kirchturm steht, steht auch eine Schule."[1]

Die Reformation als Impuls zu einer Bildung für alle

Andreas Lindner

Die Schulreformbestrebungen des Humanismus an der Wende vom 15. zum 16. Jahrhundert blieben ein dezentrales und letztendlich elitäres Projekt. Die Orientierung an den antiken Lese- und damit Bildungsstoffen setzte die Zweisprachigkeit von Latein und Griechisch voraus. Der Versuch, die neue Orientierung nicht dem Odium des Rückfalls ins Heidentum auszusetzen,[2] bedingte zugleich die bewusste Anbindung an die christliche Tradition und führte so mit der Einbeziehung des Hebräischen zur Dreisprachigkeit. Namentliches Symbol dieses Programms war seit 1517 das Collegium Trilingue in Löwen. Der Humanismus zielte vor allem auf die Universitäten und die Lateinschulen in den großen Städten. Das Land mit dem prozentual größten Anteil der Bevölkerung blieb außen vor.

Das änderte sich mit der Reformation, da das Dictum von der *sola scriptura*, zu Ende gedacht, die Lesefähigkeit eines jeden Christenmenschen voraus-

---

1 Die Titelzeile ist mit freundlicher Genehmigung dem Dissertationsprojekt von Herrn Ulrich Prell *Reußische Dorfschulen des 18. Jahrhunderts. Ein Beitrag zur Erforschung der Interdependenz von Pietismus und Bildung in Mitteldeutschland. Darstellung, Vergleich und Kontextualisierung*, entnommen.

2 Von zentraler Bedeutung in dieser Hinsicht ist die Homilie Nr. 19 von 24 nachgewiesenermaßen echten Homilien des griechischen Kirchenvaters Basilius des Großen, die in dieser Zeit mehrmals herausgegeben wurde und deren Titel verrät, dass sie für den gräcistischen Aufbruch im Frühhumanismus programmatischen Charakter hatte: πρὸς τοὺς νέους ὅπως ἂν ἐξ Ἑλληνικῶν ὠφελοῖντο λόγων / *An die Jünglinge wie sie Nutzen aus der griechischen Literatur gewinnen können*. Basilius stellt seinen Schülern hier die Lektüre heidnischer Texte als vereinbar mit dem christlichen Glauben dar; die frühesten Drucke: Mainz 1459/60 und Venedig 1470. Der praktische Boden, aus dem die pädagogischen Vorstellungen des Humanismus erwuchsen, war die spätmittelalterliche Frömmigkeitsbewegung der *devotio moderna* mit ihrem Modell der Schulen der Brüder vom gemeinsamen Leben. Sie unterhielten insgesamt 112 Lateinschulen in den Niederlanden und im übrigen Reich. Insofern waren die Wurzeln der humanistischen Schulreform zutiefst christlich. Erasmus von Rotterdam kam mit ihnen in seiner Schulzeit in Deventer 1478-1485 genauso in Berührung wie später Luther 1497 in Magdeburg, um nur die zwei Exponenten von Humanismus und Reformation schlechthin zu nennen.

setzte. Gleichzeitig fiel die dreifache Sprachhürde, denn die *sola scriptura* sollte in der jeweiligen Muttersprache gelesen werden können. In diesem Sinne schuf Luther im deutschen Sprachraum mit seiner Bibelübersetzung sowie insbesondere dem Kleinen Katechismus die Materialbasis einer Bildung für alle. Durch rege Übersetzungsbemühungen erhielten gerade die Bibel und Luthers Kleiner Katechismus eine große Ausstrahlungskraft in ganz Europa, wobei die Züricher und die Genfer Schriftübersetzungstradition und calvinistische Katechismen noch hinzutraten.[3]

Nun soll nicht unterstellt werden Luther, Melanchthon und die anderen Reformatoren ihrer Generation hätten programmatisch eine Bildung für alle angestrebt, aber sie legten die Grundlagen für diese Entwicklung, die in drei Stufen von der Residenz über die Stadt schließlich das Dorf[4] erreichte und von dem aus in umgekehrter Richtung schließlich die ganze Welt erfassen wollte. Auffallend viele innovative Aufbrüche dieser Entwicklung finden sich in großer Dichte in Mitteldeutschland: Erfurt, Wittenberg, Gotha, Halle, Weimar, Bad Blankenburg und Jena lauten ihre Stationen.

Zu unterscheiden bleiben dabei in der Reformationszeit ein Strang theoretisch-programmatischer Äußerungen und ein Strang praktischer Initiationen mit Langzeitwirkungen.

Bereits in seiner fulminanten Reformschrift *An den christlichen Adel deutscher Nation von des christlichen Standes Besserung* reißt Luther das Thema der Bildung an: „Es were meynis bedenckens eine nottige ordnung / beszondern zu vnsern ferlichen zeytten / das stifft vnd kloster widderumb wurde(n) auff die weysze verordenet / wie sie warn ym anfang / bey denn Aposteln vnnd ein lang zeit hernach / da sie alle frey waren /eine(m) yderman drynnen zubleyben szo lang es yhm gelustet. Dan was sein stifft vnd kloster anders geweszen /den

---

3   Vgl. W. I. Sauer-Geppert/B. Stolt/B. Hall/E. Bryner, Art. Bibelübersetzungen (Abschnitte III/1 5.-III/6) in: Theologische Realenzyklopädie (TRE) Bd. 6, Berlin 1980, 239-266. Obwohl es fast immer vorreformatorische Bibelübersetzungen in die jeweilige Volkssprache gab, löste Luthers Übersetzung des Neuen Testaments über das ganze 16. Jahrhundert hin europaweit eine Welle von Bibelübersetzungen aus, die sich neben den von Erasmus geschaffenen griechischen und lateinischen Vorlagen häufig auf ihn bezogen.

4   Einen Überblick über die Entwicklung des niederen Schulwesens in der Frühen Neuzeit, die in ihren Anfängen vor die Reformation zurückreicht, bietet Wolfgang Neugebauer, Niedere Schulen und Realschulen, in: Notker Hammerstein/Ulrich Herrmann (Hg.), Handbuch der deutschen Bildungsgeschichte, Bd. 2, 18. Jahrhundert. Vom späten 17. Jahrhundert bis zur Neuordnung Deutschlands um 1800, München 2005, 213-261.

Christliche schulenn / darynnen man leret / schrifft vnnd zucht nach Christlicher weysze / vnnd leut auff ertzog / zu regieren vnnd predigen".[5] Im Text der Schrift selbst werden alle politisch Verantwortlichen vom Kaiser bis zu den Städten angesprochen. Die Fokussierung auf den Adel im Titel ist so nicht ganz eng zu verstehen. Auf jeden Fall war aber auch der niedere Adel im Blick, aus dessen Reihen gerade Anfang der zwanziger Jahre besonders enthusiastisch für Luther Partei ergriffen wurde.[6] Jedoch schon 1524 scheint Luther über den hohen und niederen Adel als Adressaten seines bildungspolitischen Anliegens desillusioniert gewesen zu sein. In seinem Aufruf *An die Ratsherren aller Städte Deutschlands, dass sie christliche Schulen aufrichten und halten sollen,* betrachtet er die Situation mit bitterer Ironie: „Nu hab ich [...] gesagt, der gemeyn man thut hie nichts zu [Schulen einzurichten], kans auch nicht, wills auch nicht, weys auch nicht, Fuersten und herrn solltens thun, aber sie haben auffm schlitten zufaren, zu trincken und ynn der mumerey zu lauffen und sind beladen mit hohen mercklichen gescheffen des kellers, der kuechen und der kamer. Und obs ettliche gern thetten, muessen sie die andern schewen, das sie nicht fur narren odder ketzer gehallten werden. Darumb wills euch lieben Radherrn alleyne ynn der hand bleyben, yhr habt auch raum und fug dazu, besser denn Fuersten und herrn."[7]

Die Gewichte zur Organisation eines evangelischen Schulwesens blieben so eine kommunale Angelegenheit, wie das auch schon ganz allgemein für das Schulwesen des späten Mittelalters gilt.[8] Die Reformation stieß also nicht in eine leere Fläche. Luthers Hoffnungsträger sind die Städte. Aus einer solchen kamen dann auch, noch vor Luthers bereits zitierter und gemeinhin als „Urprogramm" geltender Schrift *An die Ratsherren,* die ersten grundsätzlichen Überlegungen zu einer Reform der Bildung. Johannes Lang, Vertrauter Luthers und treibende Kraft der Erfurter Stadtreformation, war 1521 im Gefolge der reformatorischen Unruhen aus seiner Griechischprofessur an der Universität gedrängt worden. Als er 1523 kurzzeitig zurückkehren konnte, rehabilitierte er sich mit einer Semestereröffnungspredigt, die zwar im Horizont der Universitä-

---

5   WA 6, 439, 15-21.
6   Franz von Sickingen (1481-1523), Ulrich von Hutten (1488-1523).
7   WA 15, 44,33-45,6.
8   Rolf Kießling, „Schullandschaften" – ein Forschungsansatz für das Spätmittelalter und die Frühe Neuzeit entwickelt anhand süddeutscher Beispiele, in: H. Schilling/S. Ehrenpreis (Hg.), Erziehung und Schulwesen zwischen Konfessionalisierung und Säkularisierung. Forschungsperspektiven, europäische Fallbeispiele und Hilfsmittel, Münster 2003, 35-54.

ten spricht, aber keinesfalls auf diese beschränkt werden konnte. Hier begegnet zum ersten Mal die Doppelformel für das Ziel aller Bildungsbemühungen, „Gott tzů eren / vnnd dem nhesten tzů forderung"[9]. Die Verbindung von Gottes Ehre und der Förderung bzw. dem Nutzen des Nächsten blieb das Kernelement protestantischen Bildungsverständnisses bis zur Aufklärung. Lang formuliert eine Reihe von Gedanken, die Luther in der Ratsherrenschrift ebenso, nur sprachgewaltiger, ausführt. Ein völliges Verwerfen von Bildung, wie es damals als Schwärmer bezeichnete radikalprotestantische Kreise intendierten, ist abzulehnen, denn es bedarf geradezu der Spezialisten, die bei Nachfragen über die Bibel Auskunft geben können. Dazu hat Gott gerade die erneute Kenntnis der drei alten Sprachen zum rechten Verständnis der Heiligen Schrift geschenkt. Von der Bibel aus ist die Bildung auch von ihrer erzieherischen Seite her wieder ins rechte Lot zu bringen. Das Vorbild dafür findet man sogar schon bei den Ehrbaren unter den Heiden. Gute Sitten und gute Lehre bedingen einander. Es droht ein Mangel an gelehrten Leuten und deshalb sind Kinder zum Lernen und Studieren anzuhalten. Nur so lässt sich eine verantwortbare Auslegung der Heiligen Schrift gewährleisten. Nicht nur Theologen sind aber gelehrte Spezialisten, die dem Gemeinwohl dienen, sondern in gleicher Weise dient Bildung auch der Heranziehung von Juristen und Medizinern. Die Bürger Erfurts haben also allen Grund, auf ihre hohe Schule zu achten.

Luther vertieft diese Ansätze und verallgemeinert sie. Das soll hier nicht noch einmal neu ausgeführt,[10] sondern stattdessen mit einer Konkordanz dieser Aussagen veranschaulicht werden.

J. Lang: Eyn Sermon vonn menschlicher schwacheit […] auch vonn schulen odder vniversitaet tzů erhalten	M. Luther: An die Ratsherren, dass sie Schulen aufrichten und erhalten sollen.
September 1523	Januar 1524

9   Eyn Sermon vonn menschlicher schwacheit / wy er aus sich nichts vormag / vnd Gott ynn allen dingen anruffen soll / auch vonn schulen odder vniversitaet tzů erhalten / zů Sant Michel gepredigt durch Doctor Johan(n) Langen. Eccle tzů Erffordt Anno M. D. XXiij., Bl. A iiij v.
10   Vgl. Andreas Lindner, Stationen der Geschichte des evangelischen Schulwesens der Frühen Neuzeit in Mitteldeutschland, in: A. Lindner/A. Schulte (Hg.), Das evangelischen Schulwesen in Mitteldeutschland. Stationen und Streifzüge, Münster, New York, München, Berlin 2007, 11-67.

In dißer sach haben auch etlich sturmer odder schwormer nyt eynen kleynen schaden den schulen / vnd vinuersiteten gethan. Den sie sollten dye mißbreuche / vnnutze studia / vnd lection gestrafft vnd verworffen haben / so haben sie es gar auff eynen hauffenn sturtzen wöllen / gleych als bedurfft man nichts der freyen kunste / nemlich grāmatica / logica vnd rhetorica guter poeten vnd wohrder / lateinischer vnd krichischer sprach [...].[11]

Es soll uns auch nicht yrren, das ettliche sich des geysts rhuemen und die schrifft geringe achten. Ettliche auch [...] die sprachen nicht nützlich achten. [...] Das weys ich aber wol, wie fast der geyst alles alleyne thut, were ich doch allen püsschen zu ferne gewest [= hätte ich mein Ziel nicht erreicht], wo mir nicht die sprachen geholffen und mich der schrifft sicher und gewiss gemacht hetten. Ich hette auch wol kund frum sein und ynn der stille recht predigen. [...] Der teuffel achtet meynen geyst längst nicht so fast alls meine [wie meine] sprache und feder ynn der schrifft. Denn meyn geyst nympt yhm nichts denn mich allein. Aber die heyligen schrifft und sprachen machen yhm die wellt zu enge, und thut yhm schaden ynn seym reich.[12]

[...] / wylche eynem der eyn theologus seyn soll (wy Augustinus sagtt) gantz sere von nödten seyn / das er möge tzur krichischen vnd hebraischen biblien / vnd andern buchern eynn tzůflucht haben. Ich sag nit das allen von nödten sey / dz sie solche kunste vnd sprachē wissen / [...] / sondern ich sage von den, die meystere doctores, vnnd lerer sollen seyn / geschickte schuler tzůmachen vnd zů den die andern ein tzůflucht tzů fragen sollen haben.[13]

Darumb ists gar vil eyn ander ding umb eynen schlechten [einfachen] prediger des glaubens und umb eynen ausleger der schrifft [...] Eyn schlechter prediger (ist war) hat so viel heller sprüch und text durchs dolmetschen, das er Christum verstehen, leren und heyliglich leben und andern predigen kan. Aber die schrifft aus zulegen und zu handeln fur sich und zu streytten widder die yrrigen eynfuerer der schrifft, ist er zu geringe, das lesset sich on sprachen nicht thun. Nu mus man yhe ynn der Christenheyt soliche propheten

---

11 Eyn Sermon vonn menschlicher schwacheyt / wy er aus sich nichts vormag / vnd Gott ynn allen dingen anruffen soll / auch vonn schulen odder vniversitaet tzů erhalten / zů Sant Michel gepredigt durch Doctor Johan(n) Langen. Eccle tzů Erffordt Anno M. D. XXiij., Bl. A iiij v.
12 WA 15, 42,15-43,6.
13 Eyn Sermon vonn menschlicher schwacheyt / wy er aus sich nichts vormag / vnd Gott ynn allen dingen anruffen soll / auch vonn schulen odder vniversitaet tzů erhalten / zů Sant Michel gepredigt durch Doctor Johan(n) Langen. Eccle tzů Erffordt Anno M. D. XXiij., Bl. A iiij v – B r.

	haben, die die schrifft treyben und ausle-gen und auch zum streytt tugen [= tau-gen], und ist nicht genug am heyligen leben und recht leren. Darumb sind die sprachen stracks und aller dinge von noetten ynn der Christenheyt, gleich wie die Propheten oder ausleger, obs gleich nicht not ist noch seyn mus, das eyn iglicher Christ odder prediger sey eyn solich Prophet, wie sanct Paulus sagt 1. Cor 12. und Ephe 4.[14]
Wyr haben tzů vnsern gezeyten ein große hulff / vnd sonderlich mittel von Got gegeben gehabt tzů kōmen zům rechten vorstandt der heyligen geschrifft der biblien. Daß aber ist geweßen / das dye rechte studia yn Latein / kriechi-scher vn(d) hebraischer tzungen wider an tag kom(m)en seyn / dardurch wir vorursacht seyn vns tzum rechten vnd waren Brunnen tzůwenden so wir / vnd vnsere vorfarn lange tzeyt auß den flyeßen / vn(d) vermeynten bechlen getruncken hatte(n). [...] [15]	‚Ja‘, sprichstu [...], ‚ob man gleich sollt und mueste schulen haben, was ist uns aber nuetze, lateynisch, kriechisch und ebreyisch zungen [Sprache] und andere freye kuenste zu leren? Künden wyr doch wol deutsch die Bibel und Gottis wort leren, die uns gnugsam ist zur selickeyt‘. Antwort: Ja, ich weys leyder wol, das wyr deutschen muessen ymer bestien und tolle thier seyn und bleyben, wie uns denn die umbligende lender nennen und wyr auch wol verdienen. [...]
	Darumb, lieben deutschen, lasst uns hie die augen auff thun, Gott dancken fur das edel kleynod und fest drob hallten, das uns nicht wider entzuckt [entrissen] wer-de und der teuffel nicht seinen mutwillen buesse. Denn das konnen wir nicht leu-cken, das, wie wol das Euangelion alleyn durch den heyligen geyst ist komen und teglich kompt, so ists doch durch mittel der sprachen komen und hat auch dadurch zugenomen, mus auch da durch behallten werden. Denn gleich alls da Gott durch

---

14 WA, 40,14-40,26.
15 Eyn Sermon vonn menschlicher schwacheyt / wy er aus sich nichts vormag / vnd Gott ynn allen dingen anruffen soll / auch vonn schulen odder vniversitaet tzů er-halten / zů Sant Michel geprediget durch Doctor Johan(n) Langen. Eccle tzů Erf-fordt Anno M. D. XXiij., Bl. A iiij v – B r.

die Apostel wollt ynn alle wellt das Euangelion lassen komen, gab er die zungen dazu [Apg 2]. Und hatte auch zuvor durch der Roemer regiment die kriechische und lateynische sprach so weyt ynn alle land ausgebreyttet, auff das sein Euangelion yhe bald fern und weyt frucht brechte. Also hat er itzt auch gethan. Niemant hat gewust, warumb Gott die [Kenntnis der] Sprachen erfuer lies komen, bis das man nu allererst sihet, das es umb des Euangelio willen geschehen ist, wilchs er hernach hat woellen offinbarn und dadurch des Endchrists regiment auff decken und zu stören. [...] So lieb nu alls uns das Euangelion ist, so hart last uns uber den sprachen hallten. Denn Gott hat seyne schrifft nicht umb sonst alleyn ynn die zwo sprachen schreiben lassen, das allte testament in die Ebreische das new in die Kriechische. [...] Und last uns das gesagt seyn, Das wyr das Euangelion nicht wol werden erhallten on die sprachen. Die sprachen sind die scheyden, darynn dis messer des geysts stickt. Sie sind der schreyn, darynnen man dis Kleinod tregt. Sie sind das Gefess, darynnen man disen tranck fasset.[16]

Die heyden auch do erbarkeyt ynen gewesen ist / haben diße meynung gehatt / das man grossern fleys haben sol auff gute sytten in der jugent / den allein auf die lar. Den Plinius der junger / im dritten buch der episteln / vnd der redlyche gelerte quintilianus / yn welchem ich besonder eyn erbar gemuet erken / ym ersten buch seyner vnterweysung sagen also. Es ist mer acht

Und hie [bei der Organisation des weltlichen Regiments und damit auch der bürgerlichen Gesellschaft] bieten uns die heyden eyn grossen trotz und schmach an, sonderlich die Roemer und Kriechen, [die] gar nichts gewust haben, ob solicher stand Gott gefiele aber [oder] nicht, und haben doch mit solichem ernst und fleys die jungen knaben und meydlin lassen lernen und auff zihen, das sie dazu ge-

---

16   WA 15, 36,6- 38,10.

tzůnemen das man redlych lebe / den
das man wol reden lerne. Wiewol ich
haltt / das sie bey eynander stehen
mögen / vnd untzůrteilt seyn. Den ich
halte keynen vor eynen rechten edner /
odder prediger / er sey den auch ein
redlich man / vn(d) wens auch möglich
were / so wil ich yn doch nit haben.
Seht wy feyn vnd schön dißer heyde
von schulen vn(d) leren geschrieb(e)n
hat / wolt wir Got christen nemens tzů
hertz / vnd richten widder schulen tzů /
vnd vniuersiteten / odder wy man sy
nennen wolt / darynnen tzůgleich / gutt
sieten / vnd gute lar gelernet wurden.[17]

schickt wurden, das ich mich unser Christen schemen mus, [...].[18]

Ich sag das auff meyne trew / vnnd habs
offt yn offentlichen lectionibus vnd
predigen mitt betrubten hertzen gesagt /
vnd geklagt / das wir yn tzehen oder
tzwentzig jaren / großen mangel vn(d)
gebruch leiden werden / vō wegen
gelerter erfarner leute / so nit in kurtz
tzůn schulen aufftzůrichten gethan
wirtt.[19]

Weyl denn eyne stadt soll und mus leute
haben und allenthalben der groeste gebre-
che, mangel und klage ist, das an [geeig-
neten] leuten fehle, so mus man nicht
harren, bis sie selbs wachsen, man wird
sie auch wieder [weder] aus steynen
hawen noch aus holtz schnitzen, so wird
Gott nicht wunder thun, so lange man der
sachen durch ander seyne dargethane
guetter geraten kan. Darumb muessen wyr
dazu thun und muehe und kost dran wenden, sie selbst erzihen und machen. Denn
wes ist die schuld, das es itzt ynn allen
stedten so dünne sihet von geschickten
leutten, on der oberkeyt [wenn nicht die
Obrigkeit], die das junge volck hatt lassen
auff wachsen, wie das holtz ym wald

---

17 Eyn Sermon vonn menschlicher schwacheyt / wy er aus sich nichts vormag / vnd
     Gott ynn allen dingen anruffen soll / auch vonn schulen odder vniversitaet tzů er-
     halten / zů Sant Michel gepredigt durch Doctor Johan(n) Langen. Eccle tzů Erf-
     fordt Anno M. D. XXiij., Bl. A iiij v–B r–v.
18 WA, 44,14-18.
19 Eyn Sermon vonn menschlicher schwacheyt / wy er aus sich nichts vormag / vnd
     Gott ynn allen dingen anruffen soll / auch vonn schulen odder vniversitaet tzů er-
     halten / zů Sant Michel gepredigt durch Doctor Johan(n) Langen. Eccle tzů Erf-
     fordt Anno M. D. XXiij., Bl. A iiij v–B v.

	wechset, und nicht zu gesehen, wie mans lere und zihe?[20]
Das euangelion sole vns vrsach geben, das man dye kinder studiren vn(d) lernen ließ / das sie ye leßen lernetten / vnd wo sie furder geschickt dartzů [...] / auch andere kunste / vnd tzungen (in)begriffen / das sie darnach andern leuten / mit leren vnd predigen dienen möchten / [...].[21]	Wilche aber der ausbund dar unter were [Wenn sich aber einige besonders hervortun], der man sich verhofft, das geschickte leut sollen werden zu lerer und lereryn, zu prediger und andern geystlichen emptern, die soll man deste mehr und lenger da bey lassen odder gantz daselbs zu verordenen [...]. So muessen wyr ja leutt haben, die uns Gottis wort und sacrament reichen und seel warter seyen ym volck. Wo woellen wyr sie aber nemen, so man die schulen zurgehen [eingehen] lesst und [dafür] nicht andere, Christlicher auffrichtet?[22]
Nu gleich als ich jezundt von den theologen oder predigern gesagt hab / wy in von nodten seyen gute kunste / vnd andere sprache / vber die lateinische / vnd andere mancherley vbung also sag ich auch vonn den Juristen vnd medicis / vonn den ertzten / dye alle auch sonderliche große förderung vnd hulff empfangen / so sie yber den freyen kunsten / yn guten rechten studijs / vn(d) sprachen geubt werden. Die kunste vnd stodia seyn gut vnd nutz / so mann sie recht gebraucht. Man kann auch in vnd mit den allen dem nhesten dienen / so man wyl Got voraugen	Wenn nu gleich [...] keyn seele were und man der schulen und sprachen gar nicht dürffte umb der schrifft und Gottis willen, So were doch alleyn dise ursach gnugsam, die aller besten schulen beyde fur knaben und meydlin an allen ortten auff zu richten, das die welt auch yhren welltlichen stand eusserlich zu halten, doch [es] bedarff [dazu] feiner, geschickter menner und frawen. Das die menner wol regirn kuenden land und leutt, Die Frawen wol zihen und hallten kuenden haus, kinder und gesinde. Nu soliche menner muessen aus knaben werden, und soliche frawen muessen aus meydlin werden.

---

20 WA, 35, 15-23.

21 Eyn Sermon vonn menschlicher schwacheyt / wy er aus sich nichts vormag / vnd Gott ynn allen dingen anruffen soll / auch vonn schulen odder vniuersitact tzů erhalten / zů Sant Michel geprediget durch Doctor Johan(n) Langen. Eccle tzů Erffordt Anno M. D. XXiij., Bl. A iiij v – B v.

22 WA, 47,13-48,2.

haben / vnd dye rechte christliche lyeb.[23]	Darumb ists zu thun, das man kneblin und meydlin recht lere und auff zihe.[24]
Es seynt also vil tzins / rende / vnd einkommen hy tzů Erffurt dass man redlich lection vnd schulen wol erhaltenn kundt, so man den gemeinen nutz fordern will.[25]	Auch soll sich ein iglicher burger selbs das lassen bewegen: hatt er bisher so viel gelts und gutts an ablas, messen, vigilien, stifften, testament, jartagen, bettel muenchen, bruderschafften, wallfarten und was des geschwuerms mehr ist, verlieren muessen, und nu hynfort von Gottis gnaden solches raubens und gebens los ist, woellt doch Gott zu danck und zu ehren hynfort des selben eyn teyl zur schulen geben, die armen kinder auff zuzihen, das so hertzlich wol angelegt ist,[26] [= Dafür wäre das Geld besonders gut angelegt.]

23 Eyn Sermon vonn menschlicher schwacheyt / wy er aus sich nichts vormag / vnd
    Gott ynn allen dingen anruffen soll / auch vonn schulen odder vniversitaet tzů erhalten / zů Sant Michel gepredigt durch Doctor Johan(n) Langen. Eccle tzů Erffordt Anno M. D. XXiij., Bl. A iiij v – B ij r.

24 WA, 44,24-33. Von Anfang an sind die Mädchen mit im Blickfeld des reformatorischen Bildungsimpulses, wie dieses und zwei der vorangegangenen Zitate aus Luthers Ratsherrenschrift zeigen. Obwohl der grundsätzliche Bildungsanspruch für Mädchen auch bei den folgenden Reformern immer mit bedacht wird und in den bedeutenden Schulordnungen (vgl. unten: Gothaischer Schulmethodus, Allgemeines Preußisches Landschulreglement) gleichsam selbstverständlich auftaucht, kam es hier in der Praxis bis weit ins 19. Jahrhundert hinein nie zu einer nachhaltigen Entwicklung. Der letzte Exponent dieses Aufsatzes, Johannes Trüper, fiel unter anderem dadurch auf, dass er in seinem Erziehungsheim die heftig umstrittene Koedukation von Jungen und Mädchen einführte. Zum Thema vgl. E. Kleinau/Chr. Mayer, Erziehung und Bildung des weiblichen Geschlechts. Eine kommentierte Quellensammlung zur Bildungs- und Berufsbildungsgeschichte von Mädchen und Frauen, 2 Bände, Weinheim 1996; Andreas Lindner, Stationen der Geschichte des evangelischen Schulwesens, in: A. Lindner/A. Schulte (Hg.), Das evangelischen Schulwesen in Mitteldeutschland. Stationen und Streifzüge, Münster New York München Berlin 2007, 63-65; Juliane Jacobi, Mädchen- und Frauenbildung in Europa von 1500 bis zur Gegenwart, Frankfurt/M. 2013.

25 Eyn Sermon vonn menschlicher schwacheyt / wy er aus sich nichts vormag / vnd
    Gott ynn allen dingen anruffen soll / auch vonn schulen odder vniversitaet tzů erhalten / zů Sant Michel gepredigt durch Doctor Johan(n) Langen. Eccle tzů Erffordt Anno M. D. XXiij., Bl. A iiij v – B ij r.

26 WA, 30,22-28.

Man kann ein Bildungswesen wie eine Pyramide von der Spitze her betrachten. Lang tut dies, weil er im Rahmen eines universitären Akts spricht. In der Praxis wird jedes Bildungswesen wie die Pyramide von der Basis her gebaut. Aus diesem Blickwinkel schreibt Luther. Das unterscheidet beider Äußerungen, bindet sie aber zugleich zusammen, denn noch immer ist, modern gesprochen, die Grundschule das Propädeutikum einer jeden Universität.

Praktische Gestalt gewann das reformatorische Bildungsprogramm durch die Notwendigkeit, das neue reformatorische Kirchenwesen zu organisieren. In Melanchthons *Unterricht der Visitatoren* für die große kursächsische Kirchenvisitation von 1527/28 wird das Schulwesen ausdrücklich mit bedacht, da es in seinem kommunalen Rahmen unweigerlich immer mit dem Kirchenwesen verknüpft war. Die Schule erbrachte mit dem Chordienst ihrer Zöglinge einen wesentlichen Dienst für die Messe. So war die musikalische Unterweisung der Kinder als konstitutiver Bestandteil gemeindlicher Lebenspraxis vom späten Mittelalter her die Nahtstelle zwischen Schule und Kirche. Der Chordienst der Schulknaben drückte die Ganzheitlichkeit eines Lebensgefühls aus, das noch nicht zwischen weltlich und kirchlich, Schule und Kirche unterschied. Wenn der Kantor und seine Schützlinge vom Schulhaus zur Kirche zogen, so dienten sie derselben Gemeinde, die auch die Schule unterhielt. Eine Visitation des Kirchenwesens konnte also die schulorganisatorischen Verhältnisse gar nicht außen vor lassen. Die Visitationsprotokolle weisen bis zur Säkularisation des Schulwesens immer die Befragung von Pfarrern und Lehrern aus. Und ebenso lange blieben die Schulordnungen zumeist Bestandteil der jeweiligen Kirchenordnungen. Mit der Visitation von 1527/28 war nun auch die Ebene der Dorfschulen erreicht, die in den allgemein gehaltenen theoretischen Überlegungen nicht explizit vorkamen. Gleichzeitig waren sie die praktische Grundlegung einer Bildung für alle, indem Melanchthons System der Einteilung der Schüler in drei Haufen, den flexiblen Koordinaten von Begabung und Leistungsentwicklung der Kinder folgte und keine starren Grenzen definierte. Luthers Großer Katechismus von 1529 lenkt als Handreichung für die sich neu konstituierende Pfarrerschaft in der Auslegung des vierten Gebots nun noch einmal auf der praktischen Ebene die Aufmerksamkeit auf den Zusammenhang von Erziehung und Ausbildung mit dem göttlichen Heilsplan und weltlicher, gesellschaftlicher Wohlfahrt. Auch wenn die Eltern zuerst in der Pflicht sind, so fallen doch dem Geistlichen die Schulaufsicht und damit die Verantwortung für die Rahmenbedingungen des Lernens zu.

„Da ist nu abermal die leidige Plage, daß niemand solchs wahrnimmt noch achtet, gehen hin, als gäbe uns Gott Kinder, unser Lust und Kürzweil

daran zu haben, das Gesinde wie eine Kuhe oder Esel allein zur Erbeit zu brauchen oder mit den Untertanen unsers Mutwillens zu leben, lassen sie gehen, als
ging's uns nichts an, was sie lernen oder wie sie leben, und will niemand sehen,
daß der hohen Majestät Befehl ist, die solchs ernstlich wird fodern und rächen,
noch daß so große Not tuet, daß man sich der Jugend mit Ernst annehme. Denn
wöllen wir feine, geschickte Leute haben, – beide, zu weltlichem und geistlichem Regiment, so müssen wir wahrlich kein Fleiß, Mühe noch Kosten an
unsern Kindern sparen, zu lehren und erziehen, daß sie Gott und der Welt dienen mögen, und nicht allein dencken, wie wir ihn Geld und Gut sammeln. Denn
Gott kann sie wohl ohn uns nähren und reich machen, wie er auch täglich tuet.
Darumb aber hat er uns Kinder geben und befohlen, daß wir sie nach seinem
Willen aufziehen und regieren, sonst dürfte er Vater und Mutter nirgend zu.
Darumb wisse ein ieglicher, daß er schuldig ist, bei Verlust göttlicher Gnade,
daß er seine Kinder fur allen Dingen zu Gottes Furcht und Erkenntnis ziehe,
und wo sie geschickt sind, auch lernen und studieren lasse, daß man sie, wozu
es not ist, brauchen künnde."[27]

Bis 1529 war auch die Materialbasis für das neue Schulwesen gelegt. Der
kleine Katechismus und das lutherische Bibelübersetzungswerk bildeten die
Grundlagen der elementaren Literalität im neuen Schulwesen. Generationen
von Schülern wurden mit dem Kleinen Katechismus, den Psalmen und den
Evangelien alphabetisiert.

Die Sprengkraft der Reformation des Schulwesens wird an der Reaktion
des altgläubig bleibenden Teils der Kirche deutlich. Während im katholischen
Konfessionalisierungsprozess, abgeschlossen mit dem Tridentinum, die bewusste Abgrenzung von reformatorischen Ansätzen ein wesentlicher Maßstab
ist, kopiert man die reformatorische Bewegung in Bezug auf Schulwesen und
allgemeine Bildungsgrundlagen unter den notwendigen Adaptionen an die
katholische Lehre. Schon den Zeitgenossen blieb nicht verborgen, dass die
altgläubigen Anstrengungen, dem Erfolg der lutherischen Bibelübersetzung
gegenzusteuern, völlig von dieser abhängig waren. So blieben die Übersetzung
des Neuen Testaments durch Hieronymus Emser 1527, sowie der ganzen Bibel
durch Johann Dietenberger 1534 und Johann Eck 1537, Versuche auf der Aus-

---

27 Die Bekenntnisschriften der evangelisch-lutherischen Kirche, Göttingen [11]1992,
603f.

gangsbasis des Luthertextes theologische Korrekturen im eigenen Sinne einzutragen.[28]

---

28 Hieronymus Emser (1478-1527), seit 1506 als Sekretär und Kaplan in Diensten Herzog Georgs des Bärtigen von Sachsen. In dessen Auftrag erarbeitete er in direkter Reaktion auf Luthers Septembertestament ab 1523 *Das naw testament nach lawt der Christlichen kirchen*, das 1527 erschien. Zu ihm vgl. Josef Steinruck, Art. Hieronymus Emser, in: Theologische Realenzyklopädie Bd. 9, Berlin 1982, 576-580; Heribert Smolinsky, Hieronymus Emser, in: E. Iserloh (Hg.), Katholische Theologen der Reformationszeit I, Münster ²1996, 37-46.
Johann Dietenberger (um 1475-1537), Dominikaner, nach verschiedenen Funktionen in Klöstern seines Ordens seit 1532 Professor der Theologie in Mainz. Im Titel seiner Bibel wird das Programm offen ausgesprochen: *Biblia / beider Allt vnnd Newen Testamenten / fleissig / treülich vnnd Christlich / nach alter inn Christlicher kirchen gehabter Translation / mit außlegung etlicher dunckeler ort / vnnd besserung viler verrückter wort vnd sprüch / so daß anhere inn andern kurz außgangnen theutschen Bibeln gespürt vnd gesehen.* Zu ihm vgl. Peter Fabisch, Johannes Dietenberger, in: E. Iserloh (Hg.), Katholische Theologen der Reformationszeit I, Münster ²1996, 82-89.
Johann Eck (1486-1543), seit 1510 Professor der Theologie in Ingolstadt, agierte mit seiner Bibelübersetzung im Auftrag Herzog Wilhelms IV. von Bayern: *Alt und new Testament in der hailigen kirchen gebraucht, duch doctor Johan. Ecken, mit fleiß, an hohteutsch verdolmetscht.* Ein Brief Ecks an den Salzburger Erzbischof Matthäus Lang von Wellenburg, in dem er sein Übersetzungswerk 1536, ein Jahr vor seinem Erscheinen, kommentiert, reflektiert die Zwangssituation, in der sich die altgläubige Kirche hier befand: „Es ist mir unverborgen, auß was gutem grund und vernünftigen ursachen von alter her durch weiß hohverstendig leut ist geacht worden, nit nutz, gut oder hailsam sein, das die hailig gschrift, die Biblisch bücher in ain gmaine landleufige sprach (vernaculum linguam) zu vertolmetschen, sunder auch gfärlich und schädlich gehalten worden. Dan dar durch der gmain lai leichtlich in hohfahrt sich erhebt, ihm selbs wolgefelt, das er die hailige gehaimnis und schwäre stell der gschrift in seiner vermainter witz handlen und außlegen kann, wie S. Hieronymus in der vorred der Bibel sich beklagt, das iederman sich underwind die gschrift zu handlen, das alt weib,der alt man etc. So doch kainer sich understat in andern künsten gelert zu werden on vorgenden maistern, der ihm den weg zaige. [...] Wiewol ich nun der schwärlicher arbait gern über haben, auß ursachen anfänglich erzelt, das nit allweg gut ist dem laien jedes buch der bibel zu lesen, jedoch so ich gesehen, das allenthalb die gefälschten Bibel braucht und gelesen wurden und maniger frummer bestendiger Christ, der ab der zerreissung ain grewel trug und doch der unverserten und unbefleckten Bibel begierig, hab ich [...] mit grosser stetwiriger mü das alt testament treülich verteutscht mit fleissigen anschawen und collationieren viler wol corrigierter büecher, auch in mangerlai sprachen, wa es die noturft erfordert." (Vinzenz Pfnür (Hg.), bearbeitet von P. Fabisch und II. J. Gerste unter Verwertung von Vorarbeiten von J. Greving und K. Rischar, Johannes Eck 1486-1543, Internet-Edition der Universität Münster in vorläufigem Bearbeitungsstand, Briefwechsel Nr. 321 vom 30.11.1536). Zu ihm vgl. Erwin Iserloh, Art. Jo-

Die Sachlage blieb in dieser Hinsicht so problematisch, dass Papst Paul IV. 1559 ein Verbot erließ, Bibeln in der Volkssprache ohne kuriale Erlaubnis zu drucken, zu besitzen oder zu lesen. Eine ähnliche Entwicklung vollzog sich im Bereich der Katechismen, sowohl was die Ausbreitung von Luthers Kleinem Katechismus als auch altgläubige Gegenreaktionen betrifft. Lange vor Petrus Canisius bekanntem *Kleinen Katechismus* von 1556 gab Dietenberger 1537 einen katholischen Katechismus heraus.[29] Wie schwierig es war, sich von den effizienten protestantischen Vorlagen zu lösen, zeigte sich 1626/27, als im Zuge der Gegenreformation in Schlesien eine große Kirchenvisitation zu Tage förderte, dass die katholischen Pfarrer Luthers Predigtpostillen benutzten.[30] Generell aber holte die katholische Seite ab der Mitte des 16. Jahrhunderts den Vorsprung der Protestanten im Schulwesen auf und wurde vor allem durch die Jesuiten, später auch durch weitere auf die Schulen konzentrierte Orden konkurrenzfähig.

Dass Fortschritte in der Vermittlung der Notwendigkeit von Bildung keine Selbstläufer waren, zeigt Luthers Sermon *Dass man die Kinder zur Schule halten solle* von 1530. Trotz des erheblichen Engagements Luthers und Melanchthons war die Organisation des Schulwesens in den evangelisch gewordenen Territorien eine langwierige Angelegenheit. In der Widmung an den Nürnberger Stadtschreiber Lazarus Spengler[31] wird deutlich, dass Luther diese Abhandlung als eine Art Sendschreiben an die Pfarrer verstand, die seine Argumente als Multiplikatoren unter das Volk bringen sollten: „Ich hab einen sermon gefasset an die Prediger, so hin und widder sind, das sie die leute vermanen, jhre kinder zur schulen zu halten, Und ist mir unter henden gewachsen und schier ein buch worden, wie wol ich mit gewallt hab mussen mich auffhalten, das nicht allzu gros wurde, so reich und vol ist solch Thema, Und wolt ja gern, das er viel nutz schaffet."[32]

---

hannes Eck in: Theologische Realenzyklopädie Bd. 9, Berlin 1982, 249-258; ders. Johann Eck, in: E. Iserloh (Hg.), Katholische Theologen der Reformationszeit I, Münster [2]1996, 65-73.

29 Einen Überblick zum Thema mit einer tabellarischen Auflistung lateinischer und deutscher Katechismen von 1501 bis 1566 bietet Alfred Läpple, Kleine Geschichte der Katechese, München 1981, 86-111.

30 Vgl. Heinrich Ziegler, Die Gegenreformation in Schlesien, Halle/S. 1888, 59.

31 Lazarus Spengler (1479-1534) war maßgeblich an der Umwandlung des Schottenklosters St. Aegidien in das erste evangelische Gymnasium Nürnbergs, und damit eines der ersten evangelischen Gymnasien überhaupt, beteiligt, indem er Melanchthon als Berater gewann.

32 WA 30,2, 517, 6-11.

Die Problematik hinsichtlich der Adressaten von Schule war immer noch die gleiche wie Anfang der zwanziger Jahre. Obwohl sich ein evangelisches Schulwesen zu entwickeln begonnen hatte, konstatiert Luther eine große Zurückhaltung der Eltern, ihre Kinder zur Schule zu schicken. Gemeint ist damit die Lateinschule, weil man über die Elementarbildung an der deutschen Schule hinaus keinen Sinn im Erwerb einer weiterführenden Bildung sah. Der zentrale Begriff seiner Ausführungen ist demgemäß der des Nutzens. Nutzen in zweifachem Sinn als geistlicher Nutzen und als weltlicher Nutzen und ausdrücklich in dieser Reihenfolge. Wir würden heute von Berufsorientierung oder Berufsberatung sprechen. Nachdrücklich redet er den Eltern ins Gewissen, dass es zu ihrer Verantwortung vor Gott gehört, ihre entsprechend begabten Kinder zu fördern, um das Spektrum der Ämter und Funktionen zu besetzen, die die Organisation, Leitung und Verwaltung der ganzen Gesellschaft tragen und eine akademische Ausbildung erfordern: Pfarrer, Lehrer, Juristen als Kanzler, Schreiber, Richter, Sachwalter, Notare und Hofräte und Ärzte. Die Eltern stehen hier in einer Pflicht, der sie sich nicht entziehen dürfen. Denn eben darum hat ihnen Gott ihre Kinder geschenkt. Als Haupthindernis sieht Luther, dass die Eltern die Kosten des Schul- und Hochschulbesuchs ihrer Kinder scheuen und versucht hier Ängste abzubauen. Da an Maßnahmen der Obrigkeit zur Förderung begabter Kinder aus den unteren Schichten 1530 noch kaum zu denken war, wirbt er gerade um diese Kinder formal mit allen Registern einer suggestiven Sprache und inhaltlich mit zwei Hauptargumenten: dem geistlichen Argument des Gottvertrauens und dem ganz weltlichen Argument glänzender Zukunftsperspektiven:

„Es ist ja kein theurerer schatz noch edler ding auff erden und jnn diesem leben denn ein rechter trewer Pfarrer odder Prediger.[33] [...] Auch das du nicht zu seer sorgest, wo dein son erneeret werde, wenn er sich auff die lare [zum Studium] gibt und zu solchem Göttlichen ampt und dienst, so hat Gott dich auch hierinn nicht gelassen noch vergessen, auff das du ja nicht sorgen noch klagen solltest, Er hat verheissen durch Sanct Paulus 1. Corinthi. 9: ‚Wer dem Euangelio dienet, soll vom Euangelio erneeret werden‘ Und Christus selbs Matthei 10: ‚Ein erbeiter ist seins lohns werd‘. [...] Auch so rechen du selbs, wie viel pfarrhen und Predigstuele, Schulen, Kustereien fur handen sind, die noch itzt das mehrer teil gnugsam versorget sind, und teglich ledig werden. Was sind das anders denn kuchen und keller, von Gott bestellet deinem son, das er seine narung schon hat zubereit, ehe er sie brauchet und dazu nicht erwerben

---

33   WA 30,2, 533, 25–27.

darff?[34] [...] Aber weil du denn ja den Mammon und narung so fast suchest, so sihe doch hie, wie viel und grosse güter Gott auff die schulen und gelerten gestifft hat, das du die lare und kunst [Lehre und Wissenschaft] nicht von des armuts wegen darffst verachten. Da sihe: Keiser und Könige müssen Cantzler und schreiber, Rethe, Juristen und gelerten haben. Kein Fürst ist, er mus Cantzeler, Juristen Rethe, gelerte und Schreiber haben. Also auch alle Graven, Herrn, Stedte, Schlosser müssen Sindicos, Stad schreiber und sonst gelerte haben. Ist doch kein Edelmann, er mus einen schreiber haben. Und das ich von gemeinen gelerten auch sage: wo sind noch die Berckwerck, Kauff leute, Hantierer? [...] Wo wil man uber drey jar doch gelerte leute nemen, so all bereit hin und widder der mangel anhebet?[35] [...] Darumb las deinen son getrost studirn, und solt er auch die weil nach Brot gehen, so gibstu unserm Herrgott ein feines höltzlin, da er dir einen Herrn aus schnitzen kan. Es wird doch dabei bleiben, das dein und mein son, das ist: gemeiner leute kinder, werden die welt müssen regiern, beide jnn geistlichem und weltlichem stande, [...] Denn die reichen geitz wanste könnens und wollens nicht thun, Sie sind des Mammon Cartheuser vnd Munche, des mussen sie tag und nacht warten. So vermügens die gebornen Fursten und Herrn alleine nicht, Und sonderlich vermugen sie das geistlich ampt gar nichts verstehen; Alo mus wol beide regiment auff erden bleyben bei den armen mittelmessigen und gemeien leuten und bey jhren kindern.“[36]

Diese Ausführungen zeigen deutlich, dass es bei der Werbung um begabte Kinder jenseits der ständisch-sozialen Schranken um die Ausbildung einer Verwaltungs- und Funktionselite für die sich zunehmend organisierenden frühneuzeitlichen Territorialstaaten ging, aber noch nicht um den Horizont einer Bildung für alle.[37] Tatsächlich kam mit der Gründung der sächsischen Fürstenschulen ab 1543 und der Württembergischen Klosterschulen ab 1556 die Bildung der benötigten Funktionseliten beispielhaft in Gang.

Die zweite Hälfte des 16. Jahrhunderts brachte in den größeren Territorien aller drei sich herausbildenden Konfessionen zunächst eine Tendenz zur Vereinheitlichung des Schulwesens durch die jeweiligen Landesherrschaften. Ein

---

34 WA 30,2, 548, 26–549, 26.
35 WA 30,2, 565, 26–37.
36 WA 30,2, 577, 21–31.
37 Wobei Luthers Bildungsbegriff nicht rein funktional im Sinne eines sozialen Aufstiegs fokussiert ist. Er kann auch den allgemeinen Wert von Bildung betonen. Die Lateinschule schadet nach seiner Ansicht auch dem Knaben nicht, der „darnach ein handwerck lernt und burger wird [...] schadet ihm auch solche lere nichts zur narung, kan sein haus deste bas regieren [...].“ WA 30,2, 546, 23–26.

innerer Vorschub war insofern gegeben, als sich sehr viele Schulpatrone bei der Einrichtung ihrer Schulen immer wieder an zwei Kardinalprogrammen zu ihrer Gestaltung orientiert hatten: Melanchthons *Unterricht der Visitatoren* von 1527 und die *Straßburger Schulordnung* der durch Jakob und Johannes Sturm 1537/38 eingerichteten Straßburger Lateinschule. Die „Veräußerlichung" dieser Entwicklung war Bestandteil des zentralisierenden und rationalisierenden Ausbaus der frühneuzeitlichen Staatswesen. Mit ihr erfolgte gleichzeitig die Verschiebung der Gewichte weg vom kommunalen Charakter des Schulwesens hin zu einem gesamtstaatlich-territorialen Charakter. Im größten mitteldeutschen Territorium, in Kursachsen, regelten seit 1557 *Generalartikel*[38] eine einheitliche geistliche Schulaufsicht durch die Superintendenten. 1580 kam diese Entwicklung mit der *Kurfürstlich Sächsischen Kirchen- und Schulordnung*[39] zu einem gewissen Abschluss. Der damalige Kurfürst August hatte sich dazu 1576 mit dem Tübinger Universitätskanzler Jacob Andreae Beraterkompetenz von außen geholt. Die wichtigsten Ergebnisse der von Andreae konzipierten Ordnung bestanden in der Aufstellung einheitlicher Kriterien bezüglich der Pflichten der Lehrer – modern gesprochen eine Arbeitsplatzbeschreibung. Damit verbunden weiterhin eine Vereinheitlichung des Stundenplans und der zu benutzenden Lehrbücher. Diese Ordnung galt für alle Schultypen, wenn auch mit unterschiedlicher Gewichtung. Ihr Hauptaugenmerk galt unter der Bezeichnung „Particular=Schulen" den städtischen Lateinschulen und sodann den „Fürsten=Schulen", die einen Sonderstatus inne hatten. Die Bestimmungen für die Elementarschulen, die „Deutschen Schulen" bilden von Stellung und Umfang her nur ein Anhängsel dieser Ordnung.

Bildung für ausdrücklich alle wird 60 Jahre später zum ersten Mal wirksames Programm im Herzogtum Ernst des Frommen von Sachsen-Gotha. Die Einforderung der allgemeinen Schulpflicht in der Schulordnung seines Schulorganisators Andreas Reyher holt ein, was bereits in Melanchthons *Unterricht der Visitatoren* angelegt war. Schon der Titel signalisiert das: *Special= und sonderbahrer Bericht / Wie nechst Göttlicher verleyhung / die Knaben und Mägdlein auff den Dorffschafften / vnd in den Städten die vnter dem vntersten Hauffen der Schule Jugend begriffene Kinder im Fürstenthumb Gotha/ Kurtz=*

---

38 Reinhold Vormbaum (Hg.), Die evangelischen Schulordnungen des sechszehnten Jahrhunderts, Bd. 1, Gütersloh 1860.

39 Ebd. 230-296. Die herzoglichen Territorien der ernestinischen Linie in Thüringen hatten sich bereits 1573 auf eine gemeinsame Ordnung, die *Ratio administrandi scholas triviales* verständigt; vgl. Reinhold Vormbaum (Hg.), Die evangelischen Schulordnungen des sechszehnten Jahrhunderts, Bd. 1, Gütersloh 1860, 580-606.

vnd nützlich vnterrichtet werden können vnd sollen. Das zweite Kapitel „Von
den Kindern vnd Schülern" eröffnet, nicht mehr werbend sondern anordnend,
mit der Bestimmung: „Die Kinder sollen jedes Orths alle / keines ausgenom-
men / Knaben vnd Mägdlein das gantze Jahr stets nach einander in die Schule
gehen / ohne allein in der Erndte / da man jhnen vier Wochen / deßgleichen off
die Kirchmessen etliche Tage sol feyer geben."[40] Das betrifft Kinder ab dem
fünften Lebensjahr. Der Bericht erschien selbständig und nicht als Bestandteil
einer Kirchenordnung. Die Gothaische Schulreform hatte eine Vorgeschichte in
Person und Werk eines Mannes, der wohl als erster Pädagoge von Beruf bezeichnet werden kann. Wolfgang Ratke / Ratichius (1571-1635) wirkte nicht
unbeachtet, aber doch weitgehend erfolglos, weil die Zeit für die Pädagogik als
eigenständiger Beschäftigung noch nicht reif war. Zudem blieb er mit seinen
Vorstellungen gleichsam zwitterhaft zwischen den Zeiten stecken. Einerseits
dachte er noch ganz vom theologischen Fundament des Luthertums her, wenn
er dem Unterricht unmittelbare Bedeutung für das Seelenheil zuschrieb und
entsprechend die Bibel und die ihr verbundenen alten Sprachen zentrale Unterrichtsgegenstände blieben. Andererseits brach er das auf diesen Altsprachen
basierende althumanistische Bildungsideal auf, indem er dem Deutschen den
gleichen Rang einer Bildungs- und Unterrichtssprache zubilligte. Als Muttersprache sollte es das Lateinische als Hauptverständigungssprache in der Schule
ablösen. Mit diesen Vorstellungen beginnt der Emanzipationsprozess der Pädagogik von der Theologie: der Erfolg des Unterrichts hängt von einer sach- und
adressatengerechten Didaktik ab, weshalb diese gesondert und besonders zu
beachten ist. Hier sind bereits frühaufklärerische Vorstellungen präsent, die
sich auch in universalen Bildungszielen äußern. So hoffte er, mit seiner Bil-
dungsreform den konfessionellen Gegensatz überwinden zu können. In seinen
letzten beiden Lebensjahrzehnten hielt er sich überwiegend in Mitteldeutschland auf, um hier seine Vorstellungen zu verwirklichen. Von 1618 bis 1620
erhielt er in Köthen die Möglichkeit, seine Didaktik in die Praxis umzusetzen,

---

40 [Andreas Reyher]: Special= vnd sonderbahrer Bericht Wie [...] / die Knaben und
    Mägdlein auff den Dorffschafften / vnd in den Städten die vnter dem vntersten
    hauffen der Schule Jugend begriffene Kinder im Fürstenthumb Gotha / Kurtz= vnd
    nützlich vnterrichtet werden können vnd sollen. Gotha 1642 (Unveränderter foto-
    mechanischer Nachdruck, Leipzig 1970), Das Ander Capitel. Von den Kindern vnd
    Schülern; vgl. Christine Freytag, Der Schulmethodus. Einflüsse, Entwicklungen
    und Auswirkungen der Gothaer Verordnung von 1642 bis 1672, in: S. Salatowsky
    (Hg.), Gotha macht Schule. Bildung von Luther bis Francke, Katalog zur Ausstel-
    lung der Universitäts- und Forschungsbibliothek Erfurt/Gotha in Zusammenarbeit
    mit der Stiftung Schloss Friedenstein Gotha, Gotha 2013, 40-53.

scheiterte aber mit seinem Schulversuch. Aufgenommen wurde sein Ansatz von dem Weimarischen Hofprediger und Generalsuperintendenten Johannes Kromayer (1576-1643) in der Schulordnung für das Fürstentum Weimar 1619. Deren Titel beginnt programmatisch und für eine Schulordnung durchaus unüblich mit den Worten: *Bericht vom newen Methodo.*[41] Kromayer verankert auch das erste Mal überhaupt eine allgemeine Schulpflicht in seiner Ordnung. Wirksam wurde sie allerdings erst mit der von ihr beeinflussten Reorganisation des Schulwesens in Sachsen-Gotha.

Ernst der Fromme hatte noch in der Endphase des Dreißigjährigen Krieges 1641-45 mit einer Generalvisitation auch eine Bestandsaufnahme des Schulwesens vornehmen lassen. Generell ging es wie schon in der kursächsischen Ordnung von 1580 um die Festlegung allgemeiner Standards. Allerdings ist die Gothaische Ordnung in der Aufnahme Ratke-Kromayerscher Gedanken moderner und umfassender. Sie statuiert die Einführung der allgemeinen Schulpflicht für Kinder von fünf bis zwölf Jahren. Ausdrücklich wird der Elementarschulbereich berücksichtigt, z.B. die Frage, was ein Kind unbedingt gelernt haben muss, wenn es die Deutsche Schule als unterste Schulstufe verlassen will. Ebenso ging es auch um eine einheitliche Besoldung und Versorgung der Lehrer, um über die Anhebung des sozialen Niveaus Ansehen und Attraktivität des Lehrerberufs, damit aber auch die Qualität der Lehrer und der Lehre zu heben. Die Aufwertung der Unterrichtsmethodik erforderte einen eigenen Stand von Spezialisten. Hier öffnete sich zum ersten Mal die Perspektive auf den Beruf des Lehrers im eigentlichen Sinne des Wortes und nicht mehr nur als Durchgangsstufe in ein Pfarr- oder sonstiges Verwaltungsamt. Dieser Punkt war in Kursachsen 1580 überhaupt noch nicht berücksichtigt worden. Die Versorgungsproblematik hatte man in Dresden stillschweigend den kommunalen Schulträgern überlassen und ein Ausbildungsproblem lag überhaupt noch nicht im Horizont der Agierenden. Jetzt hegte Herzog Ernst Pläne zur Einrichtung eines Lehrerseminars, die aber an fehlenden Finanzen scheiterten.[42]

Diese nächste Stufe der Entwicklung realisierte ein zugewandertes Gothaisches Landeskind wiederum 60 Jahre später in Halle. Brandenburg-Preußen

---

41 Reinhold Vormbaum (Hg.), Die evangelischen Schulordnungen des siebzehnten Jahrhunderts, Bd. 2, Gütersloh 1863, 215-260; zu Johannes Kromayer vgl. Thomas Mahlmann, Johannes Kromayers Wirken für Schule und Kirche im frühen 17. Jahrhundert, in: Pietismus und Neuzeit 20 (1994), 28-54.

42 Zum Ganzen vgl. Veronika Albrecht-Birkner, Reformation des Lebens. Die Reformen Herzogs Ernst des Frommen von Sachsen-Gotha und ihre Auswirkungen auf Frömmigkeit, Schule und Alltag im ländlichen Raum, Leipzig 2002.

organisierte seinen rasanten Aufstieg im 18. Jahrhundert durch eine aufge-
schlossene Personalpolitik, mittels derer man auf allen Ebenen Menschen mit
exzellentem Fachwissen anzog. Für die angestrebte Umwandlung der Halleschen Ritterakademie in eine Universität, die im Jahre 1694 erfolgte, sicherte
sich Kurfürst Friedrich I. 1692 die Dienste des Sachsen-Gothaischen Diploma-
ten und Verwaltungsfachmanns Veit Ludwig von Seckendorff. Dieser hatte mit
seiner Abhandlung *Teutscher Fürsten Stat* 1656 ein umfassendes Handbuch zur
Gesellschaftsorganisation vorgelegt, dessen Ausführungen zum Schulwesen die
Gothaer Auffassungen in eine breite Öffentlichkeit transportierten. Wie schon
Reyhers Schulordnung behandelt Seckendorff die Bildungspyramide in der
natürlichen Reihenfolge. Sein Kapitel über die „Bestellung, Ordnung und Be-
schaffenheit der Schulen" beginnt mit den Elementarschulen und endet mit den
Universitäten. Ein neuer Ton und mit ihm eine neue Hierarchie der Wertschätzung hält Einzug in theoretische Äußerungen zur Elementarpädagogik: „[…]
daß die Erste und Niederste / gleichwol aber nöthigste und unentbehrlichste Art
der Schulen die jenige sey / darinnen solche beyde Stücke / nemblich / der
nothdürfftige Vnterricht Christlicher Lehre / und die Erlernung gemeiner zu
allen Ständen erforderten Geschickligketē / als da ist / Lesen / Schreiben / und
der gleichen / getrieben werden."[43] Damit der Staat durch die Schulen wirken
kann, gilt noch strikter formuliert als bei Reyher: „Daß die Eltern / Vormündere
und Pfleger der Jugend / das jhrige bey dem Schul=Wesen zu thun / auch angewiesen und gehalten werden / als / daß sie die Jugend zu echter Zeit / und
zum längsten im fünfften Jahr jhres Alters / in die Schul schicken / darvon
keines weges abhalten / sie zu Hause nicht ärgern / sondern vielmehr zu Erho-
lung und Bobachtung dessen / was sie in Schulen gutes lernen / anweisen."[44]

Von Seckendorff konnte praktisch nichts mehr bewirken, weil er kurz nach
seinem Amtsantritt starb, aber er hatte noch August Hermann Franckes Wech-
sel von Gotha nach Halle befördert. Francke versuchte den größten Spagat bis
dahin unter allen bildungsorganisatorisch engagierten Persönlichkeiten, vom
Einsatz für Kinder auf der untersten Stufe der sozialen Hierarchie und Waisen
bis hin zum Projekt einer pädagogischen Weltreform. Seine umfassenden pädagogischen Aktivitäten sind kontinuierlicher Gegenstand der historischen Forschung und müssen hier nicht aufgerollt werden. Wichtig für das Thema einer

43 Veit Ludwig von Seckendorf, Deutscher Fürsten Stat, Mit einem Vorwort von
    Ludwig Fertig (Paedagogica Quellenschriften zur Geschichte der Einheitsschule
    Bd. II/1), Unveränderter Neudruck der Ausgabe Frankfurt am Main 1665. Glashüt-
    ten 1976, 336.
44 Ebd. 338.

Bildung für alle ist das Niveau, auf das er die Ausbildung von Waisenkindern hob. Er hat die Institution „Waisenhaus" nicht erfunden.[45] Diese war zeitgemäß, und Francke hatte schon als Diakon an der Erfurter Augustinerkirche das im dortigen Klosterkomplex untergebrachte städtische Waisenhaus kennengelernt. Neu war das buchstäblich provozierende Niveau, auf das er die Waisenfürsorge hob. Kinder mit diesem Schicksal gehörten zum unteren Rand der Gesellschaft und hatten keine sonderlichen Zukunftsperspektiven. In den Waisenhäusern der Frühen Neuzeit rangierte die Arbeit vor der Bildung. Francke nun setzte ganz auf Bildung. Die Schule für die Waisenkinder war die zweite in seinem Aufbauwerk, das als Franckesche Stiftungen schließlich eine ganze Schulstadt abgeben sollte.[46] Seine Schützlinge erhielten mit dem 1700 fertig gestellten Waisenhaus das imposanteste Gebäude in dem ganzen nach und nach entstehenden Komplex. Er handelte sich damit eine Untersuchungskommission ein, denn seine Gegner behaupteten, er baue den Kindern mit öffentlichen Geldern einen Palast.[47] Zumindest diese Beschreibung ist nicht unzutreffend. Es war der Stil, in dem sich der preußische Adel im 18. Jahrhundert seine Schlösser baute, wovon man sich bis heute überzeugen kann. Francke konnte gute Argumente für seine Baustrategie ins Feld führen. Die Kinder konnten in hellen und luftigen Räumen leben, ein jedes hatte ein eigenes Bett, was damals nicht der Standard war. Das Wichtigste aber war, dass er den Begabten unter ihnen alle Perspektiven eines gesellschaftlichen Aufstiegs durch Bildung bis hin zur Universität öffnete. In seiner Sprache: „Manch schönes und herrliches Ingenium, so eine Fähigkeit zu wichtigen Dingen hat, aber wegen großer Armut unterdrückt wird", erhalte hier eine seiner Anlage gemäße Ausbildung. Die Anstalten seien nichts anderes als „angelegte Baumschulen und seminaria für das ganze Land: denn da werden christliche Handwerck- und Handelsleute, gute Schulmeister, ja auch christliche Prediger und Raths-Leute praepariret."[48]

---

45 Vgl. Markus Meumann, Unversorgte Kinder, Armenfürsorge und Waisenhausgründungen im 17. und 18. Jahrhundert. Eine sozialgeschichtliche Einführung, in: U. Sträter/J. N. Neumann (Hg.), Waisenhäuser in der Frühen Neuzeit, Tübingen 2003, 1-22.

46 Einen informativen Überblick zu den einzelnen Einrichtungen bietet der Katalogband 4 der Franckeschen Stiftungen. Schulen machen Geschichte. 300 Jahre Erziehung in den Franckeschen Stiftungen zu Halle, Halle 1997.

47 Die ganze Auseinandersetzung wird detailliert geschildert bei Klaus Deppermann, Der hallesche Pietismus und der preußische Staat unter Friedrich III. (I.), Göttingen 1961, 135-138.

48 Ebd. 137.

Das war die Einlösung von Luthers Erbe im Bildungswesen, wie es die Schrift *An die Ratsherren* und der *Sermon, dass man die Kinder zur Schule halten solle*, eingefordert hatten. Dabei ging es Francke ausschließlich um Gottes Ehre, während der Nutzen für den Nächsten gleichsam die natürliche Frucht einer Erziehung und Bildung war, *wie Die Kinder zur wahren Gottseligkeit / und Christlichen Klugheit anzuführen sind.*[49] Damit blieb die Doppelung von Gottes Ehre und des Nächsten Nutzen unter pietistischen Vorzeichen gewahrt.[50]

Auch ein Lehrerseminar richtete Francke nun ein, um den rasch steigenden Bedarf an Lehrkräften in seiner werdenden Schulstadt zu decken. 1696 begründete er mit dem Seminarium praeceptorum das erste Lehrerausbildungsseminar in Deutschland. Die Person des Lehrers bekam jetzt einen völlig neuen, so noch nie dagewesenen Eigenwert. Die Tätigkeit des Lehrers konnte zum selbständigen Berufsstand werden und verblieb nicht mehr Tätigkeitsabschnitt in der Berufskarriere des Theologen. Lehrer aus lebenslanger Passion hatte es zwar schon immer gegeben. Aber jetzt in Halle verlor diese Passion zum ersten Mal ihren Ausweichcharakter von der Theologie. Man konnte sich unmittelbar zu ihr ausbilden lassen, auch wenn die Einbindung in das Theologiestudium noch gegeben war. Entsprechend massiv sind Franckes Reflexionen über die Vorbild- oder Leitbildfunktion des Lehrers und Erziehers in einer Person[51] und seine weiteren Aktivitäten. 1707 gründete er das Seminarium selectum praeceptorum für Studenten, die sich als pädagogisch besonders begabt erwiesen.

Francke schuf, wenn auch nicht bewusst so doch de facto, ein Konkurrenzmodell zu den Fürsten- und Klosterschulen mit ihrer elitären Monokultur, nur Jungen nach dem althumanistischen Bildungsideal für die Universität vorzubereiten. Sein komplettes Spektrum an Schultypen und der neue, stärker

---

49 August Hermann Francke, Kurzer und einfältiger Unterricht / Wie die Kinder zur wahren Gottseligkeit und Christlicher Klugheit anzuführen sind (1702), in: Th. Rutt (Hg.), August Hermann Francke, Pädagogische Schriften, Paderborn ²1964, 11-65; zum Ganzen vgl. Peter Menck, Die Erziehung der Jugend zur Ehre Gottes und zum Nutzen des Nächsten. Die Pädagogik August Hermann Franckes, Tübingen 2001.

50 Vgl. Andreas Lindner, Mitteldeutschland als innovative Schullandschaft – ein Überblick, in: A. Schulte/M. Widl (Hg.), Die konfessionelle Schule, Herausforderungen und Perspektiven zwischen Erbe und Auftrag, Würzburg 2011, 13-56.

51 August Hermann Francke, Auszug aus der Ordnung und Lehrart wie selbige in denen zum Waisenhause gehörige Schulen eingeführt ist (1702); zum Ganzen vgl. Peter Th. Rutt (Hg.), August Hermann Francke, Pädagogische Schriften, Paderborn ²1964, 67-88; August Hermann Francke, Auszug aus der Ordnung und Lehrart wie selbige in dem Paedagogio zu Glaucha an Halle eingeführt ist (1702), in: Peter Th. Rutt (Hg.), August Hermann Francke, Pädagogische Schriften, Paderborn ²1964, 89-100.

realienorientierte Unterricht führten zu einer Vorbereitung auf alle möglichen Berufe in allen Ständen unter gleichwohl identischen Qualitätsansprüchen und Standards hinsichtlich des erzieherischen Ideals. Der junge Adelige, der die Universität bezog, und der Waisenhauszögling, der ein Handwerk erlernte, hatten so trotz unterschiedlichen Bildungsganges doch eine gemeinsame Prägung. Die Mädchenbildung wurde nicht ausgegrenzt. Das Hallesche Gynecäum war die erste höhere Mädchenschule im protestantischen Deutschland überhaupt. Die soziale Differenzierung der Gesellschaft spiegelte sich natürlich in der Differenzierung der Schultypen in den Franckeschen Anstalten wider. Zugleich bestand aber eine gewisse Durchlässigkeit für Begabte minderen sozialen Standes, wie sie an den Fürsten- und Klosterschulen durch die vom Landesherrn zu vergebenden Freiplätze garantiert war. Klaus Deppermann konstatiert für Franckes Hallesche Schulstadt zurecht: „Die Ausbildung der Schüler allein nach der Begabung ist wohl hier zum ersten Male im protestantischen Gebiet verwirklicht worden."[52]

Vom Altan des Waisenhauses hat man einen Rundblick über die Saaleaue und die Ebene, in der die Stadt Halle liegt. Er vermittelt eine Ahnung von der Weite der Welt und nichts Geringeres hatte Francke im Blick. Geringer war das Ziel nicht, als durch Mobilisierung und Vernetzung einer universalen Gemeinde der Erweckten die Erziehung und Bildung der Menschheit zu befördern und so die Welt zu verbessern. Seine kritische Bestandsaufnahme in der Gegenwart und sein Zukunftsprogramm formulierte er in einer unter dem Titel *Großer Aufsatz*[53] bekannt gewordenen Denkschrift von 1704. „Es würde zwar eine grosse Unerkenntlichkeit und eine unverantwortliche Undankbarkeit gegen Gott sein, wenn man dasjenige Gute, damit Gott diesen Ort bishero in Gnaden angesehen, und den Segen, welchen Er durch die hiesige Universität und manche gute Anstalten gleichsam als durch einen Kanal in andere Örter und Länder fliessen lassen, gering schätzen und nicht vielmehr Gott herzlich darum loben und preisen wollte. Hingegen aber darf die Erzählung alles dieses göttlichen Segens keineswegs dahin gedeutet werden, als ob man sich nun erfreue, dasjenige erlanget zu haben, was alle wohlgesinnten Menschen solange gewünschet und gesuchet, nämlich eine allgemeine und gründliche Verbesserung des Verderbens in allen Ständen, [...]. Denn man möchte eine solche allgemeine Verbesserung von der ganzen Welt verstehen wollen, oder man möchte sie nur

---

52 Klaus Deppermann, Der hallesche Pietismus und der preußische Staat unter Friedrich III. (I.), Göttingen 1961, 90.

53 W. Fries (Hg.), August Hermann Franckes Grosser Aufsatz, Festschrift zum zweihundertjährigen Jubiläum der Universität Halle, Halle 1894.

verstehen von einer ganzen Christenheit, oder endlich nur von einer Verbesserung der evangelischen Kirchen, so könnte dieselbe von dem einen so wenig als von dem anderen behauptet werden; sondern wie ein Tröpflein gegen das ganze Meer als gar ein Geringes zu rechnen, so ist die wenige Verbesserung, so sich bis anhero herfürgethan, wenn man sie nicht an ihr selbst, sondern in Vergleichung gegen das noch rückständige grosse Verderben ansiehet, in der Wahrheit noch als etwas Kleines zu rechnen."[54]

Was die Reformatoren noch nicht im Blick haben konnten, war jetzt erreicht: die Programmatik einer allgemeinen Verbesserung der ganzen Welt. Der Schlüssel dazu lag insbesondere in der Bildung, denn Francke konstatiert: „Es ist aber mit dem Verderben des Lehrstandes gar etwas besonderes, indem man dasselbe nicht allein als einen Teil des allgemeinen Verderbens anzusehen, sondern auch in demselben den Grund des Verderbens am allermeisten zu suchen hat. [...] Jedennoch ist nicht zu leugnen, dass das Verderben so ineinander verwickelt ist, dass man nicht dem Lehrstande allein die Schuld davon geben kann, sondern dass auch der Regier- und Hausstand dazu geholfen, dass das Verderben immer vermehret, fortgepflanzet und weiter ausgebreitet worden. [...] Nur wenn eine Besserung gesucht werden soll, muss sie nach der [...] Anweisung Christi und seines Apostels vom Lehrstande angefangen werden, als welcher das Salz der Erden sein muss (Matth. 10,13)."[55] Auch hier gilt, ähnlich wie für das Waisenhauswesen, dass die Idee schon da war, Francke aber derjenige war, der nach einer ernsthaften Lösung suchte und praktisch begann. Ausgearbeitet hatte sie Jan Amos Comenius, der „[...] den Anspruch erhob, mit seiner Pädagogik und Didaktik eine Neuordnung der Welt, eine Besserung der menschlichen Lebensbedingungen und eine Versittlichung menschlicher Lebensführung erreichen zu können. Keine ernsthafte pädagogische Theorie, die seither ähnliche Ansprüche geltend gemacht hat, konnte diese in der Praxis einlösen."[56] Auch Francke konnte das nicht, aber er hatte den ungeheuerlich mutigen Anspruch, das Projekt der Verbesserung der Welt durch die Veränderung des Menschen mittels Bildung zu beginnen – seine Schulstadt erwuchs aus den Gassen einer Mischung von Elendsquartier und Vergnügungsviertel vor den Toren der Stadt Halle, einem Dorf namens Glaucha.[57] Die Verbindung zu

---

54 Ebd. 36f.
55 Ebd. 2f.
56 Gerhard Michel, Die Welt als Schule. Ratke, Comenius und die didaktische Bewegung, Hannover 1978, 168.
57 Wir verfolgen hier nur den Strang der Pädagogikgeschichte. Wie komplex das Streben nach Weltverbesserung sich im Denken und Handeln Franckes nieder-

Comenius war unmittelbar gegeben, denn Francke hatte um 1700 einen Teil seines Nachlasses mit dem Hauptwerk, *De rerum humanarum emendatione consultatio catholica* erhalten, das zu diesem Zeitpunkt nur als Handschrift existierte und erst im 20. Jahrhundert vollständig ediert worden ist.

Unter dem zukunftsweisenden Charakter der Halleschen Schulstadt hatte Francke alte Vermächtnisse pädagogisch-reformerischer Impulse des 17. Jahrhunderts erfüllt: die Organisation einer methodisch eigenständigen Lehrerausbildung, wie sie schon Ernst der Fromme in Gotha gewünscht hatte und die Öffnung eines universalen Horizonts der schulischen Erziehungs- und Bildungsaufgabe, wie sie – bei allen Unterschieden – von Ratke und Comenius formuliert worden war. Schließlich die Forcierung des Realienunterrichts, der das ganze 17. Jahrhundert hindurch nur zaghaft Raum in den Lektionsplänen gegriffen hatte.

Von Halle aus erschloss dieser praktische Impuls ein neues spezielles Bildungsangebot jenseits der vor allem philologisch-historisch geschulten Funktionseliten des 16. und 17. Jahrhunderts für eine neue technisch-merkantilistisch orientierte Bildungsschicht, die das 18. Jahrhundert zunehmend mit prägen sollte. Der aus dem niederrheinischen Pietismus stammende Johann Julius Hecker hatte in Halle sowohl Theologie und alte Sprachen als auch Medizin und Naturwissenschaften studiert und war seit 1729 als Lehrer an Franckes Pädagogium tätig gewesen. 1735 wurde er als Prediger, Lehrer und Schulinspektor an das Potsdamer Militärwaisenhaus berufen. 1747 gründete er in Berlin mit seiner Ökonomisch-Mathematischen Realschule[58] die erste berufspraktisch ausgerichtete Ausbildungsstätte.[59] Ein Jahr später schloss er dieser Schule bereits ein Lehrerseminar an, aus dem 1753 das Kurmärkische Landschullehrerseminar in Köpenick hervorging. Hecker profilierte sich bildungsorganisatorisch derart, dass er maßgeblich für das Preußische Generallandschulreglement von 1763 verantwortlich zeichnete. Dessen Bestimmung zur allgemeinen Schulpflicht zeigt, wie stark der Impuls einer Bildung für alle aus Sachsen-

---

schlug, skizziert Claudia Drese, Auf dem Weg ins Universelle. August Hermann Franckes Erfahrungshorizont und die Formung eines Ideals, in: H. Zaunstöck (Hg.), Gebaute Utopien, Franckes Schulstadt in der Geschichte europäischer Stadtentwürfe, Halle 2010, 67-77.

58 „Als impulsgebend für die praxisbezogene Berufsausbildung an dieser Schule kann der Realienunterricht in den Glauchaschen Anstalten gelten." Vgl. H. Zaunstöck/T. Müller-Bahlke/C. Veltmann (Hg.), Die Welt verändern. August Hermann Francke. Ein Lebenswerk um 1700, Halle 2013, 242.

59 Zum Programm der Schule gehörten Praktika in Handwerksbetrieben und Manufakturen.

Gotha über den Halleschen Pietismus auf die neue protestantische Vormacht Preußen einwirkte: „§ 1. Zuförderst wollen Wir, daß alle Unsere Untertanen, es mögen seyn Eltern, Vormünder, Herrschaften, denen die Erziehung der Jugend oblieget, ihre eigene sowol als ihrer Pflege anvertraute Kinder, Knaben oder Mädchen, wo nicht eher doch höchstens vom fünften Jahre ihres Alters in die Schulen schicken, auch damit ordentlich bis ins dreyzehnte und vierzehnte Jahr continuiren und sie so lange zur Schule halten sollen, bis sie nicht nur das nöthigste vom Christenthum gefasset haben und fertig lesen und schreiben, sondern auch von demjenigen Red und Antwort geben können, was ihnen nach den von Unsern Consistoriis verordneten und approbirten Lehrbüchern beygebracht werden soll."[60] Von hier aus begründete sich das preußische Volksschulwesen.[61]

Bis zu Franckes Halleschem Projekt kann die Geschichte eines Bildungsimpulses für alle in Mitteldeutschland als zusammenhängende Entwicklung dargestellt werden. Von hier an werden diese Impulse zu Inseln in einer Entwicklung, die in immer schnellerem Tempo zur modernen industrialisierten Massengesellschaft führt. Nach dem Einschnitt der napoleonischen Zeit führte im Gefolge ihres kriegerischen Endes die Entwurzelung vieler Kinder und Jugendlicher zur Rettungshauspädagogik als der Urform der Sozialpädagogik. An ihrem Anfang stehen zwei Initiativen zeitlich und räumlich dicht beieinander. 1813 gründete Johannes Daniel Falk in Weimar die *Gesellschaft der Freunde in der Not* und eröffnete 1824/25 den Luthershof. Dadurch angeregt gründete Karl Christian Wilhelm Reinthaler 1820 in Erfurt ebenfalls eine *Gesellschaft der Freunde in der Not* und 1821 das Martinsstift. Beide waren protestantisch sozialisiert.[62] Falk (1768-1826) musste sich seine höhere Bildung in

---

60 General-Land=Schul=Reglement. De dato Berlin, den 12. August 1763, Novum Corpus Constitutionum Prussico-Brandenburgensium Praecipue Marchicarum, Oder Neue Sammlung Königl. Preußl. und Churfürstl. Brandenburgischer [...] Ordnungen, Edicten, Mandaten, Rescripten &c. &c. Vom Anfang des Jahrs 1751. Und folgenden Zeiten, No. 53 1763.

61 Zu Hecker vgl. Hugo Gotthard Bloth, Johann Julius Hecker (1707-1768). Seine „Universalschule" und seine Stellung zum Pietismus und Absolutismus, in: Jahrbuch des Vereins für Westfälische Kirchengeschichte 61 (1968), 64-129. Im Kontext der bildungspolitischen Debatte seiner Zeit reklamiert Bloth Hecker mit seinem Berliner Schulprojekt als Vater der Gesamtschule. Ein ähnlich gelagertes Projekt, das der Pfarrer Christoph Semler (1669-1740) in Halle bereits 1708 initiiert hatte, kam nie in der Weise zum Durchbruch wie Heckers Bemühungen in Berlin.

62 Johannes Demandt, Johannes Daniel Falk. Sein Weg von Danzig über Halle nach Weimar (1768-1799), Göttingen 1999; zur zweiten Hälfte seines Lebens fehlt eine

einem streng calvinistischen Danziger Elternhaus gegen den Willen seines Vaters erkämpfen und studierte eine Zeit lang mit einem Stipendium des Danziger Rats Theologie in Halle. Reinthaler (1794-1863) hatte es mit seinem Theologiestudium zwar weiter gebracht, fand seine Lebensaufgabe aber nicht im klassischen Pfarramt, sondern wie Falk und von diesem angeregt im Engagement für die Straßenkinder und Waisen der Napoleonischen Kriege. Beide ermöglichten ihren Zöglingen, Jungen wie Mädchen, deren nicht vorhandene Elementarbildung nachzuholen und sie vermittelten ihnen zugleich eine intensive religiöse Bildung. Gottes Ehre und der allgemeine Nutzen bildeten immer noch das doppelte Erziehungs- und Bildungsziel. Nur dass die Fürsorge nicht mit der Schulbildung endete, sondern bis zum Abschluss einer Ausbildung, für die Jungen bei einem Handwerker, für die Mädchen als Hauswirtschafterin, fortgesetzt wurde.[63] So lange blieben die jungen Menschen ihrer Fürsorge unterstellt. Das Ziel dieser ganzheitlich-christlichen Pädagogik, die ihren Nährboden in der Erweckungsbewegung und ihren „Übervater" in Johann Heinrich Pestalozzi hatte, war die Reintegration der Heranwachsenden in die Gesellschaft. Johann Hinrich Wichern rezipierte Falks Projekt ausführlich, wie sein Bericht über *Johannes Falk und seine Erziehungsanstalt in Weimar* im *Bergedorfer Boten* von 1834 zeigt, mit dem er die Hamburger zum Engagement für ein ebensolches Projekt motivieren wollte.[64] Er hat viele Anregungen von Falk für sein Rauhes Haus in Hamburg übernommen.

---

wissenschaftliche Biographie; vgl. auch Johannes Demandt, Johannes Daniel Falks Verhältnis zum christlichen Glauben, in: Falk-Jahrbuch 2006/2007/2008, 3-14; Christoph Schmerl, Hilfe tut not – Falk-Gedenken im Jubiläumsjahr einer großen Heiligen [sc. Elisabeth von Thüringen 2007], in: Ebd. 15-22; Andreas Lindner, Johannes Falk und Luther, in: Ebd. 33-41. Noch schwieriger ist die Lage hinsichtlich Reinthalers; vgl. Michael Ludscheidt, Des Falkschen Instituts „Tochter zu Erfurt". Karl Christian Wilhelm Reinthaler und die Anfänge des Martinsstifts, in: Falk-Jahrbuch 2004/2005, 77-89; Michael Ludscheidt, „ihm nachleben" – Zum Verhältnis von Falk und Reinthaler, in: Falk-Jahrbuch 2006/2007/2008. Zum Ganzen vgl. Katja Kurzke, Rettungshäuser, Armenschulen und Stiftungen in Thüringen im 19. Jahrhundert als Beginn der kirchlichen Diakonie im Sinne der inneren Mission, Erfurt 2001. (Unveröffentlichte wissenschaftliche Hausarbeit zur Ersten Staatsprüfung für das Lehramt an Regelschulen)

63 Ähnliche Konzepte wurden zeitgleich im reformiert-calvinistischen Bereich umgesetzt. Johann Heinrich Zeller gründete 1819/20 eine entsprechende Anstalt in Schloss Beuggen bei Basel; Adelberdt Graf von der Recke 1819 in Overdyk und 1821 in Düsseltal. Von der Recke orientierte sich ebenfalls an Falk.

64 Der Bericht abgedruckt in: P. Meinhold (Hg.), Johann Hinrich Wichern, Sämtliche Werke, Bd. IV / Teil 1 Schriften zur Sozialpädagogik (Rauhes Haus und Johan-

Ein unmittelbarer Schüler Pestalozzis war der Thüringer Pfarrerssohn Friedrich Fröbel (1782-1852).[65] Von 1808 bis 1810 lebte und arbeitete er in dessen Institut in Iferten mit. Mit der Gründung seiner *Allgemeine(n) Deutsche(n) Erziehungsanstalt* in Griesheim bei Arnstadt war er von 1816 an bis 1837 als Privatschulorganisator, anfangs nicht unähnlich den Initiativen Falks und Reinthalers, an verschiedenen Orten in Thüringen und der Schweiz tätig. Im Unterschied zu diesen reflektierte er aber zugleich systematisch auf das Große und Ganze einer zeitgemäßen Pädagogik der allgemeinen Menschenerziehung. *Die Menschenerziehung* lautet auch der Titel seines Hauptwerks. Mit der Gründung seiner *Anstalt zur Pflege des Beschäftigungstriebes der Kindheit und Jugend* 1837 in Bad Blankenburg formte sich sein innovativer Impuls für die Geschichte einer Bildung für alle aus. Er integrierte nach und nach den bekannten Ansatz Pestalozzis einer Elementarbildung mit Kopf, Herz und Hand in das Programm einer ganzheitlichen Bildung von Geburt an. Indem er den Bereich der unter Fünfjährigen erschloss, wanderte die Bildung nun biographisch an ihren frühestmöglichen Ansatzpunkt. Das Spiel wurde dabei zum zentralen Medium seiner Vorschulpädagogik. Ihren Rahmen fand sie 1840 im *Allgemeinen deutschen Kindergarten*. 1842 begann er in Bad Blankenburg und Keilhau mit der Ausbildung von speziell geschultem Personal. Der Beruf der Kinderpflegerin bzw. Kindergärtnerin sicherte die unumgängliche Professionalisierung einer umfassenden Förderung und Vorbereitung der Kinder auf die Schule. Für Fröbel ergab sich ein dreigliedriges Stufenmodell der Begleitung von Kindern in ihrer Persönlichkeitsentwicklung: die Pflege des Säuglings, die Erziehung des Vorschulkindes, der Unterricht des Schulkindes. Dabei blieben für ihn nach der Säuglingsphase die institutionellen Grenzen bis in die Schulstufe hinein fließend: „Mit der Stufe des Knaben beginnt für den Menschen auch der Anfang der Schule, sei dieß in oder außer dem Hause, vom Vater von Familienmitgliedern oder von einem Lehrer an sich. Unter Schule wird also keineswegs hier weder die Schulstube noch das Schulhalten verstanden, sondern die Mittheilung von Kenntnissen mit Bewußtsein für bewußten Zweck und in sich bewußten innern Zusammenhang."[66] Dieser innere Zusammenhang ist

---

nesstift), Berlin 1958, 54-86. Auf der Seite 83 bezeichnet Wichern Reinthaler als „Freund und Zögling" Falks.

65   Klaus Giel, Friedrich Fröbel (1782-1852), in: H. Scheuerl (Hg.), Klassiker der Pädagogik, Bd. 1, zweite, überarbeitete Auflage, München 1991, 249-269.

66   W. Lange (Hg.), Ideen Friedrich Fröbels über die Menschenerziehung und Aufsätze verschiedenen Inhalts. Friedrich Fröbels gesammelte pädagogische Schriften, Bd. 2, Berlin 1863, 65.

untrennbar mit dem christlichen Glauben verbunden. Die Frage „Was ist Schule?" definiert Fröbel: „Schule ist das Streben, das Wesen und innere Leben der Dinge zu und unter einander, zu dem Menschen, Schüler, und zu dem lebendigen Grunde und der sich selbst klaren Einheit aller Dinge, zu Gott, kennen zu lehren und bewußt zu machen. Der Zweck des Unterrichts ist: Die Einheit aller Dinge und das Ruhen, Bestehen und Leben aller Dinge in Gott zur Einsicht zu bringen, um dieser Einsicht gemäß einst im Leben handeln und wirken zu können. Das Mittel und der Weg dazu ist der Unterricht, das Unterrichten selbst."[67] Gottes Ehre, modifiziert zur Erkenntnis aller Dinge in Gott, und der allgemeine Nutzen bilden immer noch den inneren Strang dieses Bildungsverständnisses.[68]

Eine letzte Station innovativer Impulse einer Bildung für alle innerhalb Mitteldeutschlands führt nach Jena.[69] Hier nahm 1887 der aus der Nähe von Bremen stammende und eigentlich schon voll ausgebildete Lehrer Johannes Trüper (1855-1921) noch einmal das Studium der Pädagogik und zusätzlich das der Psychologie, Naturwissenschaften und Philosophie auf.[70] Angeregt von seinem Professor für Psychiatrie, dem Schweizer Otto Binswanger, kümmerte er sich um einen intelligenten aber verhaltensauffälligen jungen Mann und fand durch dieses episodenhafte Ereignis endgültig seine Lebensaufgabe. Sein Interesse für die Problematik sozial verwahrloster und im Unterricht auffälliger Kinder rührte schon aus seinen Bremer Lehrerjahren in den 1880er Jahren her, wo er dieser Klientel intensiv begegnet war. 1890 gründete er „[…] eine Privaterziehungsanstalt für [...] bildungsfähige(n) aber geistig abnorme(n) Schüler(n)"[71] und schuf damit einer Gruppe Raum, deren Bildung durch Unterricht ein Problem an sich war. Für diese seelisch beeinträchtigten und schwer erzieh-

---

67 Ebd. 89.
68 Entsprechend behandelt Fröbel die „Hauptgruppen der Unterrichtsgegenstände" in der Reihenfolge: „A. Ueber Religion und Religions = Unterricht B. Ueber Naturkunde und Mathematik C. Ueber Sprache und Sprachunterricht und das damit zusammenhängende Lesen und Schreiben"; vgl. ebd., Inhaltsverzeichnis.
69 Zum Folgenden vgl. Helmut Trüper/Irmela Trüper, Ursprünge der Heilpädagogik in Deutschland. Johannes Trüper – Leben und Werk, Stuttgart 1978; auf dem aktuellen Forschungsstand historisch-kritischer Rezeption vgl. Alexandra Schotte, Heilpädagogik als Sozialpädagogik. Johannes Trüper und die Sophienhöhe bei Jena, Jena 2010.
70 Trüper war Pädagoge aus Leidenschaft. Schon mit 15 Jahren wurde er „Lehrgehilfe" an einer Volksschule, mit 17 Jahren trat er ins Lehrerseminar ein und im Alter von 20 Jahren legte er seine erste Lehramtsprüfung ab. In der Folgezeit engagierte er sich bildungspolitisch im Stadtstaat Bremen.
71 Zitiert nach Alexandra Schotte, Heilpädagogik als Sozialpädagogik, Johannes Trüper und die Sophienhöhe bei Jena, Jena 2010, 113f.

baren Kinder bedurfte es einer therapeutischen Pädagogik mit einer bisher nicht bekannten Intensität medizinischer Versorgung und psychologischer wie pädagogischer Zuwendung. Trüper verwirklichte sie seit 1892 auf der Sophienhöhe in Jena, einem ehemaligen Sanatorium, das er zu einem Heim ausbaute[72] und wurde so zum Begründer der Heil- bzw. Sonderpädagogik. Er vereinigte wie Wichern und Fröbel die Fähigkeit zu praktischer Organisation und theoretischer Reflexion. 1895 begründete er mit gleichgesinnten Pädagogen und Theologen die Zeitschrift *Die Kinderfehler*, seit 1900 unter dem Titel *Zeitschrift für Kinderforschung. Mit besonderer Berücksichtigung der pädagogischen Pathologie* und fungierte zugleich als Schriftleiter. 1898 folgte die Gründung des *Vereins für Kinderforschung*, 1906 der Kongress für Kinderforschung und Jugendfürsorge in Berlin. Das Ziel seiner Pädagogik war es, die Schüler individuell und lebensnah so auszubilden, dass sie je nach ihren Fähigkeiten einen Platz in der Gesellschaft finden konnten. Trüper hatte den Ansatz der Rettungshauspädagogik am Ende des 19. Jahrhunderts in einer zeitgemäßen Art und Weise spezifiziert. Auch auf der Sophienhöhe gab es eine Kapelle und ein anstaltsinternes Leben im Kirchenjahresrhythmus, einschließlich Konfirmationen. Er war intensiv in der evangelisch-sozialen Bewegung um Adolf Stoecker und Friedrich Naumann engagiert, wobei er eher dem liberalen Ansatz Naumanns als dem konservativen Stoeckers zuneigte.[73] In diesem Sinne lehnte er die geistliche Schulaufsicht ab, ohne aber die christliche Prägung seiner Pädagogik aufzugeben.

Am Ende des 19. Jahrhunderts war die Zuständigkeit, Bildung für alle zu organisieren von der Kirche auf den Staat übergegangen. Spätestens mit dem Zeitalter der Industrialisierung und der Entwicklung städtisch-industrieller Ballungszentren war der Staat der einzig mögliche Garant für die Entwicklung eines flächendeckenden Schulwesens. Die Schule war aus dem Bannkreis des Kirchturms herausgetreten. Das hatte früh begonnen. Schon die Sachsen-Gothaische Schulordnung von 1642 ist ein Beispiel für den Ansatz zur „Verstaatlichung" von Bildungsorganisation, ohne dass das die Herauslösung der

---

72 Die Sophienhöhe war ein schulischer Mikrokosmos mit Werkstätten, Landwirtschaft und Gartenbau sowie Sportstätten. Am Vorabend des 1. Weltkrieges wurden 125 Schüler von 30 Lehrkräften betreut. Dessen Folgen bereiteten der Blütezeit der Anstalt ein Ende.

73 Vgl. Alexandra Schotte, Heilpädagogik als Sozialpädagogik, Johannes Trüper und die Sophienhöhe bei Jena, Jena 2010, 91f.

Schule aus dem kirchlichen Kontext bedeutet hätte.[74] Sie erschien unabhängig von einer Kirchenordnung als staatlich-administrative Gesetzgebung. Ein Blick unter die Oberfläche von administrativen Zuständigkeiten zeigt auch späterhin, dass die Geschichte des Bildungswesens bis zur Aufklärung und die des Schulwesens weit darüber hinaus signifikante theoretische und praktisch-innovative Impulse von Persönlichkeiten erhielten, die man nicht anders als tief religiös bezeichnen kann. Das gilt auch für die staatlichen Akteure wie Herzog Ernst den Frommen von Sachsen-Gotha, für Veit Ludwig von Seckendorff oder Franckes Protektor, den preußischen König Friedrich Wilhelm I. Die Berufe des Pfarrers und des Lehrers waren bis ins 18. Jahrhundert hinein untrennbar miteinander verknüpft und befanden sich auch danach noch in einem engen Kooperationsverhältnis. Nach dem großen Bruch der Französischen Revolution und der Napoleonischen Kriege, als endgültig flächendeckende staatliche Volksschulen entstanden, blieb dieses Kooperationsverhältnis gerade auf dem Land signifikant.[75] Zugleich eröffnete sich ein neues Kooperationsfeld zwischen christlicher Bildungsmotivation und sozial-karitativem Engagement. Auch hier waren die Impulsgeber entweder selbst Pfarrer oder sie kamen aus Pfarrersfamilien wie Friedrich Fröbel, einem bürgerlich erwecktem religiösen Umfeld wie Johannes Daniel Falk oder sie engagierten sich christlich-sozial wie Johannes Trüper.

Mitteldeutschland ist in diesem Sinne eine beispielhafte Region für die innovative Symbiose von Frömmigkeitsgeschichte und Bildungsgeschichte. Hier wurden im Austausch mit großen pädagogischen Vordenkern wie Ratke Comenius und Pestalozzi und in der Modifizierung ihrer Ideen besonders früh Impulse auf dem Weg zur Teilhabe an einer Bildung für alle gesetzt.

---

74 Vgl. Christine Freytag, Der Schulmethodus, in: R. Vormbaum (Hg.), Die evangelischen Schulordnungen des sechzehnten Jahrhunderts, Bd. 1, Gütersloh 1860, 45f. zu „Unterrichtsstruktur, Unterrichtsinhalte und Methode"; „Rolle des Pfarrers und der Schulaufsicht".

75 „In der Mitte des Dorfes liegt die Kirche mit dem Turm, von dem Kirchhof umgeben; neben der Kirchhofsmauer auf der einen Seite das Pfarrhaus und auf der andern die Schule. So ist die alte Ordnung." Erinnerungen aus dem Leben eines Landgeistlichen von Dr. C. Büchsel, Neue […] Ausgabe. Der Gesamtausgabe 10. Auflage. Berlin 1925, 108. Das ist die prinzipiell auf viele ländliche Regionen Deutschlands übertragbare und bis heute häufig an den Gebäuden in dörflichen Ortskernen nachvollziehbare Zustandsbeschreibung für die Mark Brandenburg in der Mitte des 19. Jahrhunderts.

Lehrerinnen und Lehrer an evangelischen Schulen. Auf dem Weg zur religiösen Sprachfähigkeit

Hanne Leewe

Drei in Stil und Inhalt unterschiedliche Kapitel erwarten Sie in dem folgenden Artikel: Ich lade Sie im ersten Kapitel ein, Wege zu einer evangelisch profilierten Schule lesend und in Gedanken mitzugehen. Es sind Wege, die sich zunächst als Umwege erwiesen haben, aber doch ein benennbares Ziel haben. Im zweiten Kapitel finden Sie ein Interview mit zwei Lehrern und einer Lehrerin evangelischer Schulen in Thüringen und Sachsen-Anhalt. Es geht um erkennbare und benennbare Kennzeichen evangelischer Schulen, um eine Willkommenskultur, die konfessionslosen oder konfessionsfernen Kolleginnen und Kollegen das Ankommen in einer evangelischen Schule erleichtert und schließlich um die Fähigkeit und das Interesse, als „evangelisch" Erlebtes auch in Worte zu fassen – kurz: um *religious literacy*. Das dritte Kapitel bietet den Versuch, das Beschriebene und im Interview Gehörte zu systematisieren und daraus Wege zu einem erkennbaren evangelischen Profil evangelischer Schulen abzuleiten, die über die religiöse Sprachfähigkeit der Lehrkräfte führen. Es werden sieben Wegmarken auf diesen Wegen angeboten.

1. Protokoll eines Umwegs – oder der erste Versuch, das Thema dieses Artikels zu finden

Seit 2004 unterhält die Evangelische Kirche in Mitteldeutschland (EKM) bzw. ihre Vorgängerin, die Thüringische Landeskirche, eine Dozentur für Evangelische Schulen – angesiedelt am Pädagogisch-Theologischen Institut (PTI)[1]. Ein Schwerpunkt der dort geleisteten Fortbildungs- und Beratungsarbeit ist die Unterstützung der etwa fünfzig allgemeinbildenden evangelischen Schulen bei der Schärfung ihres evangelischen Profils. Das Thema der Barbara-Schadeberg-Vorlesungen „Evangelisch Profil zeigen im religiösen Wandel unserer Zeit" bietet einen willkommenen Anlass, bisher Erreichtes und noch Unvollendetes

---

[1] Pädagogisch-Theologisches Institut der Evangelischen Kirche in Mitteldeutschland und der Evangelischen Landeskirche Anhalts. Homepage: www.pti-mitteldeutsch land.de.

in den Blick zu nehmen und über eine Präzisierung des Auftrages nachzudenken.

Deutlicher noch als das Thema der Vorlesungen macht die Ausschreibung des parallelen Wettbewerbs deutlich, worum es geht: „Protestantisch geprägtes Schulleben in religiös indifferenten Kontexten". Der Wettbewerbsbeitrag der evangelischen Sekundarschule „Lebenswege" in Hedersleben zeigt, dass im ostdeutschen Kontext häufig nicht nur von religiös indifferenten Kontexten zu reden ist, sondern auch mehr als zwanzig Jahre nach Ende der DDR von religions- und kirchenfeindlichem Kontext.

„Protokoll eines Umwegs" als Überschrift dieses Kapitels deutet darauf hin, dass bisher unternommene Schritte noch nicht in wünschenswertem Maße und in allen evangelischen Schulen Mitteldeutschlands zu eindeutig erkennbaren evangelischen Schulprofilen geführt haben.

Von einem Weg zu schreiben, impliziert zugleich, dass es ein Ziel gibt. In Gesprächen und Veröffentlichungen[2] entdecke ich verschiedene Begründungen des evangelischen Profils und Zielbeschreibungen entsprechend den unterschiedlichen Interessenlagen:

- Schulen in freier Trägerschaft müssen sich auf einem zivilgesellschaftlich gewollten Markt behaupten, d.h. sie müssen kenntlich machen, worin sie besser sind als andere Schulen. Das „evangelische Profil" ist ein Alleinstellungsmerkmal evangelischer Schulen, das möglicherweise Eltern bewegen kann, ihr Kind an dieser Schule anzumelden.
- Schülerinnen und Schüler evangelischer Schulen sollen am Modell ihrer Lehrkräfte lernen, was es heißt, als Christ oder Christin in dieser Welt zu leben und Verantwortung in Gottes und der Menschen Welt zu übernehmen.
- Schülerinnen und Schüler finden in religiös indifferenten Zeiten in evangelischen Schulen ein hohes Maß an religiöser Bildung, um für sich eine Orientierung im Leben zu finden.
- Schülerinnen und Schüler sollen auch in ihrer Schule Erfahrungen mit Kirche und Glauben machen können, die sie in diese Lebensform hinein sozialisieren.

Diese vier (und mögliche weitere) Zielformulierungen haben ihre Berechtigung und sind in unterschiedlichen Interessen von Schulträgern, Synodalen, Kir-

---

2   Landeskirchenamt der EKM (Hg.), Bildung mit Profil und Perspektive. Evangelische Schulen in Mitteldeutschland, Erfurt 2013.

chenvertreterinnen und Religionspädagogen begründet. Meine Überlegungen zielen auf die zweite Begründung – das Modell-Lernen. Zielgruppe sind die Lehrerinnen und Erzieher, die pädagogischen und nicht pädagogischen Mitarbeitenden evangelischer Schulen. Die Fragestellung ist daher: Wie können Lehrkräfte befähigt und ermutigt werden, für ihre Schülerinnen und Schüler zu einem Modell christlichen Lebens zu werden? Mit dieser Fragestellung ist das Verhalten der Lehrerinnen und Lehrer im Blick, aber auch die Reflexion dieser Haltung und die Fähigkeit und Bereitschaft, Reflektiertes zu verbalisieren, also die *religious literacy*. Angeregt durch den Vortrag von Michael Domsgen über konfessionslose Schülerinnen und Schüler möchte ich besonders die Lehrkräfte in den Blick nehmen, die als Konfessionslose oder als wenig religiös Sprachfähige an eine evangelische Schule kommen.

An „Haltungen" zu arbeiten, setzt Geduld und einen langen Atem voraus. Möglicherweise sind in diesem Zusammenhang sogar „Umwege" zielführender als „Autobahnen".

Wege und Umwege zu einem erkennbaren evangelischen Profil

In evangelischen oder christlichen Schulen – genauer formuliert: in Schulen in evangelischer Trägerschaft – ist ein sehr abgestuftes Interesse auszumachen, über das „evangelische Profil" nachzudenken und zu reden. Auf landeskirchlicher Ebene und bei der größten Schulträgerin allgemeinbildender Schulen arbeiten derzeit mehrere Arbeitskreise an Kriterien, Katalogen und Indices zur Identifizierung von „Evangelischem". Schulträger benennen vorzugsweise in Konfliktsituationen, dass ihnen das evangelische oder christliche Profil des Kollegiums ihrer Schule nicht deutlich genug sei. Viele Schulleiterinnen und Schulleiter sind persönlich sehr engagiert, setzen aber in den vielen Anforderungen des Schulalltags und der Schulentwicklung das Thema „evangelisches Profil" nicht auf die oberen Plätze der Prioritätenliste. Lehrkräfte[3] schließlich halten das „evangelische Profil" oder das, was sie mit diesem Thema verbinden, häufig für ein Luxusproblem. „Entscheidend ist doch, dass wir guten Unterricht machen!" Und auch Eltern kreuzen, wenn sie nach den Motiven gefragt werden, ihr Kind an einer evangelischen Schule anzumelden, selten Items mit religiösen Inhalten an. Das pädagogische Konzept ist allemal wichtiger. Es bestätigt sich, mindestens im Blick auf Lehrkräfte und Eltern, was Michael

---

3   Es gibt einige Schulen und Kollegien, für die der folgende Satz nicht zutrifft, aber für eine deutliche Mehrheit der Lehrerinnen und Lehrer, mit denen ich spreche, ist es so.

Domsgen schreibt: „Die Folgen christlichen Handelns werden von einer Mehrheit geschätzt. Die Motive dafür wie auch explizit religiöse Praxis sind deutlich weniger anschlussfähig".[4] Mehrere Versuche, das evangelische Profil der Schulen zum Thema von zentralen oder schulinternen Fortbildungen zu machen, erwiesen sich als nicht erfolgreich, die Zahl der Anmeldungen blieb deutlich unter der Mindestgrenze.

Die Erkenntnis des abgestuften Interesses führte zu der Einsicht, dass das Thema „evangelisches Profil" eingebettet sein muss in einen größeren Kontext, so z.b. in die vierteilige Fortbildung für Berufseinsteigerinnen, für Lehrer und Erzieherinnen in den ersten Dienstjahren „Boden unter den Füßen gewinnen". Dort arbeiteten die Teilnehmenden intensiv und engagiert und mit erkennbarer Freude an ihrer Lehrerbiografie, erforschten, wer sie wie in ihrem Lernverhalten und bei ihrer Berufswahl geprägt und bestimmt hat. In diesem Zusammenhang, dachten die Referentin und ich, passt die Frage nach der religiösen Sozialisation – und erlebten einen tiefen Bruch im vorher so lebhaften Gespräch: Einige in der Gruppe, die Konfessionslosen, wie sich später herausstellte, verfielen in ein bedrückendes Schweigen. Nur mühsam kam das Gespräch wieder in Gang und legte offen, was Michael Domsgen als die doppelte religiöse Einsamkeit ostdeutscher Konfessionsloser beschreibt.[5] Gegenüber ihrer Herkunfts-Kultur befürchten diese Teilnehmerinnen, rechtfertigen zu müssen, dass sie in einer kirchlichen Schule arbeiten. Im Kontext der Schule gehen sie davon aus, dass ihre fehlende religiöse oder kirchliche Sozialisation als Defizit bewertet wird. Dass die Frage nach ihrer religiösen Sozialisation durchaus ressourcenorientiert gemeint und formuliert war, konnten sie uns offensichtlich nicht glauben. Andere in der Gruppe zeigten vor allem Erstaunen, wie denn jemand ohne christliche Fundierung überhaupt in einer evangelischen oder christlichen Schule arbeiten könne. Ein „Dialog auf Augenhöhe", wie ihn Domsgen fordert, war also zunächst misslungen. Wir hatten offensichtlich an einem Tabu gerührt. Viele Gespräche in den folgenden Tagen und Modulen der Fortbildung machten deutlich, dass zumindest an dieser einen Schule, aus der vier Teilnehmerinnen des Kurses kamen, die Frage nach der Religion strikt vermieden wird. Für die offenbar unerlässlichen Andachten werden Zuständige benannt – das reicht. Wir haben diesen deutlichen und schmerzhaften Konflikt im Kurs als Lernchance nutzen können – dazu in Kapitel 3. In späteren Durchgängen von

---

4   Michael Domsgen, RU in konfessionsloser Mehrheitsgesellschaft   didaktische
     Herausforderungen und Ansätze, in: Theo-Web. Zeitschrift für Religionspädagogik,
     1/2013, 156.
5   Ebd. 157ff.

„Boden unter den Füßen gewinnen" haben wir die Frage nach der religiösen
Prägung und dem Zusammenhang mit dem evangelischen Profil der Schule
geschickter formuliert und daher weniger heftige Reaktionen provoziert – in
der Tendenz allerdings war es ähnlich: „Über Religion schweigt man besser."
Die Erkenntnis aus dieser Erfahrung: Tabus zu brechen und an Ängsten zu
arbeiten, die im ostdeutschen Kontext weit verbreitet sein dürften, verlangt
neben anderen fortbildnerischen Kompetenzen vor allem einen langen Atem.

In den ersten Jahren der Dozentur für evangelische Schulen gab es regelmäßig Einladungen zu Andachts-Workshops. Vorzugsweise zu den großen
Festen des Kirchenjahres wurden Materialien vorgestellt, Erfahrungen ausge-
tauscht und gemeinsam oder in kleinen Gruppen Andachten entwickelt. Die
Workshops fanden in verschiedenen Schulen statt, so dass räumliche und sons-
tige Rahmenbedingungen wahrgenommen und verglichen werden konnten. Das
Interesse schlief ein und damit auch diese Veranstaltungsform. An ihre Stelle
traten – vereinzelt – schulinterne Workshops. Die Erkenntnis aus dieser Erfahrung: Es geht weniger um Andachtsmaterialien, -ideen und liturgische For-
me(l)n, es geht zuerst um Schwierigkeiten mit religiöser Sprache.

2013 startete ein neuer Versuch, das evangelische Profil durch Fortbildung
zu stärken. Es entstand ein Konzept, das zunächst in einer Schule ausprobiert
und dann, eventuell modifiziert, anderen Schulen angeboten werden soll. In
fünfteiligen und schulinternen Fortbildungen sollen besonders die neuen und
konfessionslosen Lehrkräfte in ihrer religiösen Sprachfähigkeit gestärkt werden. Konstitutiv für dieses Fortbildungsformat ist die Kooperation der externen
Referentin mit einer Vertreterin der Schule, an der diese Fortbildung durchgeführt wird. Im ersten Durchgang ist dies die Schulpfarrerin am Christlichen
Gymnasium in Jena. Die großen Themen der fünf Tagesveranstaltungen: Kir-
chenraumpädagogik, Einführung in das „Buch der Bücher", Umgang mit Ritualen, Erfahrung von Krise, Abschied, Tod, Verantwortung für Gerechtigkeit,
Frieden, Bewahrung der Schöpfung.[6] Zu dem Zeitpunkt, zu dem ich diesen
Artikel schreibe, haben drei der fünf Veranstaltungen stattgefunden, als Zwi-
schenergebnis lässt sich festhalten: Gespräche sind sehr ehrlich und auf hohem
selbstreflexivem Niveau, die Bereitschaft, die vorbereiteten Impulse und „Lern-
umgebungen" zu nutzen und auf die eigene Unterrichts- und Schulpraxis zu
beziehen, ist groß, also rundherum eine erfreuliche und vermutlich erfolgreiche

---

6   Dass die Schulleiterin des Christlichen Gymnasiums Jena elf Kolleginnen an vier
    Unterrichtstagen (der fünfte Seminartag ist ein Samstag) für die Fortbildung frei-
    stellt, weist auf ein großes Interesse an der evangelischen Profilierung hin (vgl.
    Fußnote 3).

Veranstaltung – aber: Die Zielgruppe ist nicht die, die wir ursprünglich im Blick hatten, die Konfessionsfernen. Die Teilnehmerinnen erzählten schon in der Vorstellungsrunde von ihren frommen Großmüttern, von ihrer mindestens gelegentlichen Bibellektüre oder dem einschneidenden Erlebnis ihrer Taufe vor einigen Jahren. Zu der Gruppe gehören eine Religionslehrerin und eine Referendarin mit dem Fach Evangelische Religion. Je besser wir uns kennen, desto intensiver diskutieren wir, warum es so schwer ist, das eigene Denken und Glauben vor Schülerinnen und Schülern in Worte zu fassen, also sich als religiös sprachfähig zu zeigen.

Anders als geplant, aber trotzdem sinnvoll und hilfreich auf dem Weg zum evangelischen Profil der Schule? Inzwischen weiß ich, bestärkt auch durch die Barbara-Schadeberg-Vorlesungen, dass meine Blickrichtung sich zu Recht geändert hat: Nicht die „Konfessionslosen" sollen lernen, was es heißt, christlich Schule zu machen und sich in diese Kultur einfügen. Stattdessen soll die Kultur so einladend sein, dass „Neue" jeglicher Sozialisation und Prägung dazu gehören wollen. Dies sei mit dem Begriff „Willkommenskultur" umschrieben. Teil dieser Willkommens-Erfahrung ist, dass die Neuen, wenn sie Fragen stellen, glaubwürdige und kompetente Antworten bekommen. Evangelische Schulkultur wird geprägt von Menschen, die über das, was sie geprägt hat und trägt, über das, was sie hoffen und fürchten, Auskunft geben können – in der Sprache der Tradition, aber ebenso übersetzt in die Sprache des Schulalltags. Es ist also an einer Willkommenskultur zu arbeiten, die eine mögliche Fremdheit und Andersartigkeit der Denk- und Sprechweise der neuen Kolleginnen und Kollegen als Ressource erkennt und nutzt, die eigene religiöse Sprachfähigkeit zu stärken.

Ein Perspektivwechsel in diesem Sinne hat sich im folgenden Gespräch zu bewähren. Haben die Gesprächspartner eine Willkommenskultur erlebt und ist ihnen darin religiöse Sprachfähigkeit begegnet? Willkommenskultur und religiöse Sprachfähigkeit sind also die Stichworte für das zweite Kapitel.

2. Religiöse Sprachfähigkeit als Willkommenskultur oder der zweite Versuch, das Thema dieses Artikels zu finden

Das folgende Gespräch ist fiktiv, es hat so, mit diesen drei Gesprächspartnern und -partnerinnen, nicht stattgefunden. Daher sind auch die Namen der drei erfunden: A(lbert), B(erthold), C(hristina). Nicht fiktiv dagegen sind die Äußerungen der beiden Gymnasial-Lehrer und der Sekundarschul-Lehrerin. Sie sind in zwei Interviews im Dezember 2013 und Januar 2014 gefallen bzw. in mehre-

ren Gesprächen vor allem während des Seminars „Boden unter den Füßen gewinnen". Sprachlich sind sie geglättet und dem Gesprächsverlauf angepasst.

Die beiden Interviewpartner habe ich ausgewählt, weil ich zunächst die
Vermutung hatte, dass sie konfessionslos seien, was sich in einem Fall als Irr-
tum herausstellte. Die Form eines Gesprächs entspricht der Fragestellung: Wie
ist Ihnen der Anspruch Ihrer Schule, evangelisch zu sein, begegnet? Wie können Sie eigene religiöse oder nichtreligiöse Prägungen einbringen?

Tragfähige Antworten auf diese Fragen können – in diesem Artikel und in
den evangelischen Schulen – nur dialogisch formuliert werden. Die Gesprächs-
Form dieses Artikels soll ein Hinweis darauf sein.

*Sie haben sich vor zwei Jahren bzw. vor einem Jahr an einer Schule beworben,
die sich evangelisch bzw. christlich nennt. Welche Rolle hat dieses Adjektiv bei
Ihrer Entscheidung gespielt, sich zu bewerben?*

Albert: Überhaupt keine, weil ich damit nichts anfangen konnte. Für mich war
nur ganz wichtig, dass es eine „freie" Schule war. Im Referendariat in Bayern
war ich an staatliche Schulen gebunden und das wollte ich auf keinen Fall wieder. Da war ich froh, dass es eine Schule war, die sich natürlich auch nach dem
Lehrplan richtet, aber doch etwas menschlicher ist. Ob da nun evangelisch oder
katholisch oder sonst was drüber stand, war mir bei der Bewerbung egal.

Christina: Ich habe mir darüber keine Gedanken gemacht, wohl auch, weil ich
gar keine Vorstellung damit verbinden konnte. Ich kannte aus meiner Schulzeit
in der DDR keine Schule, in der etwas anderes als die staatlichen Vorgaben
galten. Und ich hatte auch wenig Phantasie, wie es anders sein könnte. Aber
weil ich damals nicht wirklich Ahnung hatte, was christlicher Glaube bedeuten
könnte, habe ich auch nicht erwartet, dass man das in der Schule irgendwo
merken könnte – außer vielleicht am Türschild.

Berthold: Bei mir war es etwas anders. Ich kannte die Schule durch einzelne
Personen aus dem Förderverein, ich hatte sogar schon mal eine Fortbildung für
das Kollegium gemacht und dabei gemerkt, dass es eher ein „klassisches Gymnasium" war mit nur wenigen reformpädagogischen Ansätzen – also nicht meine Traumschule. Aber als dann über Bekannte die Frage kam, ob ich mich ganz
kurzfristig bewerben wolle, habe ich zugesagt, weil ich gerade eine Stelle gesucht habe und wegen der Familie gern am Ort bleiben wollte. Das „Christlich"
im Namen der Schule hat mich als ausgewiesenen Atheisten weder positiv noch
negativ beschäftigt. Ich hatte allerdings auch schon viele gute Erfahrungen mit

Theologie studierenden Kommilitonen gemacht und ganz viele spannende Gespräche mit ihnen geführt. Einige sind bis heute gute Freunde.

Das führt mich zur nächsten Frage: Wie ist es mit Ihrer religiösen oder nichtreligiösen Prägung? Ein „ausgewiesener Atheist"...

Berthold: Ja, ich bin in einem bewusst atheistischen Umfeld aufgewachsen. Meine Großeltern und Eltern stammen aus der Arbeiterbewegung, so dass ich völlig kirchen- und religionsfern aufgewachsen bin. Ich hatte auch keine christlichen Freunde. Das hat sich geändert während meines Philosophiestudiums. Da gab es einen Theologie-Studenten im gleichen Haus, mit dem ich häufig lange und intensive Gespräche geführt habe. Wir hatten und haben ähnliche Positionen zum Mensch-Sein, zur Welt – nur eben von unterschiedlichen Grundpositionen aus. Dieser Austausch beschäftigt uns bis heute. Wir sind Freunde geworden. Über ihn habe ich auch viele andere Theologen kennen gelernt und gemerkt, dass das interessante Menschen sind. Mein militanter Atheismus ist in dieser Zeit geschmolzen, an seine Stelle ist ein großer Gesprächsbedarf getreten.

Dann habe ich meine Frau kennengelernt. Sie stammt aus dem katholischen Eichsfeld, unsere Kinder sind getauft, in der Familie meiner Frau habe ich gelernt, in welchen Formen und Ritualen sich christlicher Glaube ausdrückt. Vieles ist mir bis heute fremd geblieben. Es ist nicht immer leicht, den Kindern zu erklären, warum Papa in religiösen Dingen anders denkt und handelt als Mama. Die protestantische Art zu glauben, über den Kopf, ist mir leichter nachzuvollziehen.

Christina: Ich bin wahrscheinlich das, was Sie einen Gewohnheitsatheisten nennen würden. Natürlich bin ich mit vielen kirchen- und religionsfeindlichen Selbstverständlichkeiten aufgewachsen, aber es gab eigentlich keinen Anlass, darüber wirklich nachzudenken. Jetzt, wo ich mich zwangsläufig mit Fragen von Religion und Glauben beschäftigen muss – zum Beispiel in diesem Interview – fallen mir manche Sprüche wieder ein, aber damals, in meiner Kindheit und Jugend, waren sie kein Grund zum Nachdenken.

Albert: „Kein Grund zum Nachdenken" – das ist das Stichwort für mich. Ich bin katholisch aufgewachsen, in Baden-Württemberg ist das eben so: Wir sind alle irgendwie katholisch, aber das bedeutet nicht so ganz viel. Natürlich bin ich mit meinen Eltern hin und wieder zur Kirche gegangen. Ich habe gelernt, dass man in der Kirche auch mal ruhig sitzen und zuhören kann – das fehlt mir heute bei unseren Schülern. Ich wurde nicht wirklich katholisch erzogen sondern einfach menschlich. So, wie du sagst, du warst ein Gewohnheitsatheist, war und bin ich wohl ein Gewohnheitschrist.

Und dann kam die offizielle Bewerbung: Wurden Sie gefragt nach Ihrer Religion? Wurde Ihnen erläutert, was die Schule von Ihnen erwartet in Bezug auf das evangelische Profil der Schule?

Christina: Ich kann mich nicht erinnern, dass ich dazu gefragt wurde. Ich glaube, vorher schon hatte mir jemand gesagt, dass ich Mitglied der Kirche werden muss, wenn ich länger an dieser Schule bleibe, aber das hat mich damals noch nicht sehr beunruhigt. Es war meine erste Stelle, da war anderes wichtiger.

Albert: Ich bin ja katholisch, insofern war das formal alles in Ordnung. Aber ich erinnere mich sehr genau, wie ich im Bewerbungsgespräch gefragt wurde, wie ich denn die katholischen Glaubensgrundsätze – oder so ähnlich hieß es – in meinen Unterricht mit einbauen würde. Um Himmels Willen, habe ich gedacht, wie soll ich das so verpacken, dass die nicht merken, dass ich keinen blassen Schimmer habe? Ich habe dann so was gestammelt von Gemeinschaft und Vertrauen, was für mich selbstverständlich ist, aber wohl nicht so viel mit katholisch zu tun hat, oder?

Na ja, Sie haben in diesem Bewerbungsgespräch zum Beispiel auch gesagt, dass es sich im Geographie-Unterricht nicht nur anbietet, sondern aufdrängt, Fragen von weltweiter Gerechtigkeit zu thematisieren.

Albert: Ja, aber ist das katholisch oder evangelisch? Oder einfach menschlich?

Bevor wir jetzt in eine Diskussion eintreten über die Verpflichtung christlicher Kirchen, sich für Gerechtigkeit, Frieden, Bewahrung der Schöpfung einzusetzen – und darüber, wie sich dies in christlichen Schulen zeigt, die Frage an Sie, Berthold: Wie war es in Ihrem Bewerbungsgespräch?

Berthold: Die Schulleiterin hat mir gesagt, dass die Verträge vorsehen, dass man einer christlichen Kirche angehört, dass der Arbeitgeber das verlangt. Aber sie hat auch gesagt, dass man Zeit hat zu entscheiden, ob man eine Nähe entdeckt und sich religiös binden kann und will. Das war klar, hat mich aber nicht abgeschreckt. Obwohl: Diesen „Taufzwang" fand ich ganz doof. Ich verschreibe mich einer Institution, auch wenn ich innerlich gar nicht dazu gehöre. Nur dass es auf dem Papier steht. Das bedeutet doch nicht, dass man auch ein christlicher Lehrer ist, dass christliches Vorleben möglich ist. Aber dann habe ich mit meinen Freunden, den Theologen, darüber gesprochen und die haben mir die andere Seite deutlich gemacht. Ihre Gemeinden sind auch Träger von Bildungseinrichtungen. Sie sagen: „Wir sehen keine andere Möglichkeit, als die formale Zugehörigkeit zur Kirche und damit die Taufe zu verlangen. Die Alternative wäre eine Glaubens- und Gewissensprüfung – und das wollen wir ganz bestimmt nicht." Das hat mich ein bisschen milder gestimmt. Ich verstehe das Interesse des Schulträgers, dass das Christentum gelebt wird an der Schule. Allerdings kann die Taufverpflichtung dazu allenfalls ein erster Schritt sein. Also habe ich mich nach langen Gesprächen mit meinem Pfarrer-Freund entschieden mich taufen zu lassen. Allerdings, wenn ich nicht an dieser Schule arbeiten würde und auch weiter arbeiten wollte, hätte ich das wohl nicht getan.

Albert: Mich betraf es ja nicht direkt, aber wir haben eine Kollegin, deren Vertrag wird gerade nicht „entfristet", weil sie sich noch nicht entscheiden kann, sich taufen zu lassen. Die Kollegin macht so guten Unterricht, die ist so freundlich zu den Schülerinnen und Schülern. Sie ist jetzt auch zur Vertrauenslehrerin gewählt worden, aber sie ist eben konfessionslos. Ich versteh das nicht. Das geht, finde ich, am Grundgedanken einer guten Schule vorbei. Es geht doch darum, dass es guten Unterricht gibt, dass Lehrer und Schüler gemeinsam etwas aufbauen.

Geht es wirklich nur um „guten" Unterricht oder auch darum, diesen guten Unterricht zu begründen? Und dieser Grund ist in Ihren Schulen ein christlicher.

Albert: Muss man aber dafür im Personalausweis katholisch oder evangelisch stehen haben? Es tut mir einfach leid, für die Kollegin und auch für die Schule. Sie bringt alles mit, eine gute Lehrerin und auch ein wichtiges Mitglied im Kollegium und der ganzen Schulgemeinschaft zu sein. Das alles spielt offenbar gar keine Rolle. Wo bleibt denn da der evangelische Grundgedanke von Gemeinschaft und Nächstenliebe?

Lassen wir die Frage mal offen und gehen einen Schritt weiter. Sie haben das Bewerbungsgespräch erfolgreich bestanden und unterrichten jetzt an einer evangelischen Schule. An welchen Stellen im Schulalltag, im Unterricht, im kollegialen Gespräch begegnet Ihnen „Religiöses"? Oder anders gefragt: Woran kann man merken, dass Ihre Schule eine evangelische Schule ist?

Berthold: Da sind zuerst mal die christlichen Rituale, an denen man merkt, dass wir eine christliche Schule sind: An jedem Montag Andacht in der ersten Stunde in der Klasse, an jedem Mittwoch Gottesdienst für die ganze Schule. Gottesdienste zum Schuljahresbeginn und zum Schuljahresende – für die Schülerinnen und Schüler, aber auch für das Kollegium. Dann gibt es das Fach Globales

Lernen, wo die christliche Position eine wichtige Rolle spielt. Und wir haben eine Schulpfarrerin. Dann gibt es noch sichtbare Dinge wie Kreuze oder den Glockenturm.

Wie ist es an Ihren Schulen mit Andachten und christlichen Ritualen? Albert, an Ihrer Schule gab es vor einiger Zeit einen Andachts-Workshop, eine Fort-bildungsveranstaltung, um Kolleginnen und Kollegen bei der Planung und Durchführung von Andachten in ihren Klassen zu unterstützen.

Albert: Inzwischen ist es anders geworden, aber im vorigen Jahr waren die Wochenschlussandachten mehr Zirkus als Andacht. Ich war nicht so oft dabei, weil ich am Freitag frei hatte, aber da flogen die Liederzettel durch den Raum, durch die Turnhalle, die Schülerinnen und Schüler haben sich eher ausgetobt in dieser dreiviertel Stunde, als dass sie nachgedacht und zugehört haben. Ich habe mich gefragt: Was soll das? Welcher Zwölfjährige sagt nach einer dreißig-Stunden-Woche am Freitag in der letzten Stunde: „Jetzt reden wir doch mal über Gott." Wenn ich die Kolleginnen gefragt habe, was das soll, haben sie mit hohlen Floskeln geantwortet. „Zu dem einen oder anderen dringt doch etwas durch". Was dringt denn da durch? Wenn ein Schüler vielleicht betroffen ist von einer Geschichte, aber drum herum toben 139 andere, dann ist das für mich sinnlos, dann ist es vergeudete Zeit. In diesem Schuljahr ist es viel besser, die Andacht findet nicht mehr in der letzten Stunde statt, eine neue Kollegin hat eine sehr gute Struktur geschaffen, die Andachten werden oft von den Schülern selbst gestaltet. Dadurch sind sie sehr viel intensiver geworden und die Kinder nehmen wirklich etwas mit.

Was ist es denn, was sie mitnehmen?

Das, was wahrscheinlich oft auch zu Hause auf der Strecke bleibt: Gemein-schaftssinn, sich auch mal zurücknehmen, auch mal zuhören. Die Schule hat ja zunehmend auch solche erzieherischen Aufgaben. Im Unterricht, im normalen Alltag ist viel zu wenig Zeit dazu. Da sind Andachten eine gute Möglichkeit. Die Kinder lernen, mal still da zu sitzen, nachzudenken: War das richtig, was ich da gemacht habe oder nicht? War ich ungeduldig, war ich patzig? Ich müss-te freundlicher sein, netter, ich müsste besser zuhören.

Das sind solche Sachen, die kann man den Kindern beibringen, dass sie einfach mal zur Ruhe kommen. Dass sie auch merken, du musst jetzt nichts lernen, nichts aufschreiben, kein Buch aufschlagen, einfach nur dasitzen und zuhören und nachdenken. So, wie es jetzt läuft mit der Freitagsandacht, finde ich es toll.

Und bei Ihnen, Christina?

Christina: Es gibt den Morgenkreis am Wochenanfang, aber der muss nicht religiös sein. Ich glaube, es gibt nur zwei Kolleginnen, die den Morgenkreis wie eine Andacht machen. Für Gottesdienste und größere Veranstaltungen sind entweder die Pfarrer der Kirchengemeinde zuständig oder die Religionslehrerin. Ich bin sehr froh, dass ich da entlastet bin. Ich glaube, ich könnte das nicht – eine Andacht halten oder öffentlich ein Gebet sprechen.

Sie haben mir erzählt von einem Todesfall in Ihrer Schule. Ein Schüler hat sich das Leben genommen. Wie war es da?

Christina: Das war ganz furchtbar. Wir haben morgens vor der ersten Stunde davon erfahren und sind dann in unsere Klassen gegangen. Ich habe nicht gewusst, was ich sagen oder tun soll und habe normalen Unterricht gemacht, habe es jedenfalls versucht, und inständig gehofft, dass keiner der Schüler schon etwas weiß und mich fragt. In der vierten Stunde ist dann die Schulleiterin durch die Klassen gegangen und hat mit den Schülern geredet. Und dann ging das alles seinen Gang.

Gibt es außer in Andachten, Gottesdiensten und christlichen Ritualen noch etwas, das eine Schule als evangelisch kenntlich macht?

Berthold: Wir bemühen uns um einen wertschätzenden Umgang zwischen Schüler und Schülerinnen sowie Kollegen und Kolleginnen, zwischen den Kollegen und auch zwischen den Schülern. Meistens klappt das auch. Aber ist das etwas spezifisch Christliches? Ich glaube nicht. Das hat eher mit der pädagogischen Kultur dieser Schule zu tun. Zugegeben: Die kann natürlich in einer christlichen Prägung wurzeln, muss aber nicht. Die meisten Kolleginnen und Kollegen, die heute hier arbeiten, die bringen das schon mit, das ist ihr pädagogisches Ethos – unabhängig davon, ob sie Christen sind oder nicht.

Wirklich unabhängig? Das, was Sie genannt haben, ist kein „Alleinstellungsmerkmal" einer christlichen Schule, aber gibt es möglicherweise Situationen und Sprachspiele, in denen dieses beschriebene und erlebte Verhalten auch verbal christlich begründet werden kann – und sollte?

Berthold: Ich erinnere mich an einen Vortrag während einer Kollegiums-Klausur. Da ging es um die Frage, die mich auch beschäftigt, was es für die Pädagogik einer Schule bedeutet, wenn sie sich christlich versteht. Die Referentinnen – eine Lehrerin und eine Theologin – haben dialogisch dargestellt, wie bestimmte theologische oder religiöse Aussagen sich in konkreten pädagogischen Entscheidungen niederschlagen können. Ich erinnere mich an die Dar-stellung eines christlichen Bildes vom Menschen, als individuell von Gott ge-wollt, das Auswirkungen auf individualisierende Unterrichtsformen haben sollte oder die Frage der Leistungsbewertung, der Fehlerkultur oder der Frage von Strafmaßnahmen. Da gab es ganz viele Konkretionen. Das waren gute Denkanstöße. Aber wenn wir das ernst nehmen würden, dann dürften wir gar kein Gymnasium sein, dann müssten wir uns in eine Gemeinschaftsschule um-wandeln und auch nach außen deutlich machen: Wir sind für alle Kinder unab-hängig von ihrer Herkunft und unabhängig von ihren intellektuellen Vorausset-zungen offen.

Sie haben nach christlichen Begründungen für pädagogische Entscheidun-gen gefragt. Auf der Sprachebene? Ich kann mich nicht erinnern. Emotional oder intuitiv schon eher. Ich erlebe im Umgang mit Konflikten eine große Sen-sibilität und das Bemühen, schnell zu einer guten Klärung zu kommen. Wo ich jetzt so rede, erinnere ich mich doch an eine Situation in meiner Klasse: Da war ein Mädchen verbal ausfallend und verletzend geworden. Ich war sehr ungehal-ten und habe gesagt: „Wir sind eine christliche Schule, das bedeutet auch einen bestimmten Anspruch an unsere Umgangsformen. Und da hat das, was du da gemacht hast, keinen Platz."

Albert: Mir ist wichtig, was Schülerinnen, Schüler und auch Lehrerinnen und Lehrer in der Schule erleben. Es geht nicht um das Etikett „evangelisch", es geht darum, was tatsächlich geschieht. Wenn so etwas wie Sozialverhalten, freundlicher Umgang, Zeit haben füreinander, Menschlichkeit, Sensibilität für Gerechtigkeit – wenn das „evangelisch" ist, dann bin ich ein Fan der evangeli-schen Kirche. Aber es ist schwer für mich, dies als „evangelische Grundgedan-ken" zu formulieren, für mich ist es eher selbstverständlich. Wenn dann evan-gelisch drüber steht, dann soll es mir recht sein, aber wichtig ist das für mich nicht.

Sie haben vorhin, vor dem Gespräch, von religiöser Sprachfähigkeit ge-sprochen. Da fehlt es bei mir wohl noch. Wir haben z.B. in diesem Andachts-Workshop über das Segnen gesprochen, dass jeder gesegnete Mensch auch andere Menschen segnen kann. Würde ich nie im Leben machen. Fühle ich mich nicht in der Lage dazu. Das überlasse ich lieber den Fachleuten. Wenn ich das machen würde, wäre das nicht authentisch. Wenn ich etwas zu sagen habe, dann sage ich es so, wie es ist, ohne jeden religiösen Hintergrund, ohne Wörter wie Gott oder Glauben oder Kirche oder Religion in den Mund zu nehmen. Das geht ohne religiöse Vokabeln für mich. Und wenn jetzt eine Vorschrift käme, dass ich das machen muss, dann würde ich mich wehren. Solange, bis einer kommt, mir das vormacht und ich es ernsthaft nachvollziehen kann. Sonst ist es für mich eher komisch.

Sie sagen „bis einer kommt und mir das vormacht", heißt das, dass bisher niemand Ihnen das vorgemacht hat?

Albert: Genau. Ich erinnere mich an so eine offizielle Veranstaltung, da hat zu Beginn der Chef die Tageslosung gelesen, aber damit war es dann auch getan. Das wirkt für mich eher heuchlerisch. Dann soll er es lieber weglassen.

Und im Schulalltag? Ich bin der Meinung, wenn sich ein Nicht-Religions-Lehrer vor eine Klasse stellt und sagt: „Ich hab dies und jenes gemacht, weil es in der Bibel an der und der Stelle so drinsteht", dann fängt hundertprozentig jemand an zu kichern, weil er es nicht ernst nimmt und weil es so ungewohnt ist. Ich würde es auch nicht annehmen, wenn jemand so reden würde. Dieses Religiöse ist etwas, das in meinem Leben nicht so präsent ist, dass ich es jedem auf die Nase binden müsste, das geht für mich unterschwellig. Klar, es ist die gleiche Botschaft, der Inhalt ist derselbe, nur der Titel ist ein anderer. Und da ist es für mich leichter, wenn ich diese Vokabeln, mit denen ich nicht vertraut bin, weglasse.

Ich frage noch einmal ausdrücklich nach dem Unterricht: Vor einigen Jahren hieß ein Schlagwort in der Diskussion um evangelische Schulen „Unterrichten im christlichen Aufmerksamkeitshorizont". Was fällt Ihnen dazu ein?

Berthold: Bei uns gibt es eine große Offenheit und Freiheit. Die Kolleginnen und Kollegen gehen sehr rücksichtsvoll miteinander um. Ich habe nie Probleme gehabt, jeder und jede kann seine Religiosität so leben, wie er möchte. Allerdings gibt es da auch Grenzen. Die sind erreicht, wenn ich als Lehrer bestimmte Themen nicht behandele, weil sie meinem Weltbild widersprechen. Wenn z.B. jemand aus religiösen Gründen Probleme mit der Evolutionslehre hat, muss er das trotzdem unterrichten, das steht so im Lehrplan. Im Deutschunterricht könnte jemand sagen: „Ich lasse bestimmte Texte nicht lesen, weil sie nicht an eine christliche Schule gehören". Da ist für mich die Grenze erreicht.

Sie sind noch nicht sehr lange an Ihrer jetzigen Schule. Sie waren vorher bzw. während Ihrer Ausbildung an nicht-kirchlichen Schulen. Gab es in Ihrer jetzigen Schule so etwas wie eine „Willkommenskultur" – ein Modewort derzeit?

Albert: Das habe ich etwas vermisst zu Anfang. Ich kam zum Halbjahr, da lief alles auf Hochtouren, ich war da, Geografie und Englisch waren besetzt, alles o.k., mehr war nicht interessant. Da gab es Veranstaltungen wie Gottesdienste oder öffentliche Präsentationen, Tage der Offenen Tür und so weiter. Ich konnte kein System dahinter erkennen. Es lief einmal so und dann wieder anders. Das war schwer, da rein zu kommen. Jetzt ist es anders, auch mit dem „Evangelischen". Es ist mehr Thema. Kollegen werden direkt angesprochen, Zuständigkeiten sind klar, die Kollegen werden gefragt, ob sie Ideen oder Fragen haben. Die neue Kollegin, die für die Andachten zuständig ist, hat Pläne gemacht, stellt uns mögliche Abläufe für Andachten zur Verfügung. Ich kann sie fragen, wenn ich nicht weiter weiß. Es hat für mich jetzt alles mehr Substanz.

Berthold: Es hat mich sehr positiv beeindruckt, wie sehr mir die Kolleginnen und Kollegen in der ersten Zeit – und eigentlich bis heute – geholfen haben, gerade auch in den religiösen Dingen, die mir fremd waren. Als ich zum ersten Mal zuständig war für die Vorbereitung eines Gottesdienstes, hat eine Kollegin angeboten, dass wir das zusammen machen mit unseren beiden Klassen. Es gibt Hefter mit Materialien, Abläufen, eine Sammlung von Liedzetteln. Da ist man schon relativ gut ausgerüstet. Und vor allem: Ich weiß, ich kann fragen, wenn ich Probleme habe mit einer Andacht oder einem Gottesdienst. Ich erlebe da eine Schulkultur, in der das gelebt wird, was, glaube ich, „evangelisch" ist. Und wenn das so ist, kann man sich dem schwer entziehen. Ist das Modell-Lernen? Man übernimmt bestimmte Haltungen – nicht alle – aber wenn das Kollegium das täglich vorlebt, dann kann man sich dem nicht entziehen. Zur Willkommenskultur gehört für mich aber auch, dass ich nicht gezwungen wurde zu religiösen Äußerungen oder Ritualen, dass es mir dadurch leicht gemacht wurde, dass akzeptiert wurde, dass ich Zeit brauchte und brauche. Und dass ich nicht das Gefühl hatte, jemandem zur Last zu fallen. Nein: „Das mach ich gern, guck's dir an, nächstes Mal machen wir es zusammen." Da gibt es eine große Sensibilität und Geduld und Hilfsbereitschaft. Das ist eine gelebte Willkommenskultur, weniger eine institutionalisierte. Das ist auf jeden Fall die wichtigere.

Ob ich etwas vermisst habe in der ersten Zeit? Vielleicht doch so etwas wie institutionalisierte Formen des Willkommens. Mir hätte es, glaube ich, gut getan, wenn ich gewusst hätte: Einmal im halben Jahr treffe ich mich mit der Schulpfarrerin und wir reden darüber, wie ich „angekommen" bin, ob ich etwas vermisse oder nicht verstehe. Ich habe viele Gespräche geführt mit der Schulpfarrerin, ich finde es toll, dass sie immer zur Verfügung steht für Gespräche und ich weiß auch, dass viele Kolleginnen und Kollegen dieses Angebot nutzen, aber trotzdem: Es wäre nicht schlecht gewesen, wenn solche Gespräche quasi vorgeschrieben gewesen wären.

Ich habe nicht zufällig Sie um dieses Gespräch gebeten, weil ich weiß oder vermute, dass Sie nicht von Kindesbeinen an mit religiösen, christlichen Traditionen Kontakt hatten. Bis jetzt haben wir über das geredet, was für Sie neu war an Ihrer Schule. Lassen Sie mich die Frage umdrehen und die Perspektive wechseln: Was kann Ihre christliche, evangelische Schule von Ihnen lernen und profitieren? Was bringen Sie mit – möglicherweise Ressourcen für einen Dialog über Religion?

Christina: Die meisten Schüler an unserer Schule haben keine Ahnung von Religion und Glauben und Christentum – so ähnlich wie ich. Ich kann darauf achten, dass da nicht dauernd über irgendetwas geredet wird, was niemand versteht und was niemanden interessiert – z.B. wenn ein Pfarrer aus der Stadt zum Schulgottesdienst kommt. Da kann ich zum Sprachrohr der Konfessionslosen werden. Und ich finde, da können die Kirchenleute dankbar sein, wenn jemand ihnen hilft, eine Sprache zu sprechen, die verstanden wird.

Berthold: Ja, ich merke schon, dass ich da etwas Gutes mitbringe. Als Beispiel: Gottesdienstvorbereitung mit meiner Klasse. Das macht mir Spaß. Das macht auch den Schülerinnen und Schülern Spaß. Mir sind diese Rituale des Gottesdienstes ja nicht so vertraut, deshalb kann ich mich auch viel schneller davon lösen und neue Formen suchen, ich bin da weniger ängstlich. Dadurch sind unsere Gottesdienste immer sehr lebendig. Und meinen Schülern fällt unglaublich viel ein, wenn sie merken, ihre Kreativität ist gefragt.

Für mich ist dabei allerdings wichtig, dass die Schulpfarrerin diesen Freiraum anbietet: „Wir brauchen auch mal frischen Wind, probier es aus". Und ich denke, ich kann mit meinen Ideen und Einfällen zu diesem frischen Wind beitragen.

Ich danke Ihnen, dass Sie sich diesem Gespräch gestellt haben und damit hoffentlich auch dem Dialog in den Schulen über das evangelische Profil Nahrung gegeben haben.

3. Mehr als willkommen – oder der Versuch, Wegmarken für zukünftige Wege zu einem evangelischen Schulprofil zu identifizieren

Ich fasse zusammen, was das Protokoll bisheriger Umwege und die Gespräche mit Lehrerinnen und Lehrern mir deutlich gemacht haben:

Die Lehrerin und die beiden Lehrer des fiktiven Interviews bilden keinen repräsentativen Querschnitt der Lehrerschaft evangelischer und christlicher Schulen in Mitteldeutschland. Aber ihre Äußerungen sind typisch für viele Mitarbeitende dieser Schulen. Sie stehen für den Typus des bewusst nicht christlich geprägten, aber sehr sprachgewandten und reflexionsfähigen Lehrers (Berthold), der religiös indifferenten Kollegin (Christina) und des christlich geprägten, aber wenig reflexionsgeübten Kollegen (Albert). Ein vierter Typus taucht in dem Interview nicht auf: Die religiös geprägten Lehrerinnen und Lehrer, die bereit und in der Lage sind, Auskunft zu geben über das, was sie prägt und in ihren Alltagsentscheidungen leitet. Der nach meiner Erfahrung kleinen Gruppe, die zu diesem vierten Typus gehört, steht die sehr viel größere der sprachlosen Christen gegenüber.[7] Das Interview hat gezeigt, dass die formale Zugehörigkeit zu einer christlichen Glaubensgemeinschaft[8] wenig aussagt über die religiöse Sprachfähigkeit und die Bereitschaft, eigene religiöse Prägungen zu reflektieren. Der zweite Typus des Gewohnheitsatheisten ist in den evangelischen Schulen naheliegender Weise geringer vertreten als in der ostdeutschen Gesellschaft generell. Es ist aber zu vermuten, dass bei der abzusehenden Entwicklung auf dem Lehrermarkt die evangelischen Schulen immer größere Probleme bekommen werden, Stellenbewerberinnen zu finden, die einer christlichen Kirche angehören. Was die religiöse Sprachfähigkeit dieser Gruppe angeht, unterscheiden sie sich insofern von den sprachlosen Christen, als sie fürchten, sich als defizitär an einer christlichen Schule outen zu müssen und daher lieber schweigen, wenn es um Religiöses geht. Einen besonderen Glücksfall für die evangelischen Schulen bilden Menschen vom Typ 1, die Kollegium, Schulleitung und auch ihre Schülerinnen und Schüler herausfordern, über das nachzudenken und zu verbalisieren, was das „evangelische Profil" sein kann, indem sie irritieren und für selbstverständlich Gehaltenes in Frage stellen.

---

7   Da es hier um eine Typenbildung geht, erlaube ich mir diese vereinfachende und nicht eben ressourcenorientierte Sprache.

8   Voraussetzung für eine Festanstellung ist die Zugehörigkeit zu einer Glaubensgemeinschaft, die der Arbeitsgemeinschaft christlicher Kirchen (ACK) angehört.

Merkmale des „Evangelischen" in Schulkultur und pädagogischem Konzept unterstützen die Gesprächspartner und -partnerinnen ausdrücklich: Eine grundsätzlich freundlich-zugewandte Art, Schülern und Schülerinnen sowie Kollegen und Kolleginnen zu begegnen und dabei die individuelle Besonderheit jedes einzelnen Menschen zu respektieren, das Bemühen, Konflikte mit möglichst wenig Verletzungen zu lösen, großes Gewicht auf einen respektvollen Umgang miteinander werden als Stichworte genannt. Die im Interview beschriebene „Willkommenskultur" ist ein Hinweis auf diesen Umgangsstil.

Wichtig ist aber den Gesprächspartnern, dass diese Schulkultur erlebbar ist, nicht, dass sie als evangelisch benannt wird. Selbstverständlich wird die Fortbildungs- und Beratungsarbeit mit den und für die evangelischen Schulen auch zukünftig darauf ausgerichtet sein, dass individualisierendes und zugleich kooperatives Lernen ausgeweitet, dass Ansätze inklusiver Schule unterstützt werden, dass ein respektvoller Umgang mit Eltern eingeübt wird und dass Schulleiterinnen und Berufsanfänger supervisorisch unterstützt werden, mit den Herausforderungen des Schulalltags zurecht zu kommen – um nur einige Themen und Angebote aus dem Programm des PTI zu nennen. Aber: Nicht neben, sondern in diesen Fortbildungsthemen ist immer zugleich auch die religiöse Dimension ins Spiel und zur Sprache zu bringen.

Und: Es ist gezielt an der religiösen Sprachfähigkeit der Lehrerinnen und Lehrer, der Erzieherinnen und pädagogischen Mitarbeiter, der Schulleiterinnen, der Schulträger und der Schulverwaltung zu arbeiten. Denn: Das Reden über Religiöses ist den Gesprächspartnerinnen und -partnern fremd und erscheint im Schulalltag als etwas Besonderes, das im abgegrenzten Bereich von Andachten und Gottesdiensten seinen Platz hat, aber kaum in der Alltagssprache.

Allenfalls noch, wenn es um Wertorientierung im Sinne von ethischen Richtlinien geht, erscheinen Hinweise auf das evangelische Fundament ihrer Schule sinnvoll und praktikabel: Wenn eine Schülerin sich nicht so verhält, wie es dem evangelischen Anspruch der Schule entspricht, wird sie mahnend darauf hingewiesen oder wenn Schüler in der Andacht still sitzen sollen.

Ich fasse dies zusammen: Das Christliche wird wahrgenommen in seiner ethischen Ausprägung, nicht in der grundsätzlichen Zusage Gottes. Theologisch ausgedrückt: Das Verhältnis von Gesetz und Evangelium wird – zumindest in den wenigen Voten über Religiöses in den Interviews – verkehrt. Äußerungen im Interview, die darauf zielen, die „zuvorkommende Freundlichkeit Gottes in allen Lebensformen der Schule widerzuspiegeln"[9] und in Worte zu fassen, werden eindeutig und heftig als fremd und befremdend zurückgewiesen. Noch einmal der Hinweis von Michael Domsgen: „Die Folgen christlichen Handelns werden von einer Mehrheit geschätzt. Die Motive dafür wie auch explizit religiöse Praxis sind deutlich weniger anschlussfähig."[10]

Diese Befunde aus vielen Gesprächen fügen sich ein in das, was Gert Pickel aus soziologischer Sicht in Erfurt vorgetragen hat.[11] Offenbar sind auch in den evangelischen Schulen Auswirkungen einer „Schweigespirale" auszumachen: „Man" redet nicht über Religiöses, jedenfalls nicht öffentlich. In einer freien Gesellschaft darf jeder und jede die Religion praktizieren, die ihm und ihr angemessen scheint, aber Bestandteil öffentlichen Diskurses wird dies erst, wenn medial der Verdacht bestärkt wird, dass die Religionsausübung kollidiert mit dem Selbstbestimmungsrecht und Sicherheitsbedürfnis der Mehrheit – so derzeit in der Diskussion um fundamentalistische Islam-Strömungen. Reden über Religiöses ist aus den alltäglichen Sprachspielen in gesonderte Regionen ausgelagert. In Krisensituationen allerdings wird – noch – die Erinnerung wach, dass es da Hilfreiches und Tröstliches geben könnte. Aber im Alltäglichen bleibt das Religiöse „unterschwellig", so hat es Albert im Interview benannt.

Die befragten Lehrkräfte können sich nicht erinnern, im Alltag Beispiele erlebt zu haben, wie Religiöses in die Alltagssprache einfließt. Albert wartet, „bis jemand kommt, der mir das vormacht", Berthold spricht von der überzeugenden Kultur, der sich dauerhaft niemand entziehen könne. Offenbar umfasst diese Kultur aber nicht die religiöse Sprachfähigkeit. Es ist wohl so, dass die Schweigespirale sich auch in evangelischen Schulen dreht.

Erschreckend ist, dass die Beispiele der Interviewpartner für den Versuch, Religiöses in die schulische Alltagssituation einzutragen, Karikaturen sind: „Da holt ein Lehrer in der Konferenz seine Bibel aus der Tasche, schlägt sie auf und liest vor: Bei Matthäus 35 steht …, darum müssen wir jetzt diese Disziplinarstrafe verhängen oder eben nicht." Oder: „Soll ich einem Schüler, den ich gerade zusammen gefaltet habe, sagen, dass in der Bibel steht, dass Gott ihn liebt?" Warum fehlen positive Beispiele religiöser Sprache, an denen die Neuen einer evangelischen Schule lernen könnten? Das Problem der religiösen Sprachlosig-

---

9   Eine Formulierung, die als Leitsatz über einem Konzeptpapier zum evangelischen Profil in der Diskussion ist.
10   Michael Domsgen, RU in konfessionsloser Mehrheitsgesellschaft – didaktische Herausforderungen und Ansätze, in: Theo-Web. Zeitschrift für Religionspädagogik, 1/2013, 156.
11   S. den Beitrag von Gert Pickel in diesem Band.

keit ist offensichtlich nicht nur ein Problem der Neuen und der bis vor Kurzem noch Konfessionslosen.

Zu fragen ist, inwiefern die Sprachlosigkeit, die mit dem Begriff Schweigespirale gekennzeichnet ist, einen Verlust bedeutet, dem entgegen zu wirken wäre. „Es reicht doch, wenn die Schülerinnen und Schüler und das Kollegium und die Eltern erleben, dass wir freundlich und respektvoll miteinander umgehen. Dass wir unser pädagogisches Konzept am christlichen Menschenbild ausrichten – wie es in der Präambel des Schulkonzepts steht." – so ähnlich im Interview und bei vielen anderen Gelegenheiten formuliert.

Zwei Gründe, warum dieses nicht reicht:

Zunächst das pädagogische Argument: Schule ist nicht in erster Linie ein Erlebnisraum, sondern der Raum, in dem Erlebtes, Wissensbestände, Positionen reflektiert, bewertet, systematisiert werden. Nur so sind Schülerinnen und Schüler in der Lage, Gelerntes auf andere Situationen zu übertragen und zu bewerten. Gleiches gilt für Erwachsene: Wenn die Reflexion und der Austausch über die Grundlagen der pädagogischen Arbeit und der Schulkultur nicht mehr betrieben werden, geht die kritische Distanz zum Vorfindlichen verloren und damit das Potential zur gezielten Weiterentwicklung. Kollegien, die nicht mehr in Worte fassen können, was Grundlage und Ziel ihrer Arbeit ist, werden Spielball der Zeitströmungen und medial verstärkter pädagogischer Moden.

Das theologische Argument: In einer Schreibpause an diesem Artikel höre ich das „Wort zum Sonntag" am 25. Januar 2014, zum sechzigsten Geburtstag dieser zweitältesten Sendung der ARD. Ein Ausschnitt daraus: „Das ‚Wort zum Sonntag' – mitten zwischen Tagesthemen und Boxkampf. Genau da gehört es hin. Mitten rein – zwischen die Tragödien der Nachrichten, die Auseinandersetzungen in Kiew, die Autobomben in Ägypten, zwischen die UN-Friedenskonferenz und den Bürgerkrieg in Syrien – mitten zwischen all diesen Tragödien und dem Adrenalin des Boxkampfs da gibt es – noch etwas. Wir ringen um Worte dafür. Und streiten oft, ob es die richtigen waren. Es ist die treibende Kraft des Lebens. Lässt uns dazwischen rufen: „So nicht!" wenn Menschenwürde, Lebenswürde verletzt wird. Christen nennen diese Kraft Gott. Er lässt uns beten und danken und ab und an auch fluchen und hadern und den Glauben an ihn verlieren, weil er uns manchmal so elend viel zumutet. Und: Er beschenkt uns mit dem Schönsten und Schützenswertesten, das es gibt: Dem Leben – Jedes Leben gehört respektiert und jedes gehört gefeiert. Jeder kleine

Augenblick. Das kann man nicht oft genug sagen. Und darum gehört es hierhin, genau hier: Das „Wort zum Sonntag".[12]

Auf die Schulpraxis übertragen deute ich dieses „mitten drin": Mitten zwischen den alltäglichen Ärger und Streit um immer schwieriger werdende Schüler und Schülerinnen, um sich verschlechternde Arbeitsbedingungen, um fehlendes Geld gehört die Erinnerung an diese Kraft, die wir Gott nennen. Sie lässt uns Einspruch einlegen, wenn Menschen gedemütigt und verletzt werden, wenn Schüler und Schülerinnen aufgegeben oder „abgeschult" werden. Vor allem aber: Sie gibt uns und den Schülerinnen und Schülern die Zusage, gewollt und geliebt zu sein und als Mitschöpfer und Mitschöpferinnen gebraucht zu werden. Das kann man nicht oft genug sagen und hören. Darum: Mitten in die schulischen Alltagsdiskurse gehört dieses Wort.

Die Aufgabe für die Schulentwicklung und die Fortbildungsarbeit stellt sich nach diesem grundsätzlichen Durchgang folgendermaßen: Ein geschärftes evangelisches Profil evangelischer Schulen verlangt die religiöse Sprachfähigkeit der Lehrkräfte. Lehrerinnen und Lehrer sowie alle am pädagogischen Geschäft Beteiligten werden angeregt und befähigt, ihre religiöse Sprachfähigkeit zu erweitern.

Aber wie?

1992 hat Hartmut von Hentig eine Mathetik des christlichen Glaubens veröffentlicht.[13] Es geht zwar bei der Frage der religiösen Sprachfähigkeit von Lehrkräften ausdrücklich nicht darum, Glauben zu lernen, dennoch finde ich Anregendes und Übernehmenswertes. „Mit dem Glauben lernen ist es wie mit dem Denken lernen: Man glaubt und denkt schon immer, bevor man es zu ‚lernen' beginnt. Wer einem anderen (…) dabei helfen will, muss viel von diesem erzählen lassen und sorgfältig hinhören, um den Glauben wahrzunehmen, der schon ‚da ist' oder sich gerade zu ‚wenden' anschickt. Was schon ‚da ist', kann zerfallen, wenn es nicht beansprucht oder bestätigt wird."[14]

Mit der religiösen Sprachfähigkeit ist es ähnlich: Wer einem oder einer anderen dabei helfen will, muss sich viel erzählen lassen und sorgfältig hinhören und nachfragen. Was schon da ist, könnte sonst zerfallen, wenn es nicht beansprucht oder bestärkt wird. Wer einen anderen bei der Entwicklung der religiö-

---

12 Der vollständige Text von Annette Behnken ist nachzulesen unter: www.das erste.de/wort (Zugriff: 01.02.2014).

13 Mathetik ist die Kunst des Lernens – im Gegensatz zur Didaktik, der Kunst des Lehrens; Hartmut von Hentig, Glaube. Fluchten aus der Aufklärung, Düsseldorf 1992, 106-122; ein gekürzter Auszug daraus findet sich in: CRP 4/2004, 4-6.

14 Ebd.

sen Sprachfähigkeit unterstützen will, muss – von Hentig folgend – seine eigene Sprache streng prüfen. Er oder sie muss die Bereitschaft zur Auseinandersetzung mit dem Glauben – die kann ein Schulträger einfordern – auf die Anlässe zum Glauben lenken, auf die großen, von der Wissenschaft und dem öffentlichen Diskurs nicht zu beantwortenden Fragen: Woher kommt das alles – der Kosmos, das Leben, das Bewusstsein? Wozu ist alles da? Wo führt das alles hin? Warum bin ich? Warum bin ich ich? Worauf kann ich mich verlassen? Muss, darf, kann ich Schuld vergeben? Welche von wem begangene? Wer sonst kann und soll es tun?[15] Bevor Lehrende auf solche Fragen ihrer Schüler und Schülerinnen eingehen können, wie von Hentig es fordert, brauchen sie selbst Raum und Zeit, in denen sie ihre Fragen und Antworten formulieren und auf die Kollegen und Kolleginnen hörend mögliche neue Fragen und Antworten ausprobieren können.

Weiter mit von Hentig: „Es gibt freilich in der heutigen Welt sehr viel mehr Glaubenslosigkeit als Unglaube und Zweifel (deren schwierige Brüder) oder Glaube. Wo kein (bewusster) Glaube ist, wird Belehrung nichts nützen. Da muss der Weg der Mathetik – der Anlässe, Gelegenheiten, Herausforderungen und des geduldigen Abwartens – besonders strikt eingehalten werden."[16]

Der Weg der Mathetik religiöser Sprache an evangelischen Schulen: Anlässe, Gelegenheiten und Herausforderungen – ich nenne sieben Wegmarken:

1. Theologischer Tag an einem Gymnasium: Jährlich am Buß- und Bettag gibt es einen theologischen Tag. Die Schüler und Schülerinnen haben frei, für die Eltern ist dies kein Problem, sie wissen, dass Fortbildung der Motivation der Lehrkräfte und der Qualität ihrer Arbeit nutzt.

   2013 steht die Vorbereitung von Schulgottesdiensten auf dem Programm: Etwa 15 Themen sind vorgeschlagen.[17] Neun Themen werden ausgewählt und in Gruppen bearbeitet. Religionspädagogen und -pädagoginnen und die Schulpfarrerin stehen zur Verfügung, wenn es irgendwo des fachkundigen Rates bedarf, sie werden allerdings kaum in Anspruch genommen. Mehr als zwei Zeitstunden sind für den Austausch der Kollegen und Kolle-

---

15 Vgl. ebd.
16 Ebd.
17 Z.B. Annäherung an eine Person: Maria; Petrus: ...es ist nicht gut, dass der Mensch allein sei...; Beziehungsgeschichten (Kain und Abel; David und Jonathan; David und Michal); Wo, bitte, geht's zum Paradies? Was ist mein „Paradies"? Was steht dem Paradies auf Erden entgegen? Eine paradiesische Schule...; ...und wenn Weihnachten einfach ausfiele? „Du fehlst uns so!" – Umgang mit Verlusterfahrungen und Tod (dieses Thema wurde nicht gewählt).

ginnen zu dem selbstgewählten Thema eingeplant. Engagierte Auseinandersetzungen über den Paradiesbegriff habe ich miterlebt, Widerstände gegen die Vorstellung eines paradiesischen Lebens nach dem Tod – dies erschien als kirchliche Lehrmeinung. Das völlige Fehlen des Bildes vom Paradies am Anfang und Ende der Bibel überraschte mich. Erst nach dieser langen Phase des Zuhörens und des Dialogs ging es an die konkrete Vorbereitung der Schulgottesdienste. Am Ende des Tages war die Liste der Gottesdienstverantwortlichen für 2014 komplett, kaum jemand hatte sich entzogen. Durchgängiges Feedback: Es war gut, so viel Zeit zum Austausch über Themen zu haben, über die sonst nicht geredet wird.

2. Eine schulinterne Fortbildung in einer evangelischen Grundschule: Die Kolleginnen wollen wissen, wie sie christliche Themen in den an staatlichen Lehrplänen orientierten Sachunterricht einbeziehen können. Während der Veranstaltung erhärtet sich der Verdacht, dass Mitglieder des Schulvereins ein deutlicheres evangelisches Profil angemahnt haben, das Thema dieser Fortbildung also nicht ganz freiwillig gewählt ist. Es fällt den Lehrerinnen und Erzieherinnen zunächst schwer, sich vorzustellen, dass sie zu den Lehrplanthemen biblische Geschichten finden und erzählen könnten, dass es auf manche Fragen des Sachunterrichts auch religiöse Antworten geben und dass sie diese ins Spiel bringen könnten. Erst als ihnen klar wird, dass sie mit ihren regelmäßigen Projekten, die an Kirchenjahresfesten oder biblischen Themen orientiert sind, längst etwas Entsprechendes tun, wird es möglich, an Beispielen auszuprobieren, wie sich Religiöses in den normalen Unterricht integrieren lässt. Die grundsätzliche Blockade ist gelöst, es bleibt die nicht an einem Nachmittag zu lösende Aufgabe, z.B. in den Gebrauch der Bibel einzuführen.

3. In der fünfteiligen Fortbildung „Religiös sprachfähig werden" geht es im dritten Teil um Rituale. Nach ausführlicher Beschreibung individueller Rituale – der Samstags-Morgen-Kaffee, das gemeinsame Essen mit der Familie oder der samstägliche Einkauf auf dem Markt – stockt das Gespräch bei der Frage nach religiösen Gehalten dieser und anderer Rituale. In diesem sehr diskussionsfreudigen Kreis lässt sich das beobachtete Stocken in einen intensiven Austausch darüber verwandeln, warum es so schwer fällt, über Religiöses zu reden. Es gelingt aber auch die Ermutigung, einfache Rituale für die Schule zu entwickeln. So entsteht z.B. ein Ritual zur Zeugnisausgabe. Es soll deutlich machen, dass die Zeugnisnoten nur begrenzt aussagekräftig über die Person der Schülerinnen und Schüler sind, wie Gott – und darum auch die Mitschüler und -schülerinnen sowie Lehrer und Lehrerin-

nen – sie sehen. Es entsteht eine Idee für Dank- und Bittstationen auf einem Fahrradausflug, Gebetsformen für die montägliche Klassenandacht. Die Kolleginnen bestätigen, diese Rituale tatsächlich bald ausprobieren zu wollen. Sie konnten sich an diesem Fortbildungstag von dem überhöhten Anspruch befreien, dass ihr Glaube viel größer und fester und ihre Praxis viel überzeugender und umfassender sein müsse, als sie es selbst einschätzen, um sich damit vor Schülerinnen und Schülern zu zeigen.

Im nächsten Modul dieser Fortbildung wird es um den Umgang mit Tod und Trauer gehen. Geplant ist die „Auseinandersetzung über die Deutung von Erfahrungen, die wir teilen" – so beschreibt Michael Domsgen die Aufgabe. Ziel des Tages ist es, dass die Lehrerinnen sich Handlungs- und Redeoptionen für einen Todesfall im Schulkontext erarbeiten, einen „Notfallkoffer" aus biblischen und nichtbiblischen Texten, Gesprächsimpulsen und Handlungsideen sowie symbolträchtigen Gegenständen zusammen stellen, so dass jedenfalls das nicht mehr geschieht, was Christina im Interview berichtet hat, dass Lehrkräfte völlig hilf- und sprachlos sind, wenn Schüler und Schülerinnen sie als orientierendes und stärkendes Modell brauchen.

4. Eine ganz andere Wegmarke auf dem Weg zu religiös sprachfähigen Kollegien: Ich denke an eine Schulleiterin, die mit großer Selbstverständlichkeit vorlebt, was es heißen kann, als Christin in dieser Welt und in dieser Schule zu leben. Wenn sie sich Sorgen um eine ernsthaft erkrankte Kollegin macht, dann spricht sie dies im Gebet zu Beginn einer Konferenz aus. Wenn sie sich freut über einen öffentlichkeitswirksamen Auftritt ihrer Schule in der Stadt, dann bekommt diese Freude – neben dem ausdrücklichen Dank an die beteiligten Kolleginnen – auch die Form des Dankes an Gott, der die Kraft zu diesem Unternehmen gegeben hat. Für alle erkennbar ist das Ringen um die angemessene Reaktion auf einen Schüler, der eigentlich nur noch den Schulverweis zu erwarten hat. Manchmal hat sie keine Zeit, eine Andacht vorzubereiten, dann müssen auch einmal die Losungen reichen mit ein paar erläuternden Worten, aber ohne Andacht beginnt keine Besprechung und keine Konferenz. Manche Neuen im Kollegium irritiert diese selbstverständlich gelebte Frömmigkeit, aber vermutlich gilt, was Berthold im Interview gesagt hat: Auf die Dauer kann sich niemand dieser Kultur entziehen, zumal sie mit großer Offenheit für andere Formen und Ausdrucksformen von Glauben oder Nicht-Glauben gepaart ist.

5. In einigen evangelischen Schulen in Mitteldeutschland gibt es das Unterrichtsfach „Globales Lernen". Im Einzelnen sehr unterschiedlich geprägt,

da es keinen offiziellen Lehr- oder Rahmenplan gibt, ist doch die Kompetenz, die gefördert werden soll, ähnlich: Die Schülerinnen und Schüler sollen Erfahrungen aus ihrem Nahbereich und globale Erscheinungen unter der Fragestellung wahrnehmen und deuten, wie sie, die Kinder und Jugendlichen zusammen mit den Erwachsenen ihrer gemeinsamen Verantwortung für Gerechtigkeit, Frieden und Bewahrung der Schöpfung gerecht werden können. In einem Gymnasium wird das „Globale Lernen" derzeit in den Klassen 9 und 10 die Fächer Wirtschaft/Recht und Sozialkunde übergreifend profiliert. Es geht darum, in den vorgegebenen Themenbereichen wie z.B. Institutionen des Staates, Wirtschaftsregionen der Welt, Friedenspolitik und Bundeswehr schon in der Projektplanung, die Schüler und Schülerinnen und Unterrichtende gemeinsam betreiben, Gottes Zuspruch und Anspruch einzubeziehen. Soweit das in einem deutschen Gymnasium möglich ist, ist dieser Unterricht handlungsorientiert. So haben die Schüler und Schülerinnen zum Thema „Armut" eine Zeitung gemacht und sie während einer Klassenfahrt nach Berlin dort verkauft – und sind mit vielen Passanten ins Gespräch gekommen.

6. Nur begrenzt planbar ist die nächste Wegmarke auf dem Weg zur religiösen Sprachfähigkeit: Im Kurs „Boden unter den Füßen gewinnen" gab es einen Konflikt, der sich an der Frage nach der religiösen Sozialisation der Teilnehmenden entzündete. Der Konflikt wurde zur Lernchance, weil sich ein langes Gespräch – mit mehreren Fortsetzungen im informellen Teil der Fortbildung – entwickelte über das, was die Referentin meint, wenn sie „Gott" sagt. Christina setzte dem entgegen, dass sie auch denke, dass es „natürlich" außerhalb der sichtbaren Welt etwas geben müsse, dass sie dies aber niemals Gott nennen würde. Dieses Gespräch mündete in eine „Predigt" darüber, dass Glauben ein Geschenk und nicht eine Denkleistung ist, die dem wissenschaftlichen oder „gesunden Menschenverstand" entgegen steht. Offenbar brauchte es in dieser Konfliktsituation einerseits das Gespräch auf Augenhöhe, andererseits das deutliche Bekenntnis. Mehrere Rückmeldungen zeigten, dass der beidseitige Versuch, angemessene Sprache zu finden, zu großer Offenheit und neuer Nachdenklichkeit geführt hat.

7. Eine siebte Wegmarke können Bücher sein wie dieses, das Sie gerade lesen. Sie wollen dem Nachdenken und dem Gespräch über das evangelische Profil neue Nahrung geben. Darum lade ich Sie, die Leserinnen und Leser ausdrücklich ein, auf das Gelesene zu reagieren, es aus Ihrer Sicht zu korrigieren oder zu ergänzen: hanne.leewe@ekmd.de

Der Weg der Mathetik religiöser Sprache an evangelischen Schulen ist ein Weg sensiblen Wahrnehmens von Gelegenheiten des gemeinsamen Tuns und der dialogischen Deutung gemeinsamen Erlebens. Es ist ein Weg geduldigen Abwartens, der – um an Kapitel 1 anzuknüpfen – auch Umwege nicht für verwerflich hält.

Konfessionslose verstehen. Eine vernachlässigte Bildungsaufgabe nicht nur an evangelischen Schulen

David Käbisch

Religionslehrkräfte an evangelischen Schulen sind bei der Planung ihres Unterrichts vielfältig gefordert. Wie ihre Kolleginnen und Kollegen an staatlichen Schulen müssen Sie Curricula beachten, Lerninhalte auswählen, Lernziele sequenzieren, die Rahmenbedingungen berücksichtigen, den Stundenbeginn gestalten, die Methoden begründen, geeignete Medien vorbereiten, angemessene Sozialformen wählen, Differenzierungsmöglichkeiten einplanen, Lernschwierigkeiten antizipieren und Disziplinkonflikten vorbeugen.[1] Im Unterricht selbst sollen sie die Kinder und Jugendlichen fördern, sie zur Mitarbeit aktivieren, auf unvermutete Ereignisse reagieren, spontane Planungsentscheidungen treffen, das Lerntempo anpassen, sich um emotionale Ausgeglichenheit bemühen, die eigenen Erwartungen offenlegen, Leistungen benoten, auf Sekundärtugenden achten und den Schülerinnen und Schülern immer offen begegnen. Nach dem Unterricht sind schließlich Aufgaben und Tests zu korrigieren, der eigene Unterricht zu evaluieren, Kollegenmeinungen einzuholen, Elterngespräche zu führen, Fach-, Klassen- und Schulkonferenzen zu besuchen, schulspezifische Curricula zu diskutieren und der Unterricht für den kommenden Tag zu planen: Denn nach dem Unterricht ist vor dem Unterricht.

Bei der täglichen Arbeit stehen Religionslehrkräfte damit vor ähnlichen Herausforderungen wie andere Lehrerinnen und Lehrer. Zu diesen Herausforderungen gehört auch der Umgang mit Heterogenität, der im Religionsunterricht auch aus der Vielfalt religiöser und nichtreligiöser Lebensformen und Lebensorientierungen resultiert. Wer nun unter diesem Gesichtspunkt die religionsdidaktische Literatur sichtet, findet eine erfreulich hohe Zahl an Veröffentlichungen zum ökumenischen, konfessionell-kooperativen und interreligiösen Lernen; das gemeinsame Lernen mit Kindern und Jugendlichen, die formal keiner Konfession oder Religion angehören, hat demgegenüber kaum Beach-

---

1 Ohne Einzelnachweis der verwendeten Formulierungen orientieren sich diese und die folgenden Aspekte der Unterrichtsplanung, -durchführung und -auswertung an der Darstellung von Georg E. Becker, Handlungsorientierte Didaktik. Teil 1: Unterricht planen, Teil 2: Durchführung von Unterricht, Teil 3: Unterricht auswerten und beurteilen, Weinheim 2007.

tung gefunden. Einige Veröffentlichungen betonen sogar die Irrelevanz der Frage nach der formalen Mitgliedschaft, da sie keine Auskunft über die gelebte Religion der Schülerinnen und Schüler gebe.[2] Andere Veröffentlichungen referieren die religions- und kirchensoziologische Großwetterlage, um Konfessionslosigkeit als eine religionsdidaktische Herausforderung zu beschreiben, doch bleiben die Antworten vage, wie auf diese Herausforderung reagiert werden kann.[3] Wiederum andere beziehen ihre Überlegungen ganz auf die außerunterrichtliche Bildungsarbeit, so dass Religionslehrkräfte auch hier kaum Hinweise für ihren Religionsunterricht finden.[4] Die genannten Veröffentlichungen teilen schließlich die Gemeinsamkeit, dass sie Konfessionslosigkeit als ein spezifisch ostdeutsches Problem ausweisen.

Die genannten Schriften bringen Aspekte zur Sprache, die richtig und wichtig sind: Denn Konfessionslosigkeit ist in der Tat nicht mit Religionslosigkeit gleichzusetzen, und religionssoziologische, lernorttheoretische und regionale Differenzierungen sind ein notwendiger Teil der religionsdidaktischen Theoriebildung. Gleichwohl müssen Religionslehrkräfte die genannten Veröffentlichungen als unbefriedigend empfinden, da sie es überall – wenn auch mit regionalen Unterschieden – auch mit Schülerinnen und Schülern zu tun haben, die sich selbst als konfessions- *und* religionslos bezeichnen – eine Selbstzuschreibung, von der eine subjektorientierte Unterrichtsplanung nicht absehen kann. Damit wird nicht bezweifelt, dass auch „religionslose Kirchenmitglieder und religiöse Konfessionslose" den Unterricht besuchen, doch die größte Grup-

---

2   So zuletzt Wilhelm Gräb, Wer sind die Konfessionslosen – Und was könnte ihr Interesse an Religion wecken? Religionserschließung im konfessionslosen Kontext, in: M. Domsgen/F. M. Lütze, Religionserschließung im säkularen Kontext. Fragen, Impulse, Perspektiven, Leipzig 2013, 11: „Konfessionslose in Deutschland – auch sie sind nicht ohne Religion. In Ostdeutschland stellen sie die Mehrheit der Gesellschaft. Meistens haben auch Konfessionslose eine Konfession. Von Konfessionslosen zu reden ist deshalb problematisch. Über die Konfessionslosen lassen sich keine inhaltlich tiefergehenden Aussagen machen, genauso wenig oder noch weniger als über die Evangelischen oder die Katholiken."

3   So der ansonsten sehr instruktive Beitrag von Michael Wermke, Religionsunterricht mit ‚Konfessionslosen', in: H. Noormann/U. Becker/B. Trocholepczy (Hg.), Ökumenisches Arbeitsbuch Religionspädagogik, Stuttgart [3]2008, 338-341.

4   Vgl. Michael Domsgen/Henning Schluß/Matthias Spenn (Hg.), Was gehen uns „die anderen" an? Schule und Religion in der Säkularität, Göttingen 2012, und Michael Domsgen/Frank M. Lütze, Religionserschließung im säkularen Kontext. Fragen, Impulse, Perspektiven, Leipzig 2013.

pe unter den Konfessionslosen dürfte auch hier „in der Überschneidung von Konfessions- und Religionslosigkeit" liegen.[5]

Bislang gibt es (im Unterschied zum ökumenischen und interreligiösen Lernen) keine handlungsorientierte Fachdidaktik für das gemeinsame Lernen mit Konfessionslosen im Religionsunterricht. Ausgehend von diesem Desiderat sollen daher im Folgenden wichtige Aspekte der Unterrichtsplanung skizziert werden.

1. An Bildungsstandards und Curricula orientieren: Das Recht auf ein religiöses und nichtreligiöses Leben

In der Unterrichtsplanung greifen erfahrene Lehrerinnen und Lehrer (im Unterschied zu Referendaren oder Berufsanfängern) kaum auf die jeweils gültigen Bildungsstandards und Curricula zurück. So haben Untersuchungen gezeigt, dass ca. 50% der Lehrkräfte im zurückliegenden Jahr (und länger) überhaupt nicht die Rahmenrichtlinien ihres Faches bei der Unterrichtsplanung nachgelesen haben.[6] Auch wenn entsprechende Untersuchungen zum Religionsunterricht fehlen, wird man davon ausgehen können, dass auch in diesem Fach der einmal erstellte Stoffverteilungsplan und die bewährten Unterrichtsmaterialien eine hohe Beharrungskraft in der Praxis besitzen.

Bezogen auf das gemeinsame Lernen mit Konfessionslosen kann man Lehrkräften diese Routine nicht einmal verübeln, da sich für diese wichtige Herausforderung kaum handlungsrelevante Informationen in bildungspolitischen Handreichungen, Bildungsstandards und Curricula finden. Diese beschreiben Konfessionslosigkeit vielmehr als eine missionarische Chance (so diverse Denkschriften und Texte der EKD), als eine Form religiöser Pluralität (so neuere Bildungsstandards und Kompetenzmodelle) und als eine nicht näher definierte Weltanschauung (so zahlreiche Lehr- und Bildungspläne des evange-

---

5   Gert Pickel, Atheistischer Osten und gläubiger Westen? Pfade der Konfessionslosigkeit im innerdeutschen Vergleich, in: G. Pickel/K. Sammet (Hg.), Religion und Religiosität im vereinigten Deutschland. Zwanzig Jahre nach dem Umbruch, Wiesbaden 2011, 43, mit Bezug auf Monika Wohlrab-Sahr, Das stabile Drittel – Religionslosigkeit in Deutschland, in: Woran glaubt die Welt? Analysen und Kommentare zum Religionsmonitor 2008, Gütersloh 2009, 151-168, und Detlef Pollack, Rückkehr des Religiösen? Studien zum religiösen Wandel in Deutschland und Europa, München 2009, 126-132.

6   Georg E. Becker, Handlungsorientierte Didaktik. Teil 1, Weinheim 2007, 41.

lischen Religionsunterrichts).[7] Keine dieser Beschreibungsperspektiven ist den eingangs beschriebenen Aufgaben der täglichen Unterrichtsplanung angemessen. Als Beispiel sei unter den Texten der EKD die Handreichung zu Schulen in evangelischer Trägerschaft aus dem Jahr 2008 genannt, da sie immerhin einen Bezug zum Religionsunterricht und seinen Bildungsaufgaben herstellt:

> „Mit der bewussten Offenheit für Schülerinnen und Schüler ohne Konfessions- und Religionszugehörigkeit oder für Schülerinnen und Schüler mit nichtchristlicher Religionszugehörigkeit, wie sie von Schulen in evangelischer Trägerschaft beispielsweise dem Staat gegenüber eingefordert wird, verbinden sich weitere Lern- und Bildungsaufgaben. Auch diese Kinder, Jugendlichen und jungen Erwachsenen haben ein Recht auf Religion und religiöse Bildung. Sie brauchen ein Angebot, das ihnen in Zustimmung und Abgrenzung Raum für freie Orientierungen und Entscheidungen lässt."[8]

Konfessionslose haben nicht nur ein Recht auf Religion und religiöse Bildung; sie haben auch, was bislang kaum gesehen wurde, ein Recht auf ein nichtreligiöses Leben und auf Bildungsangebote, die ihnen helfen, die eigene nichtreligiöse Lebensorientierung zu reflektieren. Geht man ferner davon aus, dass der Religionsunterricht dazu da ist, das Selbst- und Weltverständnis *aller* Schülerinnen und Schüler zu thematisieren, so müssen auch Konfessionslose in ihrem Selbst- und Weltverständnis im Unterricht zur Sprache kommen können. Zudem: Der Unterricht würde sich didaktisch in eine Sackgasse begeben, wenn er allein von den Schülerinnen und Schülern ohne Konfessions- und Religionszugehörigkeit verlangen würde, das Denken, Fühlen und Handeln von religiösen Menschen zu verstehen. Auch Schülerinnen und Schüler mit formaler Konfessions- und Religionszugehörigkeit sollten die Perspektive nichtreligiöser Menschen kennenlernen, wenn die zu Recht geforderte Offenheit des Unterrichts für alle Schülerinnen und Schüler mehr als ein Programm bleiben soll.

In diesem Sinn argumentiert auch die bundesländerübergreifende Expertise des Comenius-Instituts, die als Beispiel für die Diskussion um Bildungsstandards genannt werden kann. Das Papier betont insbesondere die „dialogische

---

7 Die genauen Belege bei David Käbisch, Religionsunterricht und Konfessionslosigkeit. Eine fachdidaktische Grundlegung, Tübingen 2014, 5 13.

8 Kirchenamt der EKD (Hg.), Schulen in evangelischer Trägerschaft – Selbstverständnis, Leistungsfähigkeit und Perspektiven. Eine Handreichung des Rates der Evangelischen Kirche in Deutschland (EKD), Gütersloh 2008, 75.

Offenheit gegenüber religiöser Pluralität" als zentrales Merkmal evangelischen Religionsunterrichts:

Der Unterricht sei „prinzipiell offen für Schüler/innen aller Konfessionen und Religionen einschließlich konfessionsloser Schüler/innen. Er geht damit von pluralisierten religiösen Voraussetzungen der Kinder und Jugendlichen aus. So kann die ‚subjektive Religion' der Schüler/innen als ein Gegenstandsbereich des Unterrichts, als die subtilste, persönlichste Form religiöser Pluralität [gelten]".[9]

Konfessionslosigkeit gilt in den Ausführungen des Comenius-Instituts als ein Sonderfall religiöser Pluralität. Den Konfessionslosen wird dabei eine ‚subjektive Religion' zugeschrieben, die sie ihrem Selbstverständnis nach wohl mehrheitlich zurückweisen dürften. Die Vielfalt religiöser und nichtreligiöser Lebensformen bzw. religiöser und nichtreligiöser Lebensorientierungen kommt aber auch sonst weniger als *diversity*, d.h. als Ungleichheit bzw. Verschiedenheit in den Blick. Der vorausgesetzte Begriff der Pluralität beschreibt vielmehr eine angenommene Vielzahl (*multiplicity*), Verschiedenartigkeit (*plurality*) und Variation (*variety*) von religiösen Lebensformen und Lebensorientierungen, ohne die Möglichkeit eines nichtreligiösen Lebens überhaupt in Betracht zu ziehen.

Der seit 2004 gültige *Bildungsplan in Baden-Württemberg* sei schließlich als Beispiel für die eingangs erwähnte Beobachtung angeführt, dass die meisten Lehr- und Bildungspläne des evangelischen Religionsunterrichts Konfessionslosigkeit nicht als eigenes Thema, sondern – wenn überhaupt – in der Lerndimension „Religionen und Weltanschauungen" verorten.[10] Eine Durchsicht dieses Bildungsplans führt dabei zu dem bemerkenswerten Ergebnis, dass dieser Lerndimension ausschließlich die sog. Weltreligionen zugeordnet werden, darunter das Judentum in Klasse 6, der Islam in Klasse 8 sowie der Hinduismus und Buddhismus in Klasse 10. Erst in der Kursstufe kommen neben religiösen auch „weltanschauliche Standpunkte in ihrem historischen Kontext" und „unterschiedliche Auswirkungen religiös-weltanschaulicher Deutungen auf Leben und Handeln" in den Blick, damit sie Schülerinnen und Schüler „kritisch re-

---

9   Dietlind Fischer/Volker Elsenbast (Red.), Grundlegende Kompetenzen religiöser Bildung. Zur Entwicklung des evangelischen Religionsunterrichts durch Bildungsstandards für den Abschluss der Sekundarstufe I, Münster 2006, 21, mit einem Zitat von Karl Ernst Nipkow, Bildung in einer pluralen Welt. Bd. 2: Religionspädagogik im Pluralismus, Gütersloh 1998, 217.

10 Ministerium für Kultus, Jugend und Sport Baden-Württemberg, Bildungsplan 2004. Allgemeinbildendes Gymnasium, Stuttgart 2004, 26.

flektieren" können.[11] Wie schon beim Baden-Württemberger Vorgängerlehr-
plan sind damit nichtreligiöse ‚Weltanschauungen' bis zum Ende der Sekundarstufe I überhaupt nicht vorgesehen: Beide Curricula befassen sich also „ausschließlich mit religiösen Einstellungen, nichtreligiöse ‚Weltanschauungen'
(Sek. I) oder ‚Lebensweisen' (GS) scheinen bis zum Ende der Sekundarstufe I
nicht einmal zu existieren."[12]
    Die ausgewerteten Handreichungen, Bildungsstandards und Curricula ver-
weisen auf drei Entwicklungsaufgaben, die auch den Religionsunterricht an
evangelischen Schulen betreffen: Das gemeinsame Lernen von konfessionsver-
schiedenen und konfessionslosen Schülerinnen und Schülern sollte sich nicht
nur auf die Vielfalt religiöser, sondern auch auf die Vielfalt nichtreligiöser
Lebensorientierungen und Lebensformen in ihrer Lebenswelt beziehen. Der
Begriff der Weltanschauung behält dabei dann sein Recht, wenn er kein ge-
schlossenes philosophisches oder politisches Denksystem, sondern eine nicht
näher bestimmte, weltimmanente Sicht auf die Welt meint – ein offener Welt-
anschauungsbegriff, der im Übrigen auch im Grundgesetz vorausgesetzt wird.[13]
Das gemeinsame Lernen mit Konfessionslosen ist ferner nicht erst in der gymnasialen Oberstufe, sondern in allen Klassenstufen zu berücksichtigen.

2. Die Lernvoraussetzungen einschätzen: Alltagsethik, Moral und Religion in der Wahrnehmung konfessionsloser Jugendlicher

Die Lernvoraussetzungen einer konkreten Lerngruppe „lassen sich selten exakt
bestimmen, sondern immer nur einschätzen und erahnen."[14] In diesem Sinn
dürften die meisten Lehrkräfte das Fehlen von empirischen Studien zu konfessionslosen Schülerinnen und Schülern in Westdeutschland kaum beklagen:
Denn es bleibt ohnehin ihnen und ihrer Erfahrung überlassen, die individuellen,
familialen, kulturellen, motivationalen, kognitiven, emotionalen, sprachlichen

---

11 Ebd. 34 (2-stündig) und 35 (4-stündig).
12 Veit-Jakobus Dieterich, Religionslehrplan in Deutschland (1870-2000). Gegenstand
    und Konstruktion des evangelischen Religionsunterrichts im religionspädagogi-
    schen Diskurs und in den amtlichen Vorgaben, Göttingen 2007, 547.
13 Vgl. Artikel 3 GG (Niemand darf u.a. wegen „seiner religiösen oder politischen
    Anschauungen" benachteiligt werden) und Artikel 4 GG (Die „Freiheit des Glau-
    bens, des Gewissens und die Freiheit des religiösen und weltanschaulichen Be-
    kenntnisses sind unverletzlich.")
14 Georg E. Becker, Handlungsorientierte Didaktik. Teil 1, Weinheim 2007, 20.

etc. Lernvoraussetzungen in der Unterrichtsplanung zu berücksichtigen. Gleichwohl ist in den vergangenen Jahren die Zahl an empirischen Untersuchungen gewachsen, die sie bei dieser Aufgabe unterstützen können. Aufschlussreich ist u.a. die Umfrage unter 8.000 Christen, Nicht-Christen und Muslimen, die Andreas Feige und Carsten Gennerich konzipiert und 2008 veröffentlicht haben.[15] Die 826 konfessionslosen Probanden der Studie lassen sich wie folgt beschreiben:

1. „In ihren Werten und Partnerschaftsvorstellungen unterscheiden sich konfessionslose kaum von evangelischen und katholischen SchülerInnen, allerdings lehnen sie anders als diese eine religiöse Kindererziehung vehement ab.

2. Tendenziell messen konfessionslose Jugendliche dem Gewissen außerhalb des privaten Bereichs einen geringeren Stellenwert bei und lehnen deutlicher eine religiöse Konnotation des Gewissensbegriffs ab. Gewissen hat, wie auch bei evangelischen und katholischen SchülerInnen, bei ihnen seinen primären Ort in Freundschafts- und Familienbeziehungen.

3. Insgesamt zeigen SchülerInnen ohne Konfession eine größere Bereitschaft der Relativierung von Werten. So bewerten sie z.B. Abtreibungen, Gewalt, Lügen und Rache als weniger moralisch verwerflich (‚Sünde‘) als ihre evangelischen und katholischen Klassenkameraden und stehen gesellschaftlichen Problemen distanzierter gegenüber.

4. Ihre Gefühlserfahrungen im Zusammenhang mit Konflikten und Gemeinschaft unterscheiden sich dagegen nicht nennenswert von evangelischen und katholischen SchülerInnen.

5. Deutliche Unterschiede zu konfessionell geprägten SchülerInnen zeigen sich vor allem im Bereich expliziter Religion: So haben konfessionslose SchülerInnen deutlich weniger positive Assoziationen bei den Worten ‚Gottes Segen‘, ‚religiös‘ und ‚Kirche/Moschee‘.

6. Weiterhin werden von ihnen Gott und Glaubensgemeinschaften nicht als bestimmend im Leben angesehen, ohne dass sich bei ihnen Unterschiede in

---

15 Andreas Feige/Carsten Gennerich, Lebensorientierungen Jugendlicher. Alltagsethik, Moral und Religion in der Wahrnehmung von Berufsschülerinnen und -schülern in Deutschland. Eine Umfrage unter 8.000 Christen, Nicht-Christen und Muslimen, Münster New York München Berlin 2008. 3029 katholische, 3408 evangelische und 147 evangelisch-freikirchliche Christen, ferner 477 muslimische und 826 konfessionslose Schülerinnen und Schüler nahmen an dieser Untersuchung teil.

Bezug auf andere Kategorien, die den Lebenslauf bestimmen können, zeigen (wie z.B. Familie, Selbst, Freunde, Beruf, Gesellschaft).

7. Schließlich bejahen konfessionslose SchülerInnen stärker als andere die Vorstellungen, dass es ‚einen Sinn im Leben überhaupt nicht gibt‘, dass man nach dem Tod nicht mehr existiert (‚da ist nichts – einfach nichts‘) und dass die Welt eher das Ergebnis von Zufallsprozessen ist.“[16]

Differenziert nach Ost-West-Unterschieden (an der Studie haben 676 westdeutsche und 142 ostdeutsche Konfessionslose teilgenommen) lassen sich darüber hinaus die folgenden Ergebnisse zusammenfassen: Zum Ersten bestehen bei den alltagsethischen Vorstellungen keine signifikanten Unterschiede zwischen ost- und westdeutschen Konfessionslosen; zum Zweiten teilen sie weitgehend dieselben Wertvorstellungen bei der Kindererziehung, der Partnerbeziehung, beim Umgang mit Konflikten oder bei anderen gesellschaftlichen Spielregeln; zum Dritten gehen Konfessionslose sowohl in Ost- als auch in Westdeutschland auf Distanz, sobald eine religiöse Semantik ins Spiel kommt; und zum Vierten unterscheiden sich die Antworten bei explizit religiösen Fragen dahingehend, dass Konfessionslose dem jeweiligen Aussagegehalt kaum zustimmen können.[17] Was bedeuten diese Einsichten nun für die Auswahl von Lerninhalten?

3. Lerninhalte auswählen: Die vielfältigen Gründe für Glaubensverlust, Kirchenaustritt und ‚vererbte‘ Konfessionslosigkeit

Ein Unterricht, der alle Schülerinnen und Schüler zu einem reflektierten Selbstverhältnis befähigen will, kann sich nicht auf die Vielfalt konfessioneller und religiöser Lebensformen und -orientierungen beschränken; er muss vielmehr auch die Vielfalt nichtreligiöser Lebensformen und Lebensorientierungen thematisieren, wenn er seinem eigenen Anspruch gerecht werden will. Einen biographischen Zugang zu diesem Thema bietet die qualitative Interviewstudie von Tobias Faix, Martin Hofmann und Tobias Künkler, da sie junge Menschen zu Wort kommen lassen, die sich nach eigener Auskunft vom Glauben abgewandt haben, ohne dass dieser Glaubensverlust mit einem formalen Kirchen-

---

16 Heinz Streib/Carsten Gennerich, Jugend und Religion. Bestandsaufnahmen, Analysen und Fallstudien zur Religiosität Jugendlicher, Weinheim/München 2011, 110.

17 Dazu ausführlich: David Käbisch, Religionsunterricht und Konfessionslosigkeit. Eine fachdidaktische Grundlegung, Tübingen 2014, 92-100.

austritt einhergehen muss.[18] In Anlehnung an entsprechende Vorarbeiten von Heinz Streib u.a. unterscheiden sie dabei die folgenden Aspekte im Prozess der Dekonversion:

> „Der erste Aspekt ist ein intellektueller Zweifel bzw. eine Infragestellung von Wahrheitsaussagen oder ganzen Wahrheitssystemen. Der Ausstieg aus einer religiösen Gruppe oder Gemeinschaft ist ein zweiter Aspekt. Begleitet wird dieser Ausstieg mit drittens der moralischen Kritik an dieser Gruppe und deren Lebensweise. Ein vierter Aspekt ist schließlich emotionales Leiden (Trauer, Schuld, Einsamkeit, Verzweiflung) (...) Der fünfte Aspekt ist schließlich der ‚Verlust religiöser Erfahrungen.'"[19]

Zutreffend heben die Autoren dieser Studie hervor, dass jede Glaubensgeschichte und jeder Glaubensverlust in die eigene Biographie eingebettet sind und von unterschiedlichen Aspekten beeinflusst werden. Die Beschäftigung mit entsprechenden Biographien kann daher nicht nur zu einem vertieften Verständnis des Glaubensverlustes, sondern auch des Glaubens selbst (und seiner Fehlformen) führen. Dies gilt ebenso für die vielfältigen Kirchenaustrittsgründe, aber auch für die ‚vererbte' Konfessionslosigkeit, wie sie Gert Pickel in seinen Untersuchungen systematisiert hat:

1. „Konfessionslosigkeit als Folge *gesellschaftlicher Rahmenbedingungen,* die in voranschreitende Individualisierung und Wertewandel münden
2. Konfessionslosigkeit als Folge der Wahrnehmung einer *Wertediskrepanz* zwischen rationaler Moderne und (irrationaler) Religion (quasi als Säkularisierungsfolge)
3. Konfessionslosigkeit aufgrund einer einfach *fehlenden Relevanz* von Religion für das alltägliche Handeln des Individuums
4. Konfessionslosigkeit aus Gewohnheit und Folge konfessionsferner *Sozialisation*
5. Konfessionslosigkeit aus *ideologischen Gründen* und einer sozialistischen Vergangenheit

---

18 Tobias Faix/Martin Hofmann/Tobias Künkler, Warum ich nicht mehr glaube. Wenn junge Erwachsene den Glauben verlieren, Witten 2014.
19 Ebd. 12f., mit Bezug auf Heinz Streib/Christopher F. Silver/Rosina-Martha Csöff/Barbara Keller/Ralph W. Hood, Deconversion. Qualitative and Quantitative Results from Cross-Cultural Research in Germany and the United States of America, Göttingen 2009.

6. Konfessionslosigkeit aufgrund der gestiegenen finanziellen Belastungen seitens der Kirchensteuer [...]
7. Konfessionslosigkeit aufgrund kirchlicher Äußerungen und Handlungen bzw.
8. Konfessionslosigkeit infolge negativer Erfahrungen mit kirchlichen Bediensteten"[20]

Aufschluss über Konfessionslose, die aus der Kirche ausgetreten sind oder nie einer Kirche angehört haben, geben auch die 24 Familiengespräche und 24 narrativen Einzelinterviews, die Monika Wohlrab-Sahr, Uta Karstein und Thomas Schmidt-Lux in Ostdeutschland geführt und ausgewertet haben.[21] Besondere Aufmerksamkeit schenken sie in der drei Generationen übergreifenden Studie den folgenden drei Konfliktebenen: Beim Konflikt zwischen Staat und Kirche in der DDR, der in zahlreichen Interviews mit der Großelterngeneration von Bedeutung ist, geht es ihrer Einschätzung nach „um Parteimitgliedschaft vs. Kirchenmitgliedschaft, aber auch um die Loyalitätsbekundung gegenüber dem Staat oder gegenüber der Kirche, etwa in Jugendweihe oder Firmung bzw. Konfirmation."[22] Während dieser Konflikt heute keine Bedeutung mehr habe, sei der zweite Konflikt zwischen einer ‚wissenschaftlichen Weltanschauung' und einer religiösen Weltdeutung auch in der mittleren Generation noch präsent, da er an die Tradition der Aufklärung anschließe und daher noch heute – jenseits der einstigen politischen Programmatik – zu überzeugen vermag.[23] Der dritte Konflikt bezieht sich schließlich auf christliche Prinzipien des Handelns, die auch ohne Kirche realisiert werden könnten. Dieses Argument zielt auch in der jüngsten Generation „letztlich auf die Überflüssigkeit der christlichen Prinzipien".[24] Die Untersuchung macht damit anschaulich, wie sich bestimmte Einstellungen gegenüber Kirche und Religion in Familien ‚vererben'.

---

20 Gert Pickel, Atheistischer Osten und gläubiger Westen? Pfade der Konfessionslosigkeit im innerdeutschen Vergleich, in: G. Pickel/K. Sammet (Hg.), Religion und Religiosität im vereinigten Deutschland. Zwanzig Jahre nach dem Umbruch, Wiesbaden 2011, 53f.
21 Monika Wohlrab-Sahr/Uta Karstein/Thomas Schmidt-Lux, Forcierte Säkularität oder Logiken der Aneignung repressiver Säkularisierung, in: G. Pickel/K. Sammet (Hg.), Religion und Religiosität im vereinigten Deutschland. Zwanzig Jahre nach dem Umbruch, Wiesbaden 2011, 145-163.
22 Ebd. 150.
23 Ebd. 151.
24 Ebd. 152f.

Geht man abschließend davon aus, dass Lerninhalte unter dem Gesichtspunkt ausgewählt werden sollten, dass sie „exemplarische Einsichten ermöglichen" und gesellschaftliche „Frage- und Problemstellungen ansprechen"[25], dann lassen sich aus den genannten Untersuchungen drei Themenkreise ableiten, die für das gemeinsame Lernen mit Konfessionslosen relevant sind: Der Zweifel bzw. die Infragestellung religiöser Aussagen durch Trauer, Schuld, Einsamkeit und Verzweiflung, aber auch durch den Verlust eigener religiöser Erfahrungen, ferner die mannigfaltigen Gründe (für selbstgewählte und ererbte) Konfessionslosigkeit, und schließlich die vielfältigen Konflikte zwischen Konfessionen und Religionen, aber auch zwischen einer ‚wissenschaftlichen Weltanschauung' und einer religiösen Weltdeutung. Diese führen keineswegs nur bei Konfessionslosen zu der Einsicht, dass es angesichts der Konflikthaftigkeit von Religion in Geschichte und Gegenwart grundsätzlich besser sein könnte, wenn es überhaupt keine Religionen und Konfessionen gäbe.[26]

4. Eine geeignete Unterrichtskonzeption wählen: Der Ansatz einer Didaktik des Perspektivenwechsels

Unter dem Planungsschritt, eine „geeignete Unterrichtskonzeption" zu wählen, diskutiert Becker u.a. den wissenschaftsorientierten, den lernzielorientierten, den problemorientierten und den handlungsorientierten Unterricht in seinen Vor- und Nachteilen. Im Mittelpunkt steht dabei für ihn die Frage, welche Konzeption für die jeweils avisierte Alters- und Schulstufe geeignet und für das gewählte Thema „besonders effektiv" ist.[27] Hinter diesem Vorgehen steht seine gut begründete Überzeugung, dass es weder ratsam noch praktikabel sei, dass Lehrerinnen und Lehrer nur einer bestimmten Konzeption verpflichtet sind.

Beckers Ausführungen sind anschlussfähig an die religionsdidaktische Diskussion, in der sich in den vergangenen Jahren ebenfalls die Einsicht durchgesetzt hat, dass die ‚klassischen' Konzeptionen, sofern es sie überhaupt je gegeben hat, als Strukturen der Unterrichtsplanung zu verstehen sind, die themen- und situationsabhängig ihre Gültigkeit haben. Im Tableau didaktischer Strukturen erscheint dabei der Ansatz einer Didaktik des Perspektivenwechsels

---

25 Georg E. Becker, Handlungsorientierte Didaktik. Teil 1, Weinheim 2007, 44.
26 Dazu ausführlich: David Käbisch, In der Löwengrube. Konflikthermeneutik als Aufgabe religiöser Bildung, in: Th. Klie/D. Korsch/U. Wagner-Rau (Hg.), Differenz-Kompetenz. Religiöse Bildung in der Zeit, Leipzig 2012, 83-95.
27 Georg E. Becker, Handlungsorientierte Didaktik. Teil 1, Weinheim 2007, 126.

als ‚besonders effektiv' für das gemeinsame Lernen mit Konfessionslosen. Ausgehend von einem grundlegenden Traditionsbruch mit religiösen Lebensformen, wie er für die meisten Konfessionslosen charakteristisch ist, lassen sich mit Bernhard Dressler insbesondere drei Formen des Perspektivenwechsels beschreiben: Zunächst geht es darum, sich das (religiöse) Denken, Fühlen und Handeln anderer Menschen vorzustellen und vom eigenen zu unterscheiden, ohne dass damit der Anspruch einhergeht, dass sich Konfessionslose das ihnen fremde religiöse Denken, Fühlen und Handeln aneignen. Aber auch umgekehrt gilt: Auch die Perspektive Konfessionsloser auf eine ihnen fremde religiöse Praxis sollte im Unterricht thematisiert werden, wenn er der Selbstreflexion aller Schülerinnen und Schüler dienen will. Von diesem interpersonellen Perspektivenwechsel ist der intradisziplinäre zu unterscheiden, der sich auf das Problem beziehen lässt, wie Schülerinnen und Schüler über eine religiöse Praxis reflektieren können, an der sie nicht partizipieren:

> „Man muss an einer Praxis *teilnehmen* können, indem man ihre Regeln (vor allem: ihre Kommunikationsmuster) beherrscht, und man muss diese Praxis *beobachten*, d.h. in reflexive Distanz rücken können. Unterricht besteht im Wechsel zwischen Teilnahme und Beobachtung der Teilnahme, zwischen Beobachtungen erster und zweiter Ordnung. Dem entspricht didaktisch ein *intra*disziplinärer Perspektivenwechsel."[28]

Von diesem Perspektivenwechsel ist nochmals der *inter*disziplinäre zu unterscheiden, der sich „auf die Pluralität unterschiedlicher Weltzugänge und Weltumgänge" bezieht:

> „Das kulturelle Gesamtleben moderner Gesellschaften hat sich in unterschiedliche Teilsysteme (Wissenschaft, Kunst, Politik, Pädagogik, Religion etc.) ausdifferenziert – mit jeweils eigenen, nicht oder nur begrenzt kompatiblen Rationalitäten (Erkenntnis- und Verstehensmuster, Handlungsregeln etc.). Der schulische Fächerkanon hat sich daher durch *inter*disziplinären Perspektivenwechsel auf die Pluralität unterschiedlicher Weltzugänge und Weltumgänge einzustellen."[29]

Die in einem solchen Unterricht angestrebte Fähigkeit zum interpersonellen Perspektivenwechsel mutet konfessionslosen Schülerinnen und Schülern nicht

---

28 Bernhard Dressler, „Religiös reden" und „über Religion reden" lernen – Religionsdidaktik als Didaktik des Perspektivenwechsels, in: B. Grümme/H. Lenhard/M. L. Pirner, Religionsunterricht neu denken. Innovative Ansätze und Perspektiven der Religionsdidaktik, Stuttgart 2012, 68.

29 Ebd. 70.

zu, ihre eigene Perspektive zu ‚verlassen' und eine andere, vermeintlich erwünschte ‚einzunehmen'. Sie erwartet jedoch von ihnen, dass sie das Denken, Fühlen und Handeln von religiösen Menschen imaginieren können. Gemessen an außerunterrichtlichen Begegnungs- und Bildungszielen mag ein solcher Unterricht als reduktionistisch erscheinen; angesichts einer Situation, in der sich viele Schülerinnen und Schüler (und keineswegs nur die konfessionslosen unter ihnen) nicht einmal vorstellen können, warum Menschen Gottesdienste besuchen, an Stundengebeten teilnehmen, ihre Kinder taufen lassen, vor den Traualtar treten oder in anderen Lebenssituationen um den Segen Gottes bitten, erscheint diese Zielsetzung in ihrem Anspruchsniveau jedoch als angemessen und unter unterrichtlichen Bedingungen als praktikabel. Aber auch für die angestrebte Fähigkeit zum intra- und interdisziplinären Perspektivenwechsel gilt, dass er die Schülerinnen und Schüler weder auf eine bestimmte Teilnehmer- und Beobachterperspektive noch auf eine bestimmte Welterschließungsperspektive festlegen will; es geht vielmehr darum, zwischen den genannten Perspektiven sachangemessen unterscheiden und situationsadäquat wechseln zu können.

Bei den bisherigen Überlegungen blieb die Frage offen, für welche Alters- und Schulstufe die skizzierte Didaktik des Perspektivenwechsels überhaupt geeignet ist. Ausgehend von den sechs Stufen der Perspektivübernahme, die Doris Bischof-Köhler unter Einbezug zahlreicher empirischer Vorarbeiten unterscheidet, lässt sich sagen, dass Grundschulkinder im Alter von 6 bis 8 Jahren zur *einfachen Perspektivübernahme* fähig sind. Das Kind beginnt in dieser Zeit zu wissen, dass „der Andere eine Perspektive haben kann; in diesem Fall handelt es sich um die Perspektive des Mächtigeren, der gewisse Dinge nicht will, die das Kind eigentlich wollen würde."[30] Im Alter von 8 bis 10 Jahren entwickeln Grundschulkinder die Fähigkeit zur *selbstreflexiven Perspektivübernahme*. Das Kind beginnt nun zu verstehen, dass „jeder die Perspektive des Anderen übernehmen kann, einschließlich der des Kindes selbst. Diese Fähigkeit ist die unerlässliche Voraussetzung für Reziprokation. Man muss die Absichten des Anderen berücksichtigen, weil diese ja das eigene Tun rechtfer-

---

30 Doris Bischof-Köhler, Soziale Entwicklung in Kindheit und Jugend – Bindung, Empathie, Theory of Mind, Stuttgart 2011, 425f., u.a. mit Bezug auf Robert L. Selman. Eine Darstellung klassischer Positionen zur Perspektivübernahme bietet Eva-Maria Kenngott, Perspektivenübernahme. Zwischen Moralphilosophie und Moralpädagogik, Wiesbaden 2012, 45-62 (zu George Herbert Mead), 79-104 (zu Jean Piaget) und 104-123 (zu John Flavell und Robert L. Selman).

tigen (wird er einen reinlegen oder nicht?) und sich der Tatsache bewusst sein, dass der Andere die eigenen Absichten durchschaut."[31]

Im Übergang zur Sekundarstufe I, also im Alter von 10 bis 12 Jahren, beginnt ein Jugendlicher im Sinn einer *wechselseitigen Perspektivübernahme* auf das Denken, Fühlen und Handeln anderer Menschen Rücksicht zu nehmen, was besonders in Konfliktsituationen bedeutsam ist. Er kann so „die eigene und die Perspektive des Anderen gleichzeitig beachten und zu einer Konfliktlösung kommen, in der die Aufrechterhaltung der Beziehung Vorrang hat, bzw. in der er eigene Belange zugunsten des Anderen zurückstellt, weil ihm dessen Wohlbefinden vorrangig erscheint (‚goldene Regel‘)."[32] Im Alter von 12 bis 15 Jahren gewinnt schließlich die *Perspektive der Gruppe und des Systems* an Bedeutung, indem Jugendliche das eigene Denken, Fühlen und Handeln der Gruppe unterordnen, wenn keine Übereinstimmung besteht bzw. erreichbar erscheint. Am Ende der Sekundarstufe I beginnt schließlich die *Relativierung* aller Perspektiven, die schließlich dazu führen kann, dass ein Jugendlicher „die Relativität eines jeden Standpunktes aus dem jeweiligen Bezugssystem heraus verstehen kann, das die verschiedenen Parteien bestimmt. Deshalb muss auch jede Gesetzgebung relativ sein. Absolut sind nur letztverbindliche Prinzipien."[33] Aus diesem Stufenmodell ergibt sich nun die folgende idealtypische Zuordnung zu den beschriebenen Formen eines Perspektivenwechsels:

		Perspektivenwechsel zwischen		
		Personen (interpersonell)	Teilnahme/Beobachtung (intradisziplinär)	Gruppen und Systemen (interdisziplinär)
Perspektivübernahme	einfach (6 bis 8 Jahre)	X		
	selbstreflexiv (8 bis 10 Jahre)	X	X	
	wechselseitig (10 bis 12 Jahre)	X	X	
	gruppenbezogen (12 bis 15 Jahre)	X	X	X
	selbstrelativierend (ab 15 Jahre)	X	X	X

---

31 Ebd.
32 Ebd.
33 Ebd.

Die Formen der Perspektivübernahme (im Singular) sind eine Voraussetzung für einen bewusst vollzogenen Perspektivenwechsel (im Plural), aber nicht mit diesen identisch. Der Hauptunterschied besteht darin, dass beim Perspektivenwechsel die Perspektivübernahme selbst zum Thema wird: Was ändert sich, wenn ich ein Problem aus der Geschwister- oder Elternperspektive betrachte? Was ändert sich, wenn ich an einem Gottesdienst teilnehme oder ihn von außen beobachte? Und was ändert sich am Selbst- und Weltverständnis, wenn ethische Herausforderungen in einem politischen Parteiprogramm benannt oder in einer Fürbitte artikuliert werden? Das sind Fragen, die Religionslehrkräfte bei ihrer Unterrichtsplanung in bedeutsame Aufgaben und Arbeitsaufträge überführen müssen.

5. Bedeutsame Aufgaben und Arbeitsaufträge formulieren: Sich selbst vom Anderen her verstehen

Die Qualität des Religionsunterrichts ist nicht nur, aber auch von der Qualität der Aufgaben und Arbeitsaufträge abhängig. Religionslehrkräfte haben es dabei tagtäglich mit der Herausforderung zu tun, geeignete Aufgaben und Arbeitsaufträge aus vorhandenen Materialien auszuwählen und an die curricularen Vorgaben, an die Lernvoraussetzungen der Schülerinnen und Schüler, an die gewählten Unterrichtsthemen und an die bevorzugte didaktische Konzeption anzupassen. Überblickt man unter diesem Gesichtspunkt die allgemein- und fachdidaktische Diskussion, so fällt jedoch auf, dass die Auswahl und Analyse von Aufgaben bislang kaum Aufmerksamkeit gefunden hat.[34] Die Entwicklung von Aufgaben und Arbeitsaufträgen für das gemeinsame Lernen mit Konfessionslosen steht damit vor dem Problem, das auf diesem Gebiet zunächst Grundlagenarbeit zu leisten wäre, ehe geeignete Aufgaben und Arbeitsaufträge für diese Lernkonstellation formuliert und erprobt werden können. Ausgehend von den Grundsätzen einer Didaktik des Perspektivenwechsels und den Kriterien

---

34 Vgl. Uwe Maier/Thorsten Bohl/Marc Kleinknecht/Kerstin Metz, Allgemeindidaktische Kriterien für die Analyse von Aufgaben, in: M. Kleinknecht/Th. Bohl/U. Maier/K. Metz (Hg.), Lern- und Leistungsaufgaben im Unterricht. Fächerübergreifende Kriterien zur Auswahl und Analyse, Bad Heilbrunn 2013, 10; Friedrich Schweitzer, Vom Desiderat zur evidenzbasierten Unterrichtsgestaltung? Lernaufgaben in fachdidaktischer Perspektive – am Beispiel Religionsdidaktik, in: S. Prediger/B. Ralle/M. Hammann/M. Rothgangel (Hg.), Lernaufgaben entwickeln, bearbeiten und überprüfen – Ergebnisse und Perspektiven der fachdidaktischen Forschung, Münster (erscheint 2014).

einer kompetenzorientierten Aufgabenkultur sollen daher im Folgenden Bei-spielaufgaben diskutiert werden, die für das gemeinsame Lernen mit Konfessi-onslosen als geeignet erscheinen, ohne sie im Rahmen dieses Beitrags umfas-send evaluieren zu können.

Erstens: Aufgaben für das gemeinsame Lernen mit Konfessionslosen soll-ten Schülerinnen und Schüler nicht als Experten oder Angehörige einer be-stimmten Religion oder Konfession in den Blick nehmen. Im Rahmen einer Didaktik des Perspektivenwechsels kann jedoch von ihnen verlangt werden, dass sie das Denken, Fühlen und Handeln einer religiösen Person beschreiben, um ihre Sicht auf ein Problem von anderen Perspektiven unterscheiden und zwischen diesen wechseln zu können. Bei der folgenden Aufgabe zur Kompe-tenzkontrolle am Ende einer Unterrichtseinheit, bei der es um Glauben und Glaubensverlust geht, sollen die Kinder einer 5./6. Klassenstufe ihre Fähigkeit zur einfachen Perspektivübernahme zunächst anwenden, um anschließend dar-über ins Gespräch zu kommen:

> „Deine Großeltern haben früher an Gott geglaubt. Im Laufe ihres Le-bens ist ihnen der Glaube jedoch verloren gegangen. ‚Wie soll ich wis-sen, ob sich Gott um mich kümmert? Er redet ja nicht mit mir. Ich glaube, dass er überhaupt nicht mit den Menschen redet.‘ – Das sind Sätze, die dein Großvater immer wieder sagt. Schreibe auf, was man ihm im Anschluss an das Lied EG 277 darauf antworten könnte!"[35]

Zweitens: Aufgaben für das gemeinsame Lernen mit Konfessionslosen sollten nicht voraussetzen, dass Schülerinnen und Schüler an einer religiösen Praxis teilnehmen, um über sie reflektieren zu können. Im Rahmen einer Didaktik des Perspektivenwechsels sind vielmehr solche Aufgabenformate auszuwählen, mit denen Kinder und Jugendliche lernen, zwischen einer Teilnahme- und Be-obachterperspektive zu unterscheiden und zwischen diesen im Modus unter-richtlicher Inszenierung wechseln zu können. Das ist beispielsweise bei der folgenden Lernaufgabe für die 7./8. Klassenstufe der Fall, die im Kontext einer Unterrichtseinheit zu liturgischen Formen im Gottesdienst steht:

> „Bei den Proben für ein modernes Theaterstück soll auch eine kurze Szene mit einem Geistlichen gespielt werden. Der Regisseur sucht nach einem möglichst authentischen Ausdruck. Er verteilt an die Schauspieler kleine Textblätter mit nur je *einem* Psalmvers. Die Dar-

---

35 Juliane Keitel, Wir begegnen Gott – Bilder und Geschichten von Gott, in: H. Hanisch/Chr. Gramzow/J. Keitel/S. Klatte, Acht Unterrichtseinheiten für das 5./6. Schuljahr, Stuttgart 2008, 68.

steller werden gebeten, für sich zu diesem Vers eine angemessene Gebetsgeste auszuwählen und der Gruppe zu präsentieren. Im Anschluss an die Präsentation werden die Spielenden aus ihren Rollen entlassen und können dann als Lerngruppe über die Angemessenheit und den Ausdruck der jeweils gespielten Gesten ins Gespräch kommen."[36]

Drittens: Aufgaben für das gemeinsame Lernen mit Konfessionslosen sollten sich mit dem Denken, Fühlen und/oder Handeln religiöser und nichtreligiöser Menschen beschäftigen, um unsachgemäße Abstraktionen wie ‚der' Katholizismus, ‚der' Islam, ‚der' Atheismus, ‚der' Agnostizismus oder ‚die' Religionskritik vermeiden zu können. Einer Didaktik des Perspektivenwechsels kann es also nicht allein darum gehen, dass Konfessionslose eine religiöse Perspektive (probeweise) übernehmen; auch für alle anderen Kinder und Jugendlichen bedeutet es eine Horizonterweiterung ihres Denkens, die Welt einmal so zu sehen, als ob es Gott nicht gäbe (*etsi deus non daretur*), z.B.:

> „Claudia ist konfessionslos und besucht an ihrer Schule den Ethikunterricht. Zu Beginn der 9. Klasse hat sie sich von ihrer Freundin Christiane, die den Religionsunterricht besucht, überreden lassen, in einem Projektchor den Schulanfangsgottesdienst mitzugestalten. Ihr gefällt vor allem die Melodie des Liedes ‚Alles ist an Gottes Segen' sehr gut, nur den Text findet sie altmodisch, und mit ‚Gott' kann sie nichts anfangen (z.B. ‚Wer auf Gott sein Hoffnung setzet, der behält ganz unverletzet einen freien Heldenmut'). Die Chorleiterin hat daraufhin eine Idee: ‚Schreibe doch einfach einige neue Strophen für das Lied, in denen du dasselbe Anliegen modern und ohne Bezug zu Gott formulierst. Die können wir dann ebenfalls zum Schulanfang singen.' Verfasse diese Strophen."[37]

Viertens: Aufgaben für das gemeinsame Lernen mit Konfessionslosen sollten sich nicht nur mit Konfessionen und Religionen, sondern auch mit Kirchen- und Religionskritik in der Vielfalt ihrer Erscheinungsformen in Geschichte und Gegenwart beschäftigen. Das folgende Beispiel bietet dazu ein Aufgabenformat, bei dem Schülerinnen und Schüler der Oberstufe ihr Wissen über areligiöse Menschen anwenden müssen:

---

36 Bärbel Husmann/Thomas Klie, Gestalteter Glaube. Liturgisches Lernen in Schule und Gemeinde, Göttingen 2005, 76.
37 David Käbisch, Religionsunterricht und Konfessionslosigkeit. Eine fachdidaktische Grundlegung, Tübingen 2014, 277f.

„Der Humanistische Verband Deutschlands (HVD) möchte in Deinem Heimatort einen Flyer mit zehn Kirchenaustrittsgründen verteilen. Dabei sollen auch aktuelle Beispiele zur Sprache kommen, an denen deutlich wird, dass „Kirche" und „Religion" einem aufgeklärten Menschenbild entgegenstehen und ein friedliches Zusammenleben verhindern. Gestalte diesen Flyer."[38]

Fazit: Die genannten Beispielaufgaben konfrontieren Schülerinnen und Schüler mit einer Situation, in der sie ihr im Unterricht erworbenes Wissen anwenden sollen. Sie sind dabei so offen gestellt, dass sie mit eigenen Worten eine Lösung formulieren bzw. Lösungswege entwickeln müssen. Die kreativen Schreibaufgaben regen Schülerinnen und Schüler insbesondere zu umfassenden Produktionen an, bei denen sie ihre eigenen Gedanken, Gefühle und Einstellungen einbringen können. Die Beispielaufgaben entsprechen damit nicht nur den konzeptionellen Anforderungen einer Didaktik des Perspektivenwechsels, sondern auch den Kriterien eines kompetenzorientierten Unterrichts, wie sie u.a. Andreas Feindt und Petra Wittmann zusammengestellt haben.[39]

6.   Zusammenfassung

Es haben keineswegs nur evangelische, katholische und muslimische Schülerinnen und Schüler ein Recht darauf, im Religionsunterricht über ihre konfessionellen bzw. religiösen Lebensformen und Lebensorientierungen zu reflektieren. Will der Unterricht vielmehr seinem Anspruch gerecht werden, ein Gesprächsforum für alle Schülerinnen und Schüler zu sein, dann müssen auch nichtreligiöse Lebensformen und Lebensorientierungen im Unterricht thematisiert werden. In bildungspolitischen Texten der EKD, aber auch in den ausgewerteten Bildungsstandards und Curricula fanden sich dazu jedoch kaum weiterführende Hinweise. Ausgehend von wichtigen Einsichten der empirischen Religionsforschung und den Grundsätzen einer Didaktik des Perspektivenwechsels wurden daher Aufgabenformate vorgestellt, die für das ge-

---

38 So in Anlehnung an ein Aufgabenformat aus David Käbisch/Johannes Träger, Reformation, in: Chr. Gramzow/J. Keitel/S. Klatte (Hg.), Sechs Unterrichtseinheiten für das 7./8. Schuljahr, Stuttgart 2014, 118.

39 Vgl. dazu die Kriterien von Andreas Feindt/Petra Wittmann, Aufgabenwerkstatt RU – Kriterien und Beispiele zur Konstruktion kompetenzorientierter Aufgaben, in: Entwurf. Konzepte, Ideen und Materialien für den Religionsunterricht. 4/2010, 29.

meinsame Lernen mit Konfessionslosen im Religionsunterricht geeignet sind.

Schulen in konfessioneller Trägerschaft haben es im Vergleich zu kommunalen Trägern einfacher, neben dem regulären Religionsunterricht ein religiöses Schulleben zu etablieren. Zudem kann bei konfessionslosen Eltern und Kollegen, aber auch bei den Schülerinnen und Schülern an evangelischen Schulen vorausgesetzt werden, dass sie Schulanfangsgottesdienste, Andachten, eine geistlich orientierte Chorarbeit, Kooperationen mit Kirchgemeinden, Exkursionen in kirchennahe Einrichtungen oder Praktika in der Diakonie etc. nicht nur dulden, sondern auch unterstützen. Michael Domsgen, Frank M. Lütze und andere machen in diesem Zusammenhang zu Recht darauf aufmerksam, dass viele Grenzen, die dem Lernen im Religionsunterricht gesetzt sind, in einer pädagogisch reflektierten Weise überschritten werden können.[40] Die Stärke ihres systemischen und schulpädagogisch begründeten Ansatzes besteht darin, dass sie außerunterrichtliche Bildungsangebote an allen Schulen zu stärken und zu profilieren suchen. Religionslehrkräfte, die 26 Wochenstunden an einer Schule unterrichten und mit Elterngesprächen, der Vor- und Nachbereitung ihres Unterrichts sowie zahlreichen Fach-, Klassen- und Schulkonferenzen leicht auf eine Wochenarbeitszeit von 60 Stunden kommen, finden hingegen nur wenige fachdidaktische Anregungen für ihre Unterrichtsplanung. Die Lehrerinnen und Lehrer dieses Fachs, die ohnehin zu der am höchsten belasteten Berufsgruppe überhaupt gehören (sehr viele gehen vorzeitig aufgrund psychischer oder psychosomatischer Beschwerden in den Ruhestand), könnten zudem den Eindruck gewinnen, dass ihre Bemühungen im Unterricht an den ‚eigentlichen' Aufgaben religiöser Bildung vorbeigehen. Auch wenn auf diesem Gebiet kaum gesicherte Erkenntnisse vorliegen, lässt sich sagen, dass Gefühle fehlender Wirksamkeit und Anerkennung wesentliche Faktoren für psychische und psychosomatische Beschwerden im Lehrerberuf sind.

An evangelischen Schulen, an denen ein religiöses Schulleben etabliert ist und zum Schulprogramm gehört, mögen diese Probleme weniger gravierend sein. Das sog. Burn-Out-Problem macht jedoch deutlich, dass eine Ausweitung außerunterrichtlicher Bildungsangebote ohne zusätzliche Ressourcen nicht

---

40 Vgl. dazu nochmals die eingangs genannten Veröffentlichungen: Michael Domsgen/Henning Schluß/Matthias Spenn (Hg.), Was gehen uns „die anderen" an? Schule und Religion in der Säkularität, Göttingen 2012; Michael Domsgen/Frank M. Lütze, Religionserschließung im säkularen Kontext. Fragen, Impulse, Perspektiven, Leipzig 2013.

oder nur punktuell realisiert werden kann. Aber auch ungeachtet organisatorischer und finanzieller Probleme stellt sich die fachdidaktische Frage, was die Aufgaben, Inhalte und Ziele des Religionsunterrichts an evangelischen Schulen angesichts wachsender Konfessionslosigkeit sein sollten. Der Ausbau eines religiösen Schullebens und das allgemeindidaktischen Standards entsprechende, gemeinsame Lernen mit Konfessionslosen im Religionsunterricht wird man dabei als die zwei Seiten einer Medaille verstehen können: Denn ein gebildeter Mensch zeichnet sich ja gerade dadurch aus, dass er zwischen der Partizipations- und Reflexionsebene zu unterscheiden weiß. Auch der Religionsunterricht an evangelischen Schulen sollte diesem Grundsatz verpflichtet sein.

Evangelische Schulen und kompetenzorientierter Religionsunterricht
Risiken und Nebenwirkungen

Matthias Hahn

Über die Leistungsfähigkeit evangelischer Schulen liegen gesicherte empirische Forschungsdaten vor, über den Religionsunterricht an diesen Schulen nach meiner Kenntnis kaum.[1] Eine gewisse Ausnahme bildet die Arbeit von Dorothy Bonchino-Demmler zu evangelischen Schulen in freier Trägerschaft in Mitteldeutschland, eine Auftragsarbeit des Schulwerks und des Landeskirchenamtes der Evangelischen Kirche in Mitteldeutschland (EKM).[2] Bei allen nötigen Differenzierungen und Einschränkungen – die Angaben basieren ausschließlich auf Schulleiterbefragungen – deutet sich in dieser Studie das Profil eines Faches mit hohen pädagogischen Ansprüchen an, ein seelsorgliches Fach, das auf Morgenkreise, Räume der Stille, Spiritualität und Einbindung in das religiöse Schulleben setzt. Schulgottesdienste und –andachten prägen die evangelischen Schulen. Diakonisches Probehandeln spielt ebenso eine wichtige Rolle wie die Kooperation mit Gemeinden. Nipkows Urteil über die Herausforderungen und Chancen des Religionsunterrichts an evangelischen Schulen scheint jedoch trotz dieses Buches und dieses Befundes Bestand zu haben: Das Fach werde „im Diskurs zu kirchlichen Schulen zwar gelegentlich gestreift", ihm würden jedoch „nur sehr sporadisch eigenständige Aufsätze gewidmet". Umso verwunderlicher ist für Nipkow, dass sich bis auf Rainer Lachmann kaum jemand über dieses Defizit gewundert hat: Für Lachmann ist der Religionsunterricht sogar der „*Wesenskern*" einer evangelischen Schule.[3]

Ob ausgerechnet die Kompetenzorientierung diesem Missstand abhelfen kann? Denkweisen, Ansprüche und Begrifflichkeiten wie die bei Bonchino-

---

1   Vgl. Claudia Standfest/Olaf Köller/Annette Scheunpflug, leben – lernen – glauben. Zur Qualität Evangelischer Schulen. Eine empirische Untersuchung über die Leistungsfähigkeit von Schulen in Evangelischer Trägerschaft, Münster 2005.

2   Dorothy Bonchino-Demmler, Evangelische Schulen in freier Trägerschaft in Mitteldeutschland – Eine Bestandsaufnahme zum Schuljahr 2008/9. Survey im Auftrag des Dezernates Bildung im Landeskirchenamt und des Evangelischen Schulwerks der Evangelischen Kirche in Mitteldeutschland, Jena 2010.

3   Karl Ernst Nipkow, Religionsunterricht an evangelischen Schulen – Herausforderungen und Chancen, in: Zeitschrift für Pädagogik und Theologie 1/2006, 28ff.

Demmler herausgearbeiteten scheinen eher Probleme anzudeuten. Die in den letzten Jahren intensiv geführte Debatte um den kompetenzorientierten Unterricht, der eher auf Outcome, Intensivierung von Lernprozessen und Schärfung des Profils eines ordentlichen schulischen Unterrichtsfachs setzt, scheint nicht oder nicht ohne weiteres passungsfähig für konfessionelle Schulen.

Unbehagen an der Kompetenzorientierung formulieren zudem aus pädagogischer, theologischer und religionspädagogischer Perspektive die Altvorderen der Zunft scharf: Hubertus Halbfas, der katholische Symboldidaktiker und Sprachlehrer, sieht durch die Kompetenzorientierung das *Depositum fidei* in Frage gestellt, den *Glaubensschatz* aus Bibel und Tradition: Kompetenz alleine sei eine Formel, die im Religionsunterricht nichts garantiere und die das „Darüber hinaus" nicht ermögliche, bestenfalls also *eine begriffliche Himmelfahrt*, welche die Schülerinnen und Schüler unbetroffen auf der Erde zurücklasse.[4] Der evangelische Theologe und Religionspädagoge Ingo Baldermann erhebt Einspruch gegen einen Paradigmenwechsel, den er für „*Etikettenschwindel*" hält, für willfährige Unterstützung pädagogischer Selektion, für einen neuen Totalitarismus des Beherrschens und Bewältigens.[5]

Da erscheint es schon fast als Zuspruch, wenn Friedrich Schweitzer es bei der Feststellung bewenden lässt, das *Beste am Religionsunterricht* werde von der Diskussion um Kompetenzen und Bildungsstandards wohl nicht erfasst.[6] Ohne existentiellen Bezug, ohne Erfahrungen und Einsichten, die sich gerade nicht operationalisieren oder messen ließen, werde aus religiöser Bildung ein ziemlich sinnloses Unterfangen. Man kann Schweitzers Urteil wohl nur zustimmen. Also: Kompetenzorientierter Religionsunterricht – kein Thema für evangelische Schulen? Ich möchte noch etwas weiter fragen und die Diskussion vertiefen: Wo steht die religionspädagogische Diskussion um die Kompetenzorientierung? Welche konzeptionellen Entwicklungsschritte sind nötig? Und schließlich: Wo können pädagogische und theologische Ansprüche evangelischer Schulen von der Kompetenzorientierung aufgenommen und weiter geführt werden – und vice versa?

---

4   Hubertus Halbfas, Religionsunterricht nach dem Glaubensverlust. Eine Fundamentalkritik, Ostfildern 2012.

5   Ingo Baldermann, Paradigmenwechsel? – Ein grundlegender Einspruch, in: Loccumer Pelikan 3/2013, 115-119.

6   Friedrich Schweitzer, Guter Religionsunterricht – aus der Sicht der Fachdidaktik, in: Was ist guter Religionsunterricht. Jahrbuch für Religionspädagogik 22, Neukirchen-Vluyn 2006, 41-51.

1. Didaktische Landkarte: Wo steht der kompetenzorientierte Religionsunterricht? Vier Markierungspunkte

1.1 Kompetenzmodelle

Seit den ersten evangelischen Publikationen – auf die ich mich jetzt im Schwerpunkt beziehe – ist der Markt ab 2006 von wissenschaftlichem und praktischem Schrifttum geradezu geflutet worden. Gäbe es in der evangelischen Religionspädagogik ein Zitierranking, so käme den „Grundlegenden Kompetenzen religiöser Bildung in der Sekundarstufe I"[7] zweifelsohne ein Spitzenplatz zu. Das in dieser Broschüre entwickelte Strukturmodell hat aber nicht nur wegen seiner Verbreitung zentrale Bedeutung. Es verbindet die Einheitlichen Prüfungsanforderungen Evangelische Religion der Kultusministerkonferenz (EPA) mit den Orientierungen der Evangelischen Kirche in Deutschland (EKD) „Standards und Kompetenzen für die Sekundarstufe I".[8] Es sucht Antwort auf die Frage: Was sollen 16-jährige Schülerinnen und Schüler nach 10-jährigem Besuch des Religionsunterrichts können?

Zwischen diesen drei Dokumenten sind verschiedene Konvergenzen zu entdecken. So wird durchgehend mit prozessbezogenen Kompetenzen gearbeitet, für die der Begriff religiöser Kompetenz Ulrich Hemels Pate stand: Es geht um Perzeption (Wahrnehmen, Beschreiben), Kognition (Verstehen, Deuten), Performanz (Gestalten, Handeln), Interaktion (Kommunizieren, Urteilen) sowie Partizipation (Teilhaben, Entscheiden).[9] Nuancenreicher wird es bei den inhaltsbezogenen Kompetenzen, die sich bei den EPA theologischer Fachsystematik verdanken. Die beiden anderen Strukturmodelle weisen sie durch „Gegenstandsbereiche" aus, wobei die verwendeten Begriffe variieren. Neben die subjektive Religion, die evangelische Religion als Bezugsreligion des Religionsunterrichts, die anderen Religionen und Weltanschauungen und die Religion als ein gesellschaftliches Phänomen rückt im EKD-Modell die ethische Dimen-

---

7 Dietlind Fischer/Volker Elsenbast (Hg.), Grundlegende Kompetenzen religiöser Bildung. Zur Entwicklung des evangelischen Religionsunterrichts nach Bildungsstandards, Münster 2006.

8 Kirchenamt der EKD (Hg.), Kompetenzen und Standards für den Evangelischen Regionsunterricht in der Sekundarstufe I. Ein Orientierungsrahmen, Hannover 2010.

9 Ulrich Hemel, Ziele religiöser Erziehung. Beiträge zu einer integrativen Theorie, Frankfurt/Main 1998.

sion der Religion. Dass alle Kompetenzen, die sich aus den entstehenden Kreuztabellen speisen, mit Anforderungssituationen, exemplarischen Lebenssituationen oder der Schülerlebenswelt zu tun haben sollen, ist ein weiterer Konsenspunkt. Mit dem Begriff der Standards wird sehr vorsichtig umgegangen: Die EPA definieren beispielhaft gute und ausreichende Leistungen. Das Comenius-Papier entwickelt Aufgaben, mit deren Hilfe man über Mindeststandards nachdenken kann. Das EKD-Papier möchte zwar expressis verbis Standards liefern, verbleibt in dieser Beziehung aber etwas im Ungefähren, indem zu acht Kompetenzen „mögliche Standards" genannt werden. Auch in den Grundlagendokumenten also: Konsens im Unbehagen gegenüber standardisiertem Religionsunterricht – nicht jedoch gegenüber der Formulierung von Kompetenzen, die durchaus als Chance für Relevanzgewinn gesehen werden.

Neben einem weiten Konsens sind einige Dissenspunkte zu entdecken, die ich als Fragen formuliere:

- Die Frage nach der Relevanz: Welche Rolle soll künftig den verschiedenen Gegenstandsbereichen des Unterrichts zukommen?
- Damit verbunden die Frage nach der Begrifflichkeit: Sollte man in der Festlegung der Gegenstandsbereiche in der klassischen theologischen Disziplinenlogik bleiben oder diese weiter hin zur Religion und Lebenswelt öffnen?
- Die Frage nach dem Referenzrahmen: Die Rekurse auf die religiösen Kompetenzen Hemels werden keineswegs geteilt, sondern von einigen als Irrweg in einen allgemeinen Religionsunterricht verstanden.

Ich will an dieser Stelle eine kleine Tiefenbohrung vornehmen und ziehe exemplarisch einige Fäden aus dem Denkarium der Kompetenz „Performanz". Vorhin erwähnte ich, dass es hierbei um das „Gestalten" und das „Handeln" gehen soll. Der daraus entstehende Begriff der Gestaltungskompetenz als Schlüsselqualifikation der Schülerinnen und Schüler ist sofort einsichtig. Ich kenne niemanden, der behauptet, dass man im Religionsunterricht nicht lernen soll, zu handeln und zu gestalten. Was aber ist eigentlich damit gemeint?

- Da gibt es die Gruppe derer, die schulpädagogisch zunächst an einen handlungsorientierten Unterricht mit Projekten und Vorhaben zur Selbststän-

digkeit denkt, wie etwa Hilbert Meyer[10] ihn entwickelt und Wolfgang Konukiewitz[11] ihn religionspädagogisch adaptiert hat.

- Dann gibt es einige, die in der Fachdidaktik Deutsch bewandert sind und
  bibeldidaktisch an Gerhard Haas' Überlegungen zu einem produktionsori-
  entierten Literaturunterricht anschließen wollen.[12]
- Wieder andere hören weder Gestaltung noch Handlung, sondern Performanz und integrieren ihre Vorstellung von Probehandeln in einen perfor-
  mativen Religionsunterricht samt gestufter Mitwirkung an einer Religion in
  dieser Kompetenz.[13]
- Und einige, wahrscheinlich nur noch wenige, verbinden die Gestaltung mit
  Teilhabe und denken bei Gestaltungskompetenz an Karl Barth und sein
  Verständnis von evangelischer Bildung, wie er es beispielsweise in „Evangelium und Bildung" dargelegt hat.[14]

Ein Mehr an kategorialer Klarheit zu erlangen ist ebenso wünschenswert wie
ein Mehr an praktischer Klarheit: Was verstehen eigentlich Lehrerinnen und
Lehrer unter Religionsunterricht, der die Gestaltungskompetenz fördert?

1.2   Empirische Forschung

Gerade wenn wir darüber nachdenken wollen, wie Gestaltungs- und Hand-
lungskompetenzen von Schülerinnen und Schülern sequentiell angelegt werden
sollen, ist es absolut notwendig, hier weiter empirisch zu forschen. Ich nenne
als einen möglichen Weg zum Erkenntnisgewinn die Projekte der Berliner
Forschergruppe um Dietrich Benner und Rolf Schieder „Qualitätssicherung und
Bildungsstandards für den Religionsunterricht an öffentlichen Schulen" und
„Konstruktion und Erhebung von religiösen Kompetenzniveaus im Religionsunterricht". Beide DFG-geförderten Projekte waren auf den evangelischen

---

10   Vgl. Hilbert Meyer/Werner Jank, Didaktische Modelle. Berlin 2002.
11   Wolfgang Konukiewitz, Didaktik des Glaubens. Perspektivenwechsel im Religi-
     onsunterricht und Konfirmationsunterricht, Hannover 2004.
12   Gerhard Haas, Handlungs- und produktionsorientierter Literaturunterricht. Theorie
     und Praxis eines ‚anderen Literaturunterrichts' für die Primar- und Sekundarstufe,
     Stuttgart 1997.
13   Eine konzise Begründung liefert: Thomas Klie, Performativer Religionsunterricht.
     Von der Notwendigkeit des Gestaltens und Handelns im Religionsunterricht, in:
     http://www.rpi-loccum.de/klperf.html (Zugriff: 01.12.2013).
14   Vgl. Karl Barth, Evangelium und Bildung. Vortrag von 1938, in: Theologische
     Studien Heft 2, Zürich ²1947.

Religionsunterricht bezogen, analog wurde eine Studie zum Ethikunterricht durchgeführt. Was herausgekommen ist, gibt Anlass zu der begründeten Ansicht, dass in den Bereichen der religiösen Deutungskompetenz und der Partizipationskompetenz empirisch valide Kompetenzniveaus – basierend auf differenzierten hermeneutischen Grundfähigkeiten und religionskundlichen Grundkenntnissen – beschrieben werden können.[15]

> „Niveau 1: Schülerinnen und Schüler können religiöse Texte und Rituale interpretieren, die Bezüge zu lebensweltlich bekannten religiösen Konventionen und Erfahrungen aufweisen.
>
> Niveau 2: Schülerinnen und Schüler können das religiöse Konzept erfassen, das religiösen Texten und Sachverhalten zugrunde liegt, auch wenn keine unmittelbaren Bezüge zu lebensweltlichen Erfahrungen gegeben sind.
>
> Niveau 3: Schülerinnen und Schüler können religiöse Texte und Sachverhalte aus verschiedenen Religionen erfassen, Perspektivenwechsel zwischen diesen vollziehen und Deutungsprobleme interreligiös sowie im öffentlichen Raum diskutieren.
>
> Niveau 4: Schülerinnen und Schüler können religiöse Inhalte und Konzepte in religiösen und außerreligiösen Kontexten erfassen, konkurrierende Auslegungen durch Vollzug eines Perspektivenwechsels reflektieren und problematisieren sowie zu diesem Zwecke eigene Vorerwartungen hinterfragen.
>
> Niveau 5: Schülerinnen und Schüler können religiöse Inhalte und Sachverhalte von unterschiedlichen Fachlogiken (Ökonomie, Politik, Moral, Recht) her interpretieren und im Lichte solcher Fachlogiken mehrperspektivisch beurteilen."

Mit empirischer Bildungsforschung kommen wir ein Stück weiter auf dem Weg zur Beschreibung domänenspezifischer Kompetenzen.

1.3   Didaktische Fixpunkte

Auf meiner Landkarte entdecke ich Konsenspunkte über die Didaktik und Methodik für guten kompetenzorientierten Religionsunterricht und markiere folgende solide didaktische Fixpunkte:

---

15   Dietrich Benner/Rolf Schieder/Henning Schluß/Joachim Willems (Hg.), Religiöse Kompetenz als Teil öffentlicher Bildung, Paderborn 2011, 126.

- Es ist ein deutliches Bemühen um klaren Kompetenzausweis erkennbar. Nur noch selten wird zu einer Kompetenz noch ein Lernziel formuliert.
- Es erfolgt eine Relevanzsicherung durch den Ausweis von Anforderungssituationen oder zumindest Anknüpfungssituationen.
- Lehrerinnen und Lehrer werden in der Erstellung von Lernstandsdiagnosen unterstützt.
- Mentale Modelle (Hartmut Rupp) sollen durch nachhaltiges Lernen (klare Strukturierung, aktivierende Lernaufgaben, Vernetzen, individuelle Förderung, Differenzieren, Sichern, Wiederholen und Üben) aufgebaut werden.
- Der Lernertrag wird durch Evaluation, Metakognition und Vernetzung sicher gestellt.

Ich werde das mit zwei Anmerkungen beispielhaft verdeutlichen: Die erste ist mir wichtig, weil sie das Hauptproblem des schüler- und problemorientierten Ansatzes darstellte: Wie kann die Verbindung von Situation und Tradition gelingen, ohne dabei, wie Michael Linke, Harry Noormann und ich 1991 im Braunschweiger Ratschlag ziemlich boshaft formulierten, der diffusen Vielfalt existentieller und gesellschaftlicher Denkrichtungen von Jugendlichen mit katechetisch-affirmativem Container-Lernen zu begegnen?[16] Die Welt lesen zu lernen (Paolo Freire), das kann gelingen, wenn Anforderungssituationen den Unterricht durchziehen, an deren Bearbeitung Schülerinnen und Schüler wachsen können. Hartmut Rupp – dem ich für die Überlassung dieser noch nicht publizierten Überlegungen danke – hat einen guten Vorschlag zur Systematisierung von Anforderungssituationen für die Sekundarstufe I erarbeitet, die den Unterricht von Anfang bis Ende durchziehen können:

1. Lebensgeschichtliche Herausforderungen: Hier geht es um Handlungsfähigkeit im persönlichen Leben.
2. Kontingenzerfahrungen: Hier geht es um die Fähigkeit, Widerfahrnisse verarbeiten zu können, die zum Leben gehören.
3. Grundlegende Deutungen des Selbst, der Welt, des guten Lebens und dessen, woran das Herz hängt. Hier geht es um Identitätsbildung aber auch um „Kosmisierung" (F.X. Kaufmann), um die Begründung eines grundlegenden Deutungshorizontes, aus dem heraus Menschen handeln.

---

16 Vgl. Matthias Hahn/Michael Linke/Harry Noormann, Braunschweiger Ratschlag zum Religionsunterricht. Welchen Religionsunterricht braucht die öffentliche Schule? Braunschweiger Ratschlag vom 8. Februar 1991, in: religion heute 1/1992, 51-55.

4. Orientierung in der Alltagskultur: Hier geht es um Teilhabefähigkeit im persönlichen Lebensumfeld und um eine bedachte Lebensführung.

Meine zweite Anmerkung bezieht sich auf das Modell von differenzierendem und individualisierendem Lernen. Es geht ja um die Förderung der Kompetenzen der einzelnen Schülerinnen und Schüler in heterogenen Lerngruppen und nicht mehr um den „Durchschnitt der Mittelköpfe" (Trapp). Anders als dialogisch vermag ich weder den Religionsunterricht noch die Religionspädagogik zu denken. Meine Erfahrungen mit Religion und Bildung im kulturellen Kontext Ostdeutschlands haben mich immer wieder zu den Konfessionslosen (wie sie gerne aus kirchlicher Sicht bezeichnet werden) oder Konfessionsfreien (wie sie sich selbst bezeichnen) oder keiner Konfession Zugehörigen (wie man sachlich wohl am besten sagt) geführt, deren Kinder teilweise mehrheitlich den dortigen Religionsunterricht besuchen. In diesem Dialog kommt es auf Haltungen an, die von wechselseitigem Respekt, Interesse und Wertschätzung geprägt sind. Es braucht Neugierde auf die Deutungen der Kinder und Jugendlichen, wie wir gerade auch aus dem Theologisieren mit Kindern und Jugendlichen lernen. Es benötigt tragfähige fachliche und theologische Perspektiven als „Theorie und Methode für das Erlernen des Welthorizonts" (Ernst Lange) und stellt uns vor die Frage, wie wir es „in Wort und Werken Gott und der Welt recht machen" können (Philip Potter). Religionsunterricht, an dem sowohl die „unheilbar Religiösen" (weil Religion im Wesen des Menschen liegt – Louis Auguste Sabatier) wie auch die „religiös Unmusikalischen" (Max Weber) und viele andere Religiöse, Antireligiöse oder Areligiöse teilnehmen, wird zu einem Modellfall für den Dialog von Religionen und Kulturen.[17]

1.4 Unterrichtsplanung

Ich komme zu einem letzten Markierungspunkt. Nicht nur Lehrerinnen und Lehrer fragen nach dem Nutzen dieser konzeptionellen Überlegungen für die Praxis des Faches. Neben vielen mittlerweile entstandenen kompetenzorientierten Schulbuchreihen wie etwa *reli plus*, Unterrichtshilfen und Fachzeitschriften wie *religion 5-10* ist hier die Entwicklung von Planungsmodellen ins Spiel zu bringen. Andrea Schulte und ich werden demnächst ein Modell vorlegen, das die Kompetenzorientierung mit der Elementarisierung verbinden wird. Nach unserer Wahrnehmung bietet das Tübinger Elementarisierungsmodell hervorra-

---

17 Vgl. Kirchenamt der EKD (Hg.), Identität und Verständigung. Standort und Perspektiven des Religionsunterrichts in der Pluralität, Gütersloh 1994.

gende Möglichkeiten, verschiedenen Kritikpunkten an der Kompetenzorientierung – vor allem dem des fachlichen Relevanzverlustes – zu begegnen.[18] So
wird jegliche Form von Sachkompetenz durch die Frage nach den elementaren
Strukturen erfasst, die zum Wesentlichen des Themas führt, an dem Kompetenzen herausgebildet werden sollen. Mit der Frage nach den elementaren Wahr-
heiten kommt Orientierungswissen religiöser Bildung in den Blick. Die Fragen
nach den elementaren Erfahrungen und Zugängen bereichern die Diskussion
um Lernstandsdiagnosen und Anforderungssituationen. Die Frage nach den
elementaren Lernformen nimmt das Bemühen um nachhaltiges Lernen auf.

2. Zwischenzusammenfassung

Die Religionspädagogik hat wissenschaftlich diskutable Kompetenzmodelle
entwickelt, auf deren Basis mit unterschiedlichem Erfolg Steuerungsinstrumen-
te wie Lehrpläne entwickelt worden sind. Erste Schritte zur empirischen Über-
prüfung sind gegangen. Es ist eine gewisse Zurückhaltung gegenüber Standards
religiöser Bildung zu erkennen. Didaktische Konturen sind in einer anregenden
Diskussion um die Qualität eines guten kompetenzorientierten Religionsunterrichts deutlich erkennbar geworden. Erste Entwürfe für neue Wege der Unterrichtsplanung sind vorhanden. Trotz dieser Entwicklungen kritisiert Hilbert
Meyer, dass die Fachdidaktiken die Kompetenzorientierung noch zu unprofi-
liert umgesetzt hätten: „Unter dem Begriff der Kompetenzorientierung wird
heute angeboten, was seit langem zum Kernbestand guten Unterrichts gehört …
diese gute Praxis zu systematisieren und zu einer Didaktik des Kompetenzorientierten Unterrichts auszubauen, ist die Aufgabe der nächsten Jahre."[19]

3. Religionspädagogik auf dem Weg zu einer fachdidaktischen Konzeption kompetenzorientierten Religionsunterrichts

Ein Bericht der Kultusministerkonferenz zu den Standards der Lehrerbildung
von Heinz-Elmar Tenorth und Ewald Terhart führt vier Qualitätskriterien für
fachdidaktische Konzeptionen auf:

---

18 Vgl. Friedrich Schweitzer, Elementarisierung und Kompetenz. Wie Schülerinnen
    und Schüler von „gutem Religionsunterricht" profitieren, Neukirchen 2008.
19 Interview mit Hilbert Meyer, Was ist Kompetenzorientierung?, in: Schulmanage-
    ment. Die Zeitschrift für Schulleitung und Schulpraxis, 6/2010, 23.

- die Orientierung am Lernenden
- das Schulfach als Handlungsrahmen, in dem sich die Kernaufgabe des systematischen Lernens organisiert
- die Schule als Organisation, die Bedingungen vorgibt, in denen sich die Arbeit entwickelt
- die Bindung an die Funktionen der Schule, die systematisches Lernen als Prozess der Integration in eine Kultur und Gesellschaft versteht, die ihren eigenen Horizont vorgeben und zugleich den Standard an Fähigkeiten, der durch systematisches Lernen ermöglicht werden soll[20] – Hier geht es im Religionsunterricht um das kritische Nachdenken über seinen wissenschaftlichen, gesellschaftlichen und kirchlichen Ort.

Meine bisherigen Ausführungen haben gezeigt, dass wir in den ersten beiden Punkten manches erreicht haben. Aber es ist auch deutlich ein Desiderat zu erkennen, dessen Bearbeitung mich nun direkt in ein Gespräch mit der theologischen Bezugswissenschaft über den Referenzrahmen des Kerncurriculums führt: Welche Texte und Themen aus der biblischen Tradition sollen den Kompetenzerwerb verbindlich unterstützen – mit Hattie könnte man hier von Kernideen des Faches sprechen? Dabei kann es nicht um ein schulbezogenes Abbild der wissenschaftlichen Theologie gehen, sondern vielmehr um Schlüssel, Impulse und Themenkreise aus der biblischen Tradition, die als für die Fachdidaktik bedeutsam vorgeschlagen werden.[21]

Ich will andeuten, was ich mir unter einem gelungenen Gespräch zwischen Fachdidaktik und Fachwissenschaft vorstelle. Aus der exegetischen Literatur ragt didaktikoffen das Schriftwerk des Neutestamentlers Gerd Theißen heraus. Theißen fragt nach dem, was in der Bibel fundamental und elementar ist, was ihre grammatischen Grundregeln sind. Darunter versteht er die Grundmotive der Bibel – und zugleich ihren Geist. Dieser Geist erschließt „den Menschen für das Fundamentale in der Bibel, für Gott, und er erschließt den Text der Bibel für den Menschen."[22] Für die ganze Bibel grundlegend seien die beiden Grundaxiome des christlichen Glaubens: der Monotheismus und der Glaube an einen

---

20 http://www.kmk.org/fileadmin/pdf/Bildung/AllgBildung/Standards_Lehrerbildung-Bericht_der_AG.pdf, 10 (Zugriff: 01.12.2013).

21 Vgl. Peter Müller, Schlüssel, Impulse, Themenkreise. Aspekte einer zeitgemäßen Bibeldidaktik, in: http://www.rpi loccum.de/theo_mueller.html (Zugriff: 01.12.2013).

22 Gerd Theißen, Zur Bibel motivieren. Aufgaben, Inhalte und Methoden einer offenen Bibeldidaktik, Gütersloh 2003, 122.

Erlöser. Diese schlüsselt er in 14 Grundmotive auf, ein „loses Regelgefüge", „mit Überschneidungen und Berührungen, einem Mobile vergleichbar, das immer in Bewegung ist und jedoch eine verborgene Struktur enthält".[23]

Dem Religionspädagogen und der Religionspädagogin nun kommt die Aufgabe zu, aus den Grundmotiven „Schlüssel" zu machen, Schlüssel zur Welt, die Interesse wecken können, weil sie spannend, provozierend, tröstend oder überraschend formuliert sind oder einfach hilfreich, weil sie alterierende Aspekte auf Gegenwartsfragen erlauben. Schlüssel aber auch deshalb, weil sie anschlussfähig sind an die Verstehensvoraussetzungen der Schülerinnen und Schüler. Der Karlsruher Religionspädagoge Peter Müller entfaltet so seine Bibeldidaktik inhaltlich um:

- Schlüsseltexte (z.B. Gen 1,1-2,4a, Mt 5,3-12 (Seligpreisungen), 1Kor 13 (hohes Lied der Liebe), aber auch
- Schlüsselworte und -begriffe (z.B. Paradies, Gerechtigkeit, Hoffnung, Gnade, Himmel),
- Schlüsselbilder (z.B. Hirte, Baum, Weg, Brot) oder
- Schlüsselszenen (z.B. 2 Sam 12 – Davids Sünde und Vergebung; Mt 4,1-11 – der Mensch lebt nicht vom Brot allein).[24]

Kompetenzorientierter Bibeldidaktik kommt nun die Aufgabe zu, die Schlüssel in Beziehung zu Anforderungssituationen zu setzen und wechselseitig zu interpretieren. Also eben nicht im Sinne vorgegebener Lösungen, die Situationen bewältigen. Aber im Sinne von Bildungsprozessen, in denen versucht wird, die Tradition fortzuschreiben, indem sie zur Gegenwart hin verändert wird und indem die Schülerinnen und Schüler mit der Bibel zu existentiell bedeutsamen Interpretationen der Anforderungen gelangen, die das Leben an sie stellt.

Sicherlich gibt es noch viele andere Möglichkeiten eines solchen Gesprächsverlaufs. So hat sich Rudolf Englert gefragt, wie eigentlich religiöse Rationalität angebahnt werden kann: „Durch Aufbau religiöser Sprachfähigkeit, durch die Übung theologischen Argumentierens, durch das Erkennen der spezifischen Leis-

---

23 Als Grundmotive nennt Theißen: Das Schöpfungsmotiv, das Weisheitsmotiv, das Wundermotiv, das Entfremdungsmotiv, das Hoffnungsmotiv, das Umkehrmotiv, das Exodusmotiv, das Stellvertretungsmotiv, das Einwohnungsmotiv, das Glaubensmotiv, das Agapemotiv, das Positionswechselmotiv, das Gerichtsmotiv, das Rechtfertigungsmotiv; vgl. ebd. 139-165.

24 Vgl. Peter Müller, Schlüssel, Impulse, Themenkreise. Aspekte einer zeitgemäßen Bibeldidaktik, in: http://www.rpi-loccum.de/theo_mueller.html (Zugriff: 01.12.2013).

tungsfähigkeit metaphorischer und mythologischer Rede usw.?"[25] Er findet Antworten nicht auf der inhaltlichen, sondern auf der methodischen Ebene. Das Ziel solcher Gespräche für einen kompetenzorientierten Religionsunterricht besteht darin, herauszufinden, welche Grundbestände der christlich-evangelischen Tradition, also auch aus der Kirchengeschichte oder der Systematischen Theologie, aus der Frömmigkeit und aus dem Dialog mit anderen Religionen, so grundlegend sind, dass sie künftigen Generationen weiter gegeben werden sollten.

4. Und was ist nun mit den evangelischen Schulen?

Was soll die Schule heute leisten: Abscheu und Abwehr von Unmenschlichkeit; die Wahrnehmung von Glück; die Fähigkeit und den Willen, sich zu verständigen; ein Bewusstsein von der Geschichtlichkeit der eigenen Existenz; Wachheit für letzte Fragen; und – ein doppeltes Kriterium – die Bereitschaft zu Selbstverantwortung und Verantwortung in der *res publica*. So jedenfalls Hartmut von Hentig in seinen Reflexionen über notwendige Maßstäbe für Bildung oder über allgemeine Bildungsziele und in seiner Kritik der Standard- und Kompetenzorientierung.[26]

Nach Eckhard Klieme müssten sich Bildungsstandards und Kompetenzen an genau der Frage messen lassen, ob sie den Zugang zu solchen allgemeinen Bildungszielen und der Diskussion dieser Kriterien eröffnen oder verhindern. Dass man Sprach- und Lesekompetenz benötigt, um sich in der Demokratie der Polis zu verständigen, wird niemand bestreiten. Es kommt also darauf an, ein Beziehungsgefüge von messbaren und basalen Kompetenzen und allgemeinen Bildungszielen aufzubauen.

Dies gilt auch für den Religionsunterricht, das kleine Fach der großen Fragen. Kein Mensch wird durch sein Wissen, durch seine Kompetenzen, durch das Erfüllen von Standards vollständig definiert – in keinem Schulfach und erst recht nicht im Leben außerhalb der Schule. In evangelischer Perspektive verdanken wir unsere Bildung und unsere Freiheit ebenso Gott wie wir ihm verdanken, dass wir uns selbst bilden und unsere Verhältnisse in Freiheit gestalten können. Jürgen Moltmann formulierte es so: „Wenn christlicher Glaube im Grunde die Befreiung von den Werken des Gesetzes zur Freiheit der Kinder Gottes ist, dann muss der Glaube selbst ständig darauf drängen, praktisch aus

---

25 Rudolf Englert, Religionspädagogische Grundfragen. Anstöße zur Urteilsbildung, Stuttgart 2008, 215.
26 Vgl. Hartmut von Hentig, Bildung. Ein Essay, Weinheim und Basel 1996, 71ff.

dem Reich der Notwendigkeit in das Reich der Freiheit hinüberzuschreiten."[27] Eine Perspektive auf Hoffnung, die unter dem eschatologischen Vorbehalt steht und sich im Hier und Jetzt vollzieht. Unter den Bedingungen des alten Äon wird es nicht schaden, wenn die Christinnen und Christen sich auf dem steinigen Weg in das Reich der Freiheit kompetent bilden. Deuten, urteilen, handeln, gestalten, Probleme verstehen und lösen können ... das sind Kompetenzen, die auf Selbstständigkeit zielen – wie eben auch das fröhliche Empfangen von Gottes Freiheit. Insofern können wir der Kompetenzorientierung mit großer Gelassenheit begegnen und staunen, wie die Bibel sich immer wieder neu imponieren wird und wie junge Menschen immer wieder angesteckt werden von der Sprache der Klage, der Hoffnung, des Trostes, der Gerechtigkeit, des Lobes und des Friedens.

So können evangelische Schulen zum Erprobungs- und Gelingensraum für kompetenzorientierten Religionsunterricht werden, der Zeit für kognitive Aktivierung in „großen Aufgaben" (Maria Montessori) einräumt, in dem nicht nur über Partizipation geredet, sondern erprobt wird, der nicht in Designer-Kommunikation „kommuniziert", sondern mit Kindern und Jugendlichen echte theologische Gespräche führt und deren bereits vorhandenen Kompetenzen beim Verstehen und Deuten aufnimmt. Gerade evangelische Schulen verfügen über hervorragende Möglichkeiten, ihre Bildungsziele mit domänenspezifischen Fachkompetenzen des Religionsunterrichts zu verknüpfen. Gerade evangelische Schulen werden nicht nachlassen in einem Religionsunterricht, der auf existentielle Erfahrungen und Einsichten setzt. Umgekehrt kann der kompetenzorientierte Religionsunterricht das Profil evangelischer Schulen schärfen und ihnen beim Aufbau guten und bildenden Religionsunterrichts nützen: Indem die Fähigkeit der Lehrerinnen und Lehrer zur Diagnose von Lernausgangslagen und Lernleistungen ausgebaut wird. Indem der Unterricht bei Anforderungssituationen aus dem Leben der Schülerinnen und Schüler ansetzt und so einen deutlichen Relevanzgewinn erzielt und indem mentale Modelle zur individuellen Förderung und zum nachhaltigen Lernen eingesetzt werden. Wenn ein solcher Religionsunterricht zum „Wesenskern" einer evangelischen Schule werden soll, bedarf dies kategorialer Klarheit und wissenschaftlicher Begleitung. Dass dies ein für beide Seiten nützlicher Prozess werden könnte, habe ich aufzuzeigen versucht.

---

27 Jürgen Moltmann, Die ersten Freigelassenen der Schöpfung. München 1971, 71; vgl. zur Diskussion Peter Biehl, Die Gottebenbildlichkeit des Menschen und das Problem der Bildung. Zur Neufassung des Bildungsbegriffs in religionspädagogischer Perspektive, in: P. Biehl/K. E. Ernst Nipkow, Bildung und Bildungspolitik in evangelischer Perspektive. Münster 2003, 45ff.

Evangelisch Profil zeigen im religiösen Wandel unserer Zeit
Ein Tagungsrückblick

Martin Schreiner

1. Autobiografische Annäherungen

„Dies ist der Tag, den der Herr macht; lasst uns freuen und fröhlich an ihm sein. O Herr, hilf! O Herr, lass wohl gelingen!" (Psalm 118, 24f.)

So lautete mein Taufspruch am 27. Juli 1958 in der St. Matthäus-Kirche in München. Ich wurde in eine ökumenisch verbindende Ehe hineingeboren: Meine Mutter war evangelisch, mein Vater katholisch. Als Kinder waren uns das tägliche Tischgebet und Abendgebet vertraut. Sonntags gingen wir mehr oder weniger regelmäßig in den Kindergottesdienst. Vom Begehen des Kirchenjahrs sind mir insbesondere die regelmäßigen Vorabende im Advent mit Vorlesen, Basteln und Feiern in Erinnerung und natürlich das gemeinsame Ostereiersuchen. An Fronleichnam hängte meine Mutter meinem Vater zuliebe immer ein festliches Tuch aus dem Dachfenster, da unser Häuschen am Prozessionsweg lag. Vom Religionsunterricht in der Grundschule blieb eigentlich wissentlich nichts hängen, gleichwohl wir eine elementare Begegnung mit biblischen Geschichten erfuhren. Unlängst habe ich sogar meine ersten Schulhefte darüber gefunden. Mein Konfirmationsspruch 1974 in der Waldkirche Planegg im Süden Münchens lautete: „Jesus Christus spricht: „Ich bin das Licht der Welt. Wer mir nachfolgt, der wird nicht wandeln in der Finsternis, sondern wird das Licht des Lebens haben." (Joh. 8,12). Nachhaltige Erinnerungen habe ich durchaus an einzelne Begegnungen, Geschichten und Erlebnisse im Rahmen des wöchentlichen Konfirmationsunterrichts und vor allem auch an die Persönlichkeit der Pfarrer, die Konfirmations- und Religionsunterricht erteilten. Eine prägende Figur wurde dann ein Diakon, der mich und viele andere eines größeren Kreises von Jugendgruppenleitern faszinierte.

Im Nachhinein kann ich nicht präzise erklären, warum ich nach dem Grundwehrdienst das Studium der Evangelischen Theologie und Germanistik ergriffen habe, aber m.E. war es wie im Dschungelbuch „Ich wollt' es aber wissen, es war so ausgemacht!" … Ich war auf der Suche nach dem, was die Welt in ihrem Innersten zusammenhält und stellte alle möglichen Fragen zu

Gott und der Welt. Während des Studiums an der Ludwig-Maximilians-Universität in München ging es in erster Linie um gelehrte Religion. Gelebte Religion kam höchstens in den monatlichen Sonntagabendandachten „Stille vor Gott" in der Stadt, im unregelmäßigen Gottesdienstbesuch und im Abendgebet vor. Als Studienreferendar und später als wissenschaftlicher Mitarbeiter in der Religionspädagogik stand ich vor der konkreten Herausforderung, unter anderem religiöse Lehr-Lernprozesse zu initiieren, zu begleiten und zu reflektieren. An dieser Stelle nur noch der Hinweis auf unseren Trauspruch am 6. Mai 1989 in der Petrikirche zu Münster: „Über alles aber zieht an die Liebe, die da ist das Band der Vollkommenheit. Und der Friede Christi, zu dem auch ihr berufen seid in einem Leibe, regiere in euren Herzen und seid dankbar. Lasst das Wort Christi reichlich unter euch wohnen: lehrt und ermahnt einander in aller Weisheit; mit Psalmen, Lobgesängen und geistlichen Liedern singt Gott dankbar in euren Herzen. Und alles, was ihr tut, mit Worten oder mit Werken, das tut im Namen des Herrn Jesus und dankt Gott, dem Vater, durch ihn." (Kol 3, 14-17). Unsere drei Kinder sind getauft, haben regelmäßig den Religionsunterricht besucht, haben mit uns bis ins Jugendalter hinein jeden Tag an ihrem Bett ein freies Abendgebet gesprochen und sind mit einem Segenszeichen eingeschlafen. Wie ihre gleichaltrigen Freundinnen und Freunde murrten sie allerdings auch immer über jede – unregelmäßige – Teilnahme am Sonntagsgottesdienst und ob sie heute eine *praxis pietatis* ausüben, lässt sich schwer einschätzen. Wenn sie uns besuchen, beten sie aber immerhin das gemeinsame Tischgebet mit.

Aspekte der hermeneutischen Brille

„Sich freuen und fröhlich sein am Tag, den der Herr macht" – „Nicht wandeln in der Finsternis"

„Gott dankbar sein" – „Das Wort Christi reichlich unter uns wohnen lassen": Dies scheinen mir spezifische Aspekte meiner hermeneutischen Brille auch als wissenschaftlicher Religionspädagoge zu sein und essentielle Bausteine im Rahmen einer Rechenschaft über den „heimlichen Lehrplan" meiner wissenschaftlichen Projekte.

2. Wissenschaftliche Suchbewegungen

Meine Dissertation handelte von der Gemütsbildung als einem lebenslangen Prozess, der von den Erfahrungen der individuellen Lebensgeschichte und der sozialen Welt entscheidend geprägt ist. Danach untersuchte ich unter anderem die Rolle des Vor-Bildes in religiösen Lehr-Lernprozessen sowie Gottesbilder bei Kindern, fragte unter dem Titel „Vielfalt und Profil" nach der evangelischen Identität heute und engagierte mich im Arbeitskreis Kinderkatechismus. Seit meiner Habilitationsschrift interessieren mich Theorie und Praxis evangelischer Schulen und seit nunmehr zwölf Jahren bin ich Mitherausgeber des Jahrbuchs für Kindertheologie. Das Theologisieren mit Kindern und Jugendlichen erscheint mir bis jetzt als geeignetes Vademekum zeitgenössischer religiöser Bildung.

3.   Standortbeschreibung

Warum erzähle ich dies alles? Weil ich der festen Überzeugung bin, dass aktuell meine bisherigen religionspädagogischen Erfahrungen und wissenschaftlichen Bemühungen nicht mehr ausreichen, um gelingende religiöse Lernprozesse zu initiieren, zu begleiten und zu reflektieren.

Auch ein Blick in die neueste Ausgabe der religionspädagogischen online-Zeitschrift theo-web lässt luzide erkennen, dass sich in den letzten Jahrzehnten die *hermeneutischen Grundmuster für religiöse Lernprozesse* verschoben haben: weg von der *Hermeneutik des bereits „gegebenen Einverständnisses im Glauben"* beziehungsweise von der *Hermeneutik des „zu suchenden Einverständnisses im Glauben"* – bitte erinnern Sie meine autobiografischen und eigenen wissenschaftlichen Annäherungen – hin zu einer *Hermeneutik des „verloren gegangenen religiösen Einverständnisses"* und zu einer *Hermeneutik des „nie vorhanden gewesenen Einverständnisses und religiöser Indifferenz".*[1]

Zwischen religiöser Indifferenz und militantem Atheismus ist das Dasein Gottes in der Moderne eine prekäre Angelegenheit geworden: „Eine bisweilen hysterische Angst vor der Religion geht bei uns um – vor muslimischen Kopftüchern, Moscheen und Minaretten, vor bibeltreuen US-Reaktionären (…), vor befremdlichen Bräuchen wie der Beschneidung. Zur Furcht kommt die Ignoranz: Aus dem herrschenden Bewusstsein ist die Glaubenstradition weithin verschwunden, auch die christliche. Wir leben nicht nur in einer Gesellschaft

---

1   Vgl. Monika Jakobs/Bernd Schröder, Ausdrucksformen des nicht-gegebenen Einverständnisses mit christlicher Religion und die Religionspädagogik, in: Theo-Web. Zeitschrift für Religionspädagogik, 1/2013, 8.

mit wachsender Religionsfeindschaft. Wir steuern auf eine *Kultur des religiösen Analphabetismus* zu."[2]

Eine kleine Geschichte illustriert diese Standortbeschreibung.

Visitation der Bischöfin in der Schule. Nachdem sie ein wenig im Religionsunterricht zugehört hat, fragt die Bischöfin den kleinen Johannes, wer wohl die Mauern von Jericho zum Einsturz gebracht habe. Johannes erwidert, das wisse er nicht, aber er sei es jedenfalls auf gar keinen Fall gewesen. Die Bischöfin ist einigermaßen erschüttert von dieser Antwort und wendet sich an den Klassenlehrer, was er denn von der Sache halte. Er kenne den kleinen Johannes und dessen Familie sehr gut, sagt darauf der Lehrer, und wenn der Johannes sage, er sei es nicht gewesen, dann könne man ihm ruhig Glauben schenken. Die Bischöfin verlässt sprachlos die Klasse, geht zum Rektor der Schule und berichtet ihm empört den Vorfall. Nachdem sich der Schulleiter alles angehört hat, sagt er:»Also, ich weiß wirklich nicht, warum Sie sich da so aufregen. Wir holen einfach drei Kostenvoranschläge ein, und dann wird diese verdammte Mauer einfach repariert!«

Welche Impulse für das aktuelle protestantische Bildungsverständnis haben die Erfurter Barbara-Schadeberg-Vorlesungen gegeben?

4. Perspektiven der Erfurter Barbara-Schadeberg-Vorlesungen

In ihrer Eröffnungsrede verwies *Prof. Dr. Andrea Schulte* auf den besonderen Ort unserer Vorlesungen: das gastfreundliche Augustinerkloster und konstatierte, dass das Thema am Puls der Zeit sei!

KR Dr. Klaus Ziller fragte in seinem Grußwort insbesondere, ob evangelische Schulen und religiöser Wandel zusammenpassen. Verständlicherweise freute er sich, dass zwei Schulen aus dem Bereich der Evangelischen Kirche in Mitteldeutschland mit dem Barbara-Schadeberg-Preis 2013 ausgezeichnet worden sind.

Die *Stifterin Barbara Lambrecht-Schadeberg* erinnerte an den 26. Oktober 1993, den Tag der Unterzeichnung der Stiftungsurkunde. Zu Recht bezeichnete sie die Gedanken und Beobachtungen von damals als ebenso aktuell für heute. Neben den Gottesdienstangeboten gelte es auch durch Schulen das Evangelium

---

2   Werbeanzeige des Rowohlt Verlags zu Jan Roß, Die Verteidigung des Menschen. Warum Gott gebraucht wird, Berlin 2012.

unter die Menschen zu bringen und auch so die im Evangelium begründete Erziehung und Bildung zu fördern. *Christel Ruth Kaiser* bekräftigte in ihrer Anmoderation das Ziel, zu stärken, zu bilden und zu bewegen, um die Herausforderungen der Zeit anzunehmen. *Prof. Dr. Gert Pickel* unternahm in dem ersten Hauptvortrag eine luzide religionssoziologische Bestandsaufnahme der Situation von Religion und Religiosität im vereinigten Deutschland. Seine erkenntnisleitende Fragestellung lautete „Rückkehr des Religiösen oder voranschreitende Säkularisierung?" Er thematisierte die Situation in dem von einer „Kultur der Konfessionsmitgliedschaft" geprägten Westdeutschland und in dem von einer „Kultur der Konfessions- wenn nicht Religionslosigkeit" geprägten Ostdeutschland sowie die in den letzten Jahren verstärkt Raum gegriffen habenden Phänomene Traditionsabbruch, Entkirchlichung, religiöse Individualisierung und Pluralisierung. Eindrucksvoll belegte er mit Verweis auf zahlreiche empirische Untersuchungen den sich aufgrund der Transformation der religiösen Landschaft vollziehenden Wandel. Er prognostizierte, dass in Deutschland eine zunehmende Säkularisierung und eine zunehmende religiöse Pluralisierung stattfinden werden. „Dass dabei in Westdeutschland immer noch ein nicht zu unterschätzendes Ausmaß an religiöser Verankerung, im Sinne tradierter Beziehungen zu Religion, vorliegt und in Ostdeutschland Kirchlichkeit ein klares Randphänomen darstellt, tut aber einer gleichläufigen Entwicklung keinen Abbruch. Gerade die Prozesse der Säkularisierung fördern dabei noch eine Zunahme des Diskurses um und über Religion."[3] Spannend ist die Frage nach einer *bottom line* religiöser Vitalität! Ist die untere Fallgrenze religiöser Vitalität in Ostdeutschland schon erreicht? Was wird sich darauf folgend entwickeln?

Besonders im Gedächtnis geblieben sind mir das Stichwort „sozialer Bedeutungsverlust" und der Hinweis auf die sogenannte „Schweigespirale". Hilfreich war auch die Definition von Religiosität, nach der es um das Verhältnis von religiöser Frage und religiöser Antwort geht!

Im zweiten Hauptvortrag beleuchtete *Prof. Dr. Michael Domsgen* Möglichkeiten, den Herausforderungen der Konfessionslosigkeit und der kontinuierlichen Abnahme der Konfessionszugehörigkeit zu begegnen. Er ging dabei von zwei Grundentscheidungen aus. 1. Dem Kontext von mehrheitlicher Konfessionslosigkeit kommt eine grundlegende Bedeutung für Religion zu. 2. Religiöse

---

3 Gert Pickel, Die Situation der Religion in Deutschland – Rückkehr des Religiösen oder voranschreitende Säkularisierung, in: G. Pickel/O. Hidalgo (Hg.), Religion und Politik im vereinigten Deutschland, Was bleibt von der Rückkehr des Religiösen? Wiesbaden 2012, 65–102, hier 90.

Bildung als Ziel religionspädagogischer Reflexionen und Bemühungen ist nicht nur für Menschen von Bedeutung, die sich selbst als religiös einschätzen oder Angebote religiöser Bildung wie beispielsweise den schulischen Religionsunterricht nutzen. Menschen können auch dann von religiöser Bildung profitieren, wenn sie diese Art der Selbst- und Lebensdeutung für sich selber nicht annehmen wollen! Er ging von fünf Leitgedanken religiösen Lehrens als strukturiertem und umfassenden Angebot an die Lernenden aus: 1. Sensibilisieren und plausibilisieren. 2. Unterschiede zwischen religiösen und nichtreligiösen Deutungsmustern fruchtbar machen. 3. Ergebnisoffen kommunizieren und so Verstehen fördern. 4. Mitteilen und darstellen. 5. Über das gemeinsame Tun Bildungsprozesse anregen. Die große Chance evangelischer Schulen sieht Domsgen darin, Erfahrungs- und Erprobungsräume evangelischer Erziehungs- und Bildungsverantwortung zu sein.

Nach einem heiteren Rundgang auf Luthers Spuren durch das Augustinerkloster entfaltete *Prof. Dr. Andrea Schulte* eindrücklich die Chancen evangelischer Schulen in religiös indifferenten Kontexten. Sie benannte als günstige Bedingungsfaktoren profilbildender Arbeit evangelischer Schulen in Ostdeutschland die „Unselbstverständlichkeit" und „Konkurrenzlosigkeit" christlicher Religion sowie die intellektuelle Offenheit für religiöse Themen. Sodann markierte sie in einem äußerst erhellenden Sieben-Punkte-Programm, wie die christliche Marke in religiös indifferentem Kontext zu profilieren ist: 1. Kirche macht Schule und gestaltet Bildung. 2. Bejahung religiöser Heterogenität. 3. Religiöse Bildung als selbstverständlicher Teil allgemeiner Bildung. 4. Religionssensible Begleitung. 5. Religionsunterricht als Forum einer Didaktik religiöser Kommunikation. 6. Evangelische Bildungstradition erinnern und vergegenwärtigen. 7. Religiöse Sprach- und Dialogfähigkeit der Lehrkräfte an evangelischen Schulen.

OKR' in Dr. Uta Hallwirth hat einen lebendigen Einblick in die Praxis evangelischer Schulen gegeben, indem sie die einzelnen Beiträge zu dem diesjährigen Barbara-Schadeberg-Preis zusammenfassend würdigte und sehr anschaulich vier verschiedene Dimensionen protestantisch geprägten Schullebens in religiös indifferenten Kontexten aufzeigte: 1. Sichtbare Zeichen setzen. 2. Religiöse Bildung stärken. 3. Religiöses Schulleben gestalten. 4. Mit zentralen Projekten ausstrahlen.

Im feierlichen Rahmen der Verleihung des Barbara-Schadeberg-Preises 2013 wurden die Konzepte des Evangelischen Schulzentrums Mühlhausen, des Bodelschwingh Gymnasiums Herchen, der evangelischen Sekundarschule „Lebenswege" Hedersleben und der Laurentius-Realschule Neuendettelsau besonders hervorgehoben.

Die Erfurter Barbara-Schadeberg-Vorlesungen hatten den Titel „Evangelisch Profil zeigen im religiösen Wandel unserer Zeit". Mein persönliches Fazit: *Ja*, wir leben in Zeiten einer gigantischen Metamorphose des Religiösen. „Immer mehr Menschen in Deutschland scheinen gar keine Religion zu brauchen. Im funktionierenden Alltag lebt es sich ganz gut ohne sie. (...) Was einmal Heimat war, ist keine mehr."[4] *Ja*, auch wer glaubt, kann diese gesellschaftlichen Rahmenbedingungen nicht ignorieren. Es gibt immer auch die Option, nicht zu glauben.[5] *Doch*: Es ist in unserem Kontext Aufgabe der evangelischen Schulen, gegenüber der Annahme einer „geschlossenen Welt" („immanent frame", wie es Charles Taylor nennt) *die „Option für den Glauben" offenzuhalten!!*[6]

Es ist Aufgabe der evangelischen Schulen, die subjektivierte und individualisierte Religion als neuzeitliche Ausdrucksgestalt der „Freiheit eines Christenmenschen" anzuerkennen, ohne zugleich die Glaubensinhalte der reinen Beliebigkeit anheimzugeben und den Anspruch auf gemeinschaftsbildenden Konsens aufzugeben.[7] Ich bin zuversichtlich, dass evangelische Schulen dadurch auch weiterhin *evangelisch Profil zeigen im religiösen Wandel unserer Zeit!*

---

4   Britta Baas, Sag, wie hast du's mit der Religion? Ein Zwischenruf, in: publik forum 9/2013, 35.

5   Vgl. Tagungseinladung und Programm der Evangelischen Akademie im Rheinland zu „Wo ist Gott? Glauben in einer säkularen Welt", 23.-25. Mai 2013.

6   Hier erfolgte der Hinweis auf verschiedene Motive der Materialien von gott.net (www.gott.net).

7   Vgl. Vereinigte Evangelisch-Lutherische Kirche Deutschlands (Hg.), Säkularisierung. Eine ökumenische Herausforderung für die Kirchen, Hannover 2010, 117.

Autoren und Autorinnen

Dr. Michael Domsgen, Professor für Evangelische Religionspädagogik an der Theologischen Fakultät der Martin-Luther-Universität Halle-Wittenberg

PD Dr. Matthias Hahn, Direktor des Pädagogisch-Theologischen Instituts der Evangelischen Kirche in Mitteldeutschland und der Evangelischen Landeskirche Anhalts

Dr. Uta Hallwirth, Leiterin der Wissenschaftlichen Arbeitsstelle Evangelische Schule im Kirchenamt der EKD Hannover

Dr. David Käbisch, Professor für Religionspädagogik und Didaktik des evangelischen Religionsunterrichts an der Goethe Universität Frankfurt am Main

Dr. Hanne Leewe, Dozentin am Pädagogisch-Theologischen Institut der Evangelischen Kirche in Mitteldeutschland und der Evangelischen Landeskirche Anhalts

PD Dr. Andreas Lindner, wissenschaftlicher Mitarbeiter am Martin-Luther-Institut der Universität Erfurt

Dr. Gert Pickel, Professor für Religions- und Kirchensoziologie an der Theologischen Fakultät der Universität Leipzig.

Dr. Martin Schreiner, Professor für Evangelische Theologie/Religionspädagogik an der Universität Hildesheim

Dr. Andrea Schulte, Professorin für Religionspädagogik am Martin-Luther-Institut der Universität Erfurt

Johannes Haeffner

Professionalisierung durch Schulentwicklung

Eine subjektwissenschaftliche Studie zu Lernprozessen von Lehrkräften an evangelischen Schulen

Schule in evangelischer Trägerschaft, Band 16
2012, 472 Seiten, br., 34,90 €
ISBN 978-3-8309-2763-1
E-Book-Preis: 31,99 €

Was bewegt Lehrkräfte dazu, sich in inneren Schulentwicklungsprozessen an evangelischen Schulen zu engagieren? Was erschwert und behindert Lehrkräfte, sich in der Schulentwicklungsarbeit zu engagieren und in diesen Prozessen zu lernen? Welche (neuen) Lernerfahrungen machen Lehrkräfte im Prozess der Schulentwicklung? Vor dem Hintergrund lerntheoretischer Grundannahmen einer subjektwissenschaftlichen Referenztheorie und auf der Basis einer am qualitativen Paradigma orientierten Forschungspraxis werden im Prozess hermeneutischer Rekonstruktion die subjektiven Lernbegründungen und -behinderungen von Lehrerinnen und Lehrern an evangelischen Schulen dargestellt. Um im Sinne der Fallkontrastierung einen möglichst heterogenen und breiten Zugang zum Untersuchungsfeld anzusprechen, wurden in die Befragung Lehrerinnen und Lehrer unterschiedlicher Schularten und Trägerstrukturen einbezogen.

Martin Schreiner (Hrsg.)

Aufwachsen in Würde

Die Hildesheimer
Barbara-Schadeberg-Vorlesungen

Schule in evangelischer Trägerschaft, Band 15
2012, 152 Seiten, br., 24,90 €
ISBN 978-3-8309-2678-8
E-Book-Preis: 21,99 €

Wie realisiert sich professioneller Umgang mit Heterogenität im Schulalltag? Auf welchen Wegen kann individuelles Fördern gelingen? Unter welchen Voraussetzungen ist „inklusive" Schule vorstellbar? Die Beiträge in diesem Buch präsentieren Modelle schulischer Förderung, die Kindern und Jugendlichen ein „Aufwachsen in Würde" ermöglicht; damit verbunden die Motivierung und Fundierung solcher Praxis im biblisch-christlichen Menschenverständnis als unverzichtbarem Beitrag zu einem Bildungsbegriff aus protestantischer Perspektive.

Ein wichtiges Bildungsziel!
H. Maaß in: Beiträge pädagogischer Arbeit, 2/2013

Rüdeger Baron

Reformpädagogik und evangelische Schule im 20. Jahrhundert

Schule in evangelischer Trägerschaft, Band 14
2011, 200 Seiten, br., 29,90 €
ISBN 978-3-8309-2507-1
E-Book-Preis: 26,90 €

Nur in wenigen Fällen sind reformpädagogische Ansätze an evangelischen Schulen versucht und umgesetzt worden; eher traf die Reformpädagogik auf Skepsis oder wurde von Kirchenleitungen bekämpft. Der Band geht anhand von fünf Beispielen der Frage nach, welche Gründe dafür eine Rolle spielten. Zugleich beschreibt der Autor den jeweiligen kirchenpolitischen und religionspädagogischen Kontext und versucht zu erklären, wie und in welchen Konstellationen des theologischen Denkens sich die Einstellung der Kirche zum evangelischen Schulwesen gewandelt hat und vielfach offene Bereitschaft zu pädagogischen Neuerungen und Experimenten um sich greift.

[I]n seinem dritten Kapitel, das [...] den Wert des Buches ausmacht [...] werden fünf Beispiele präsentiert [...]. Es sind school reports von bester Qualität, denn Baron hat erstens gründlich recherchiert, zweitens eindrucksvoll präsentiert beziehungsweise mitreißend erzählt und drittens kritisch gewürdigt.
Rainer Winkel in: Engagement, 3/2012

Anke Holl

Orientierungen von Lehrerinnen und Lehrern an Schulen in evangelischer Trägerschaft

Eine qualitativ-rekonstruktive Studie

Schule in evangelischer Trägerschaft, Band 13
2011, 144 Seiten, br., 19,90 €
ISBN 978-3-8309-2475-3
E-Book-Preis: 19,90 €

Wie gehen Lehrkräfte an evangelischen Schulen mit der Erwartung seitens der Träger um, dass sie ein evangelisches Schulprofil nicht nur akzeptieren, sondern vielmehr innerlich bejahen und aktiv gestalten? Welche Orientierungen und Vorstellungen haben Lehrkräfte hinsichtlich des evangelischen Profils ihrer Schulen? Wie zeigen sich diese Vorstellungen in ihrer Handlungspraxis? Die Fragen stehen im Mittelpunkt dieser empirischen Arbeit, in der die religiösen und pädagogischen Orientierungen von Lehrerinnen und Lehrern an evangelischen Schulen auf der Basis dokumentarisch ausgewerteter Gruppendiskussionen rekonstruiert werden.

Jürgen Frank, Uta Hallwirth (Hrsg.)

Heterogenität bejahen

Bildungsgerechtigkeit als Auftrag und
Herausforderung für evangelische Schulen

Schule in evangelischer Trägerschaft, Band 12
2010, 226 Seiten, br., 24,90 €
ISBN 978-3-8309-2268-1
E-Book-Preis: 19,90 €

Dieser Band greift in einem ersten Teil die Diskussionen um Bildungsgerechtigkeit auf, wie sie auf den beiden Bundeskongressen Evangelische Schule von 2006 (Berlin) und 2008 (Bethel) geführt wurden. Der zweite Teil wendet sich der pädagogischen Praxis evangelischer Schulen zu und nimmt vor allem die Aspekte von Individualisierung und Förderung in den Blick. Der letzte Teil widmet sich konkreten Ansatzpunkten für Veränderung. Es geht um die wissenschaftlichen Befunde zur deutschen Praxis von Nichtversetzung und Abschulung im Kontext evangelischen Schulwesens und um Perspektiven einer auf Heterogenität ausgerichteten Lehrerausbildung. Der Band will Anregung sein zur Weiterentwicklung evangelischer Schulen auf dem Weg zu Inklusion und Bildungsgerechtigkeit.

[Der Band enthält] [w]ertvolle Anregungen zur Weiterentwicklung evangelischer Schulen auf dem Weg zu Inklusion und Bildungsgerechtigkeit [...].
Theo-Web. Zeitschrift für Religionspädagogik, 2/2010.

Wilhelm Schwendemann,
Jürgen Rausch (Hrsg.)

Ethik – Management – Schule

1. Internationales
Oberrheinsymposium Freiburg

Schule in evangelischer Trägerschaft, Band 11
2008, 168 Seiten, br., 19,90 €
ISBN 978-3-8309-1975-9
E-Book-Preis: 19,90 €

Das „Internationale Oberrheinsymposium" versteht sich als Forum mit Impulskraft und als Schnittstelle der verschiedenen Interessensgruppen der Schule. Insbesondere der Austausch und die Annäherung von Schule und Wirtschaft sollen gefördert werden.
Der Tagungsband fasst das 1. Symposium zusammen und bietet mit seinen Beiträgen Anregungen zur Fortführung des Dialogs zwischen Schule und Wirtschaft zur Unterstützung des Reformprozesses innerhalb der bundesdeutschen Bildungslandschaft.